한경MOOK 한경MOOK는 빠르게 변화하는 사회 흐름에 발맞춰 시시각각 현상을 분석하고 새로운 대안과 인사이트를 제시하기 위한 무크 형태 단행본을 발행하는 한국경제신문사의 새 브랜드입니다.

한경 MOOK

직장인이라면 반드시 알아야 할

인생 리뉴얼 ABC

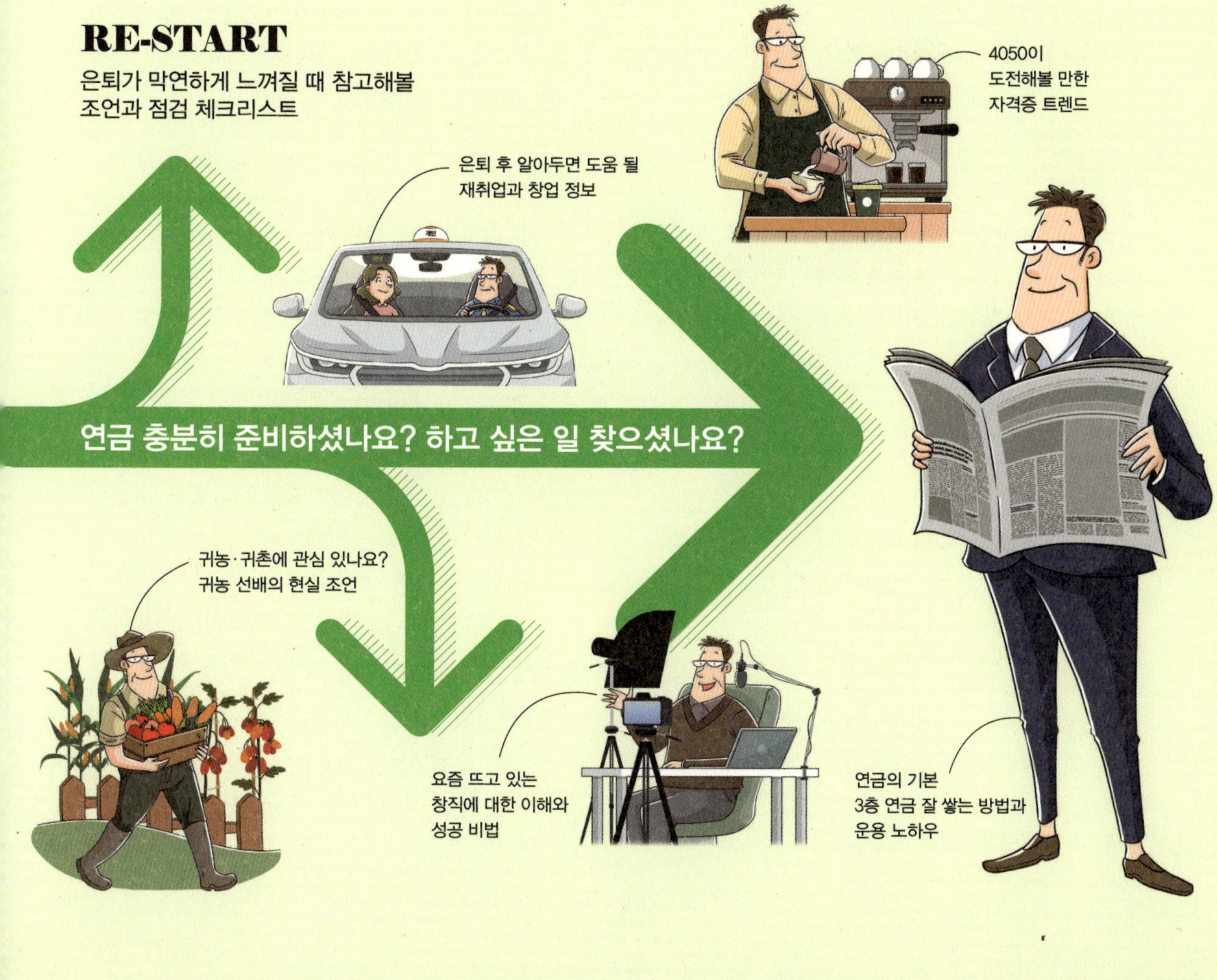

RE-START
은퇴가 막연하게 느껴질 때 참고해볼
조언과 점검 체크리스트

은퇴 후 알아두면 도움 될
재취업과 창업 정보

4050이
도전해볼 만한
자격증 트렌드

연금 충분히 준비하셨나요? 하고 싶은 일 찾으셨나요?

귀농·귀촌에 관심 있나요?
귀농 선배의 현실 조언

요즘 뜨고 있는
창직에 대한 이해와
성공 비법

연금의 기본
3층 연금 잘 쌓는 방법과
운용 노하우

PROLOGUE

설레는 은퇴를 위하여

통계청에 따르면 우리나라 국민의 기대수명은 1970년 62.3세에서 계속 높아져 2021년 83.5세에 이르렀습니다. 그렇다면 늘어난 기대수명만큼 노후의 삶도 안정적일까요.

보험개발원이 2021년 발간한 '2020 KIDI 은퇴시장 리포트'에 따르면 은퇴 후 장점으로 '업무 스트레스 해방'(33.1%)을 가장 많은 사람이 꼽은 반면 단점으로는 '경제적 어려움'(31.5%)을 호소했습니다. 특히 신한은행이 2021년 8월에 발간한 '신한 미래설계 보고서'는 30~59세 직장인 남녀 300명을 대상으로 실시한 '은퇴 준비 자가 진단'에서 전체 연령의 21.7%만이 '은퇴 이후 노후 생활 자금이 잘 준비돼 있다'고 답변해 은퇴 재무 계획의 취약성을 여실히 보여주었습니다.

은퇴는 삶의 출구가 아니라 새로운 입구입니다. 특히 백세시대의 은퇴는 인생이라는 마라톤에서 이제 막 반환점을 돈 것에 불과합니다. 인생 이모작을 위한 꼼꼼한 플랜 마련이 절실한 이유입니다.
한경 무크 〈인생 리뉴얼 ABC〉는 직장인이라면 반드시 알아야 할 은퇴 기술을 다루고 있습니다. 본인의 은퇴 준비 수준을 체크해본 뒤 다른 사람들은 어떻게 준비하는지 알아보고 부족한 부분을 보완할 수 있도록 현실적 조언을 담았습니다.

by_한용섭 한국경제매거진 〈MONEY〉 편집장

섹션 1 '우리나라 연금에 관한 모든 것'에서는 흔히 연금 3층 탑으로 부르는 국민연금, 퇴직연금, 개인연금 운용의 모범 답안을 제시하며, 노후 소득 준비와 관련한 고민을 풀어줍니다. 특히 은퇴 설계 전문가들이 알려주는 노후 자금을 불려주는 다양한 금융상품 정보는 답답했던 은퇴 재무 설계에 사이다 같은 답을 던져줄 것입니다.

섹션 2 '은퇴 후 인생 이모작, 유형별로 나눠본 10인의 인터뷰'에서는 행복한 은퇴의 길을 제시해주고 있습니다. 경제력은 물론 건강과 행복까지 함께 다져나가는 인생 선배들의 훈수가 눈길을 끕니다.

더불어 섹션 3 '알아두면 좋은 노후 대비 알짜 정보'에서는 노후에 월급처럼 또박또박 챙길 수 있는 인컴형 자산인 채권, 리츠, 인컴 ETF 등을 소개하고, 노후 자산 관리의 히든카드인 주택연금과 예·적금을 비롯해 각종 펀드, 주식 등 다양한 금융상품을 하나의 계좌에서 운용할 수 있는 ISA계좌의 활용법을 상세히 알려줍니다. 또 재무적인 노하우 외에도 노후에 실버타운에 들어가려면 어떻게 해야 하는지, 부모님 치매 간병을 위해서는 무슨 준비가 필요한지에 대한 해법도 제시해줍니다.
한경 무크 〈인생 리뉴얼 ABC〉는 막막하고 두려웠던 은퇴를, 다시 심장이 쿵 하고 뛰는 설레는 미래로 만들어드릴 것입니다.

CONTENTS

직장인이라면 반드시 알아야 할
인생 리뉴얼 ABC

SECTION 1
우리나라 연금에 관한 모든 것

004 PROLOGUE
설레는 은퇴를 위하여

OPENING

008 은퇴, 무엇이 떠오르나요?

010 REPORT
은퇴 준비, 잘되고 있나요?

014 은퇴 현실 조언
건강·경제력·행복의 삼박자 균형이 중요, 유튜버 단희쌤

간절함이 퇴직을 준비하게 만든다, 유튜버 김찬기

022 CHECK LIST
나의 은퇴 준비 수준은?

024 TALKTALK
남들은 어떻게 준비하지?

030 Q&A
노후 소득 준비할 때 궁금한 10가지

034 연금의 모범 답안
슬기로운 연금 생활의 핵심, 3층 연금

038 EXPERT ADVICE 1
미래에셋투자와연금센터 김경록 대표
ETF·TDF·리츠 등 눈여겨볼 연금 운용 상품

042 EXPERT ADVICE 2
NH투자증권 100세시대연구 김진웅 소장
퇴직연금도 뜨는 산업이 답

046 EXPERT ADVICE 3
KB골든라이프센터 신중동점 손경미 센터장
퇴직연금 운용 + 주택연금 활용

050 국민연금 점검
국민연금 노후준비서비스 상담 체험기

052 국민연금
국민연금, 어떻게 하면 더 많이 받을 수 있을까?

056 퇴직연금
퇴직연금 기초 상식 Q&A
절세에서 투자까지, 퇴직급여 활용법
퇴직연금, 투자 고수의 수익률 비결
노후 자금 불려주는 알짜 퇴직연금 상품은?

070 개인연금
스스로 준비하는 개인연금
개인연금 투자 시 알아둬야 할 5가지
개인연금 리밸런싱 시 알아야 할 체크포인트
2022 연금저축 상품 수익률 비교

084 연금 운용 GUIDE
40대를 위한 노후 전략
50대를 위한 노후 전략
안전한 연금자산 관리를 위한 TDF
2022년 달라지는 연금 관련 변화 7
대한민국 직장인 연금 이해력 테스트

SECTION 2
은퇴 후 인생 이모작, 유형별로 나눠본 10인의 인터뷰

- 104 **RESTART**
  은퇴, 인생의 새로운 행복이 되다
- 108 **TYPE TEST**
  당신은 어떤 타입?
- 110 **TYPE 1**
  경력이 없어도 지원 가능한 파트타임 JOB
  택시 기사 양완수
- 114 **TYPE 2**
  지자체를 통한 안정적인 취업 및 창업
  복합문화공간 대표 김명희
- 118 **TYPE 3**
  걱정 없는 자유로운 영혼, 금퇴족
  방송통신대학 학부생 박명숙
- 122 **TYPE 4**
  취미와 현직의 경험을 살린 프리랜서
  유튜버 PD 지성현
- 126 **TYPE 5**
  숨겨진 재능 발견, 크리에이터
  유튜버 유세미
- 130 **TYPE 6**
  관심 분야의 자격증 취득 후 전문직 종사
  공인중개사 김기택
- 134 **TYPE 7**
  현직의 전문성 살려 재취업
  감사 이상철
- 138 **TYPE 8**
  번뜩이는 아이디어맨의 벤처 창업
  벤처기업 대표 이정건
- 142 **TYPE 9**
  새로운 도전, 소자본 & 프랜차이즈 창업
  편의점주 김민규
- 146 **TYPE 10**
  꿈꿔오던 로망의 실현, 귀촌·귀농
  농부 윤용진

SECTION 3
알아두면 좋은 노후 대비 알짜 정보

- 152 **PLUS ASSET 1**
  인컴형 자산이 뭐길래?
  채권·리츠·인프라·고배당주 편
- 154 **PLUS ASSET 2**
  인컴형 자산이 뭐길래?
  인컴 펀드·인컴 ETF·TIF 편
- 156 **PLUS ASSET 3**
  주택연금 100% 활용법
- 158 **PLUS ASSET 4**
  4050에게도 매력적인 ISA
- 160 **PLUS TIP 1**
  황혼이혼을 고려할 때 생기는 궁금증들
- 162 **PLUS TIP 2**
  은퇴 전 보험 점검 매뉴얼
- 164 **PLUS TIP 3**
  실버타운에 들어갈 계획이라면 꼭 알아야 할 것들
- 166 **PLUS TIP 4**
  은퇴 이후 챙겨야 할 부모님 치매 간병
- 168 〈인생 리뉴얼 ABC〉에 수록된 정보 사이트
- 170 **SPECIALIST**
  〈인생 리뉴얼 ABC〉를 만든 스페셜리스트

은퇴, 무엇이 떠오르나요?

은퇴(隱退): 직임에서 물러나거나 사회 활동에서 손을 떼고 한가히 지냄.

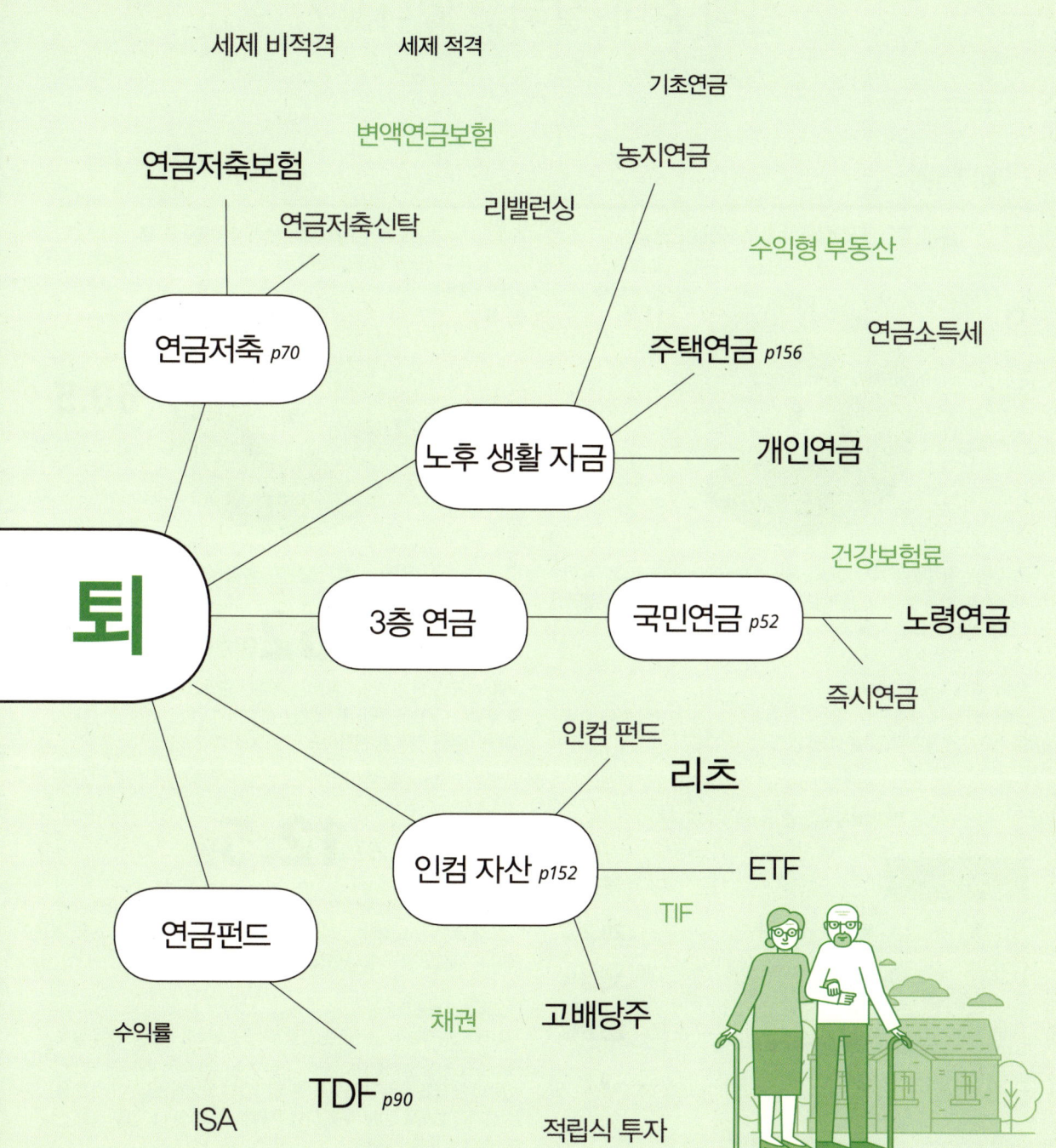

OPENING | REPORT

은퇴 준비, 잘되고 있나요?

은퇴 현황

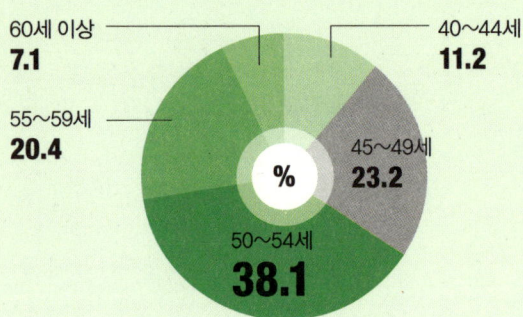

생애 주된 직장(직업)에서 퇴직한 연령
- 60세 이상 **7.1**
- 55~59세 **20.4**
- 50~54세 **38.1**
- 45~49세 **23.2**
- 40~44세 **11.2**

우리나라 직장인의 퇴직 연령은 50~54세가 가장 많고 그다음이 45~49세로 나타났다. 생애 주된 직장(직업)에서 퇴직하는 평균 연령은 49.5세로 조사됐다.

***생애 주된 직장(직업)이란?**
50대 현역시절까지 가장 오랜 기간 종사했고, 생애 가장 높은 소득을 거두게 한 직장(직업)을 말한다.

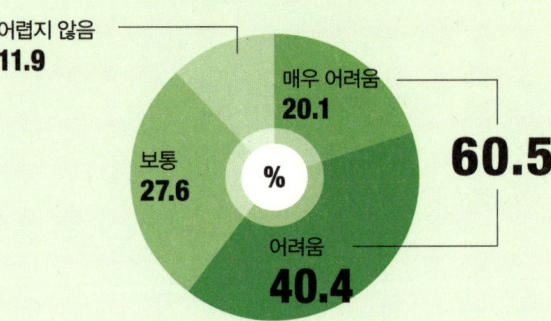

은퇴 후 생활비 마련의 어려움 여부
- 어렵지 않음 **11.9**
- 보통 **27.6**
- 매우 어려움 **20.1**
- 어려움 **40.4**
- **60.5**

은퇴 이후 월평균 생활비 규모
252만원

서울·수도권(경기)과 5대 광역시 거주자 중 50대 이상의 퇴직자에게 물었다. 그들은 퇴직 후 월평균 생활비가 252만원이 필요하고, 3명 중 2명은 퇴직 후 생활비를 약 29% 줄였다고 답했다.

소득 크레바스(Crevasse) 기간은?
- 5년 미만 **14.4%**
- 6~10년 **20.2%**
- 11~15년 **35.3%**
- 16~20년 **20.8%**
- 21년 이상 **9.3%**

*소득 크레바스 기간은 출생 연도별 노령연금 개시 연령 - 퇴직 연령

약 **12.5**년

생애 주된 직장(직업)에서 퇴직한 사람 가운데 절반이 '40대 후반~50대 초반'에 퇴직하며, 이들이 국민연금 받는 시점까지 '소득 크레바스' 기간은 평균 12.5년으로 나타났다.

***소득 크레바스란?**
직장에서 퇴직해 국민연금을 받을 때까지 소득이 없는 기간을 말하며, '은퇴 크레바스'라고도 한다. 한국 직장인의 경우 50대에 퇴직해 60대에 연금을 수령할 때까지 공백 기간이 발생하는데, 이 기간 동안 생계에 위협을 받는 것에 대한 두려움을 '크레바스 공포'라고 한다. (한경 경제용어사전)

우리나라 직장인 중 절반이 넘는 사람들이 45~54세에 은퇴를 맞이하며 은퇴자 중 66%가 노후 자금 준비 수준이 불충분하다는 조사 결과가 나왔다. 이들이 노령연금을 수령하기까지 견뎌야 하는 소득 크레바스 시기는 평균 12.5년으로 집계됐다.

참고 자료 하나은행 생애금융보고서 〈대한민국 퇴직자들이 사는 법〉

자산 현황

금융자산 규모

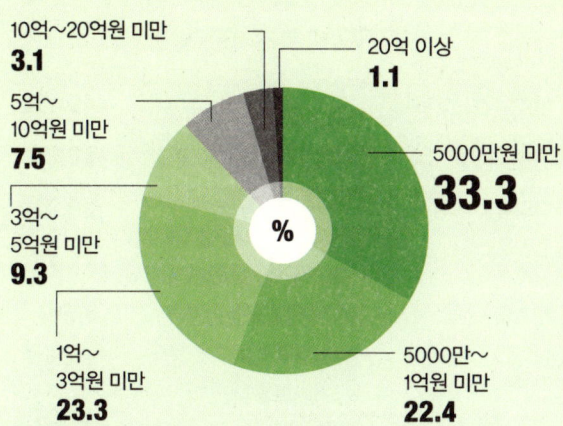

- 10억~20억원 미만 **3.1**
- 20억 이상 **1.1**
- 5억~10억원 미만 **7.5**
- 3억~5억원 미만 **9.3**
- 1억~3억원 미만 **23.3**
- 5000만~1억원 미만 **22.4**
- 5000만원 미만 **33.3**

금융자산이 3억원 미만인 사람들이 전체 응답자의 79%이며, 5000만원 미만인 비율도 33.3%나 된다.

금융자산 유형별 보유 여부

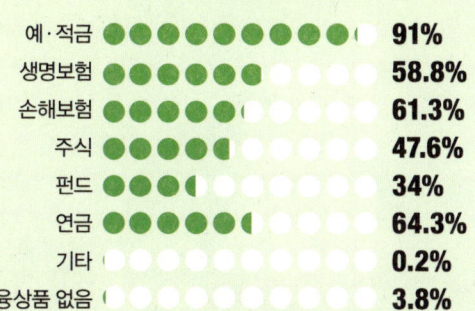

예·적금	91%
생명보험	58.8%
손해보험	61.3%
주식	47.6%
펀드	34%
연금	64.3%
기타	0.2%
금융상품 없음	3.8%

대부분의 50대 은퇴자들은 예·적금을 보유하고 있으며, 의외로 생명보험과 손해보험에도 높은 비율로 투자하고 있는 것을 확인했다.

노후 자금 준비 수준

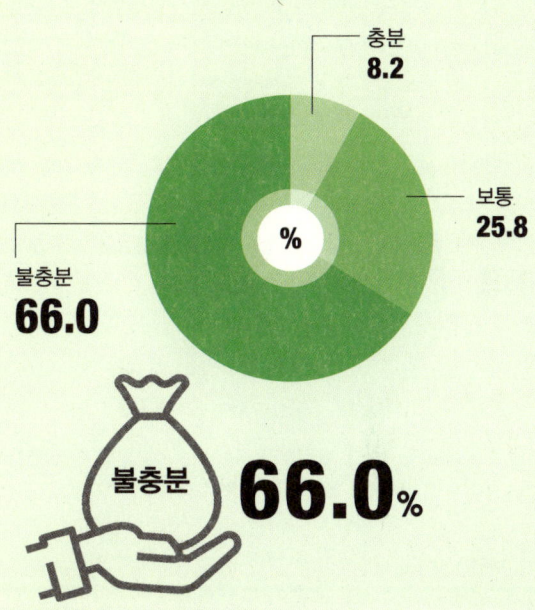

- 충분 **8.2**
- 보통 **25.8**
- 불충분 **66.0**

불충분 66.0%

실제로 필요한 만큼의 노후 자금을 준비한 사람은 그리 많지 않다. 응답자의 66%가 노후 준비 자금이 불충분하다고 답했다.

금융자산 소진 예상 시기

평균 71세

- 자산 3억원 미만 **69세**
- 자산 3억~5억원 미만 **71세**
- 자산 5억~10억원 미만 **72세**
- 자산 10억원 이상 **77세**

퇴직자 중 67.2%는 언젠가 금융자산이 소진될 것으로 전망하며, 소진 예상 시기는 평균 71세로 나타났다.

인생 리뉴얼 ABC | 11

경제활동

퇴직 후 괜찮은 생활 수준을 위해서 필요하다고 생각되는 금액

월 400만~500만원

은퇴자들은 기본 생활비 300만원 + 여가 생활비 100만~200만원이 필요하다고 생각한다. 이제는 은퇴했다고 단순히 먹고만 사는 시대가 아니다.

노후 자금 준비 수준

- 충분 8.2%
- 보통 25.8%
- 불충분 66%

퇴직 후 경제활동 여부

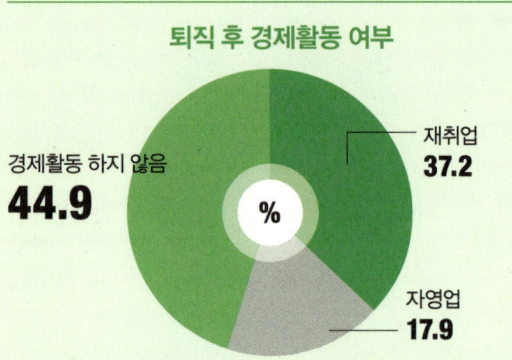

- 경제활동 하지 않음 44.9
- 재취업 37.2
- 자영업 17.9

퇴직을 했음에도 불구하고 여전히 절반이 넘는 사람들이 취업이나 창업을 통해서 경제활동을 하고 있는 것으로 나왔다.

현재 생활비 주된 마련 방법

- 나(본인)의 경제활동 49.7%
- 배우자의 경제활동 52.2%
- 모아놓은 금융자금 40.8%
- 부동산 임대소득 11.4%
- 부모나 자녀가 주는 돈 7.6%
- 대출 7.5%
- 정부 또는 지역사회의 지원 4.3%

모아둔 자금보다 경제활동으로 생활비를 마련하고 있는 비율이 높았다.

퇴직금

퇴직금 사용처

- 생활비 보충 또는 연금보험 가입 26.5%
- 자녀 지원(자녀 학자금, 결혼 자금 등) 15.6%
- 대출 상환 12.2%
- 기타 투자 목적 6.9%
- 사업 자금 6.8%
- 주택 매입 6.5%
- 투자용 부동산 매입 5.5%
- 아직 잘 모르겠다 18.9%

퇴직금 인출 여부

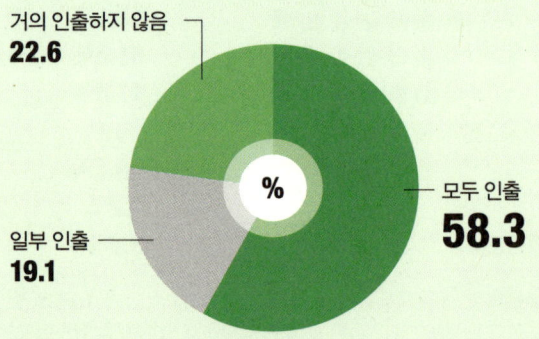

- 거의 인출하지 않음 22.6
- 일부 인출 19.1
- 모두 인출 58.3

58.3%의 퇴직자는 퇴직금을 모두 인출해서 사용했으며 퇴직금을 생활비로 활용하는 비율은 **26.5%**에 불과하다.

여가 생활

퇴직 후 여가 생활 변화

여가 활동이 줄어듦
24.4%

변화 없음
36.4%

여가 활동이 늘어남
39.2%

여가 생활이 늘지 않은 이유

경제활동을 계속해 시간이 별로 없음
31.3%

여가 생활에 큰 관심이 없음
12%

건강상의 이유
8.9%

자금이 부족해서
47.9%

그 외

퇴직자의 주요 걱정거리

의료 비용
71.7%

물가 상승	62.0%
자녀 결혼 비용	56.2%
자녀 교육 비용	27.4%
부모 부양	20.0%
노후 자금 투자 손실 우려	13.3%
금융 사기	5.7%
기타	3.1%

* 중복 응답

퇴직 후유증 경험 여부

	전체	남성	여성
지금도 겪고 있음	26.6%	27.9	25.1
과거에 겪은 적 있음	38.8%	41.7	35.3
겪은 적 없음	34.6%	30.4	39.7

* 퇴직 후유증이란?
퇴직 이후 감정·정체성에 혼란을 겪고 가족과 사회에 적응하지 못하는 상황.

퇴직 후유증을 극복한 계기

창업이나 재취업을 하면서	38.9%
개인(여가) 활동을 찾으면서	35.8%
가족의 위로와 격려, 응원	33.0%
그냥 시간이 지나며 적응	24.7%
가족이 생계를 분담해주면서	15.7%
친목(단체) 모임에 참여하면서	13.7%
봉사나 사회 기여 활동을 하면서	10.8%
노후 생활 유지 계획을 세우면서	9.3%

성별에 따른 퇴직 후유증을 극복한 계기 순위

남 / 여

남
1위 경제활동 재개
49.8%
2위 가족의 위로와 격려
38.0%
3위 여가 활동을 찾으며
27.2%

여
1위 여가 활동을 찾으며
47.2%
2위 시간이 지나며 적응
26.4%
3위 가족의 위로와 격려
25.8%

남자의 경우 경제활동을 재개하면서 극복한 경우가 많았고, 여성은 여가 활동을 찾으면서 퇴직 후유증을 극복했다.

OPENING | 은퇴 현실 조언

유튜버 단희쌤
건강·경제력·행복의 3박자 균형이 중요

파워 크리에이터로 4050의 현실적인 고민거리를 해결해주고 있는 유튜버에게
은퇴자를 위한 조언을 들었다.

현장에서 만난 사람들의 은퇴에 대한 관심은 어느 정도인가요?
4050은 은퇴에 대한 관심과 고민이 많습니다. 100세 시대라고 하지만 사실 우리나라의 평균 은퇴 연령은 49.5세입니다. 자신이 원하든 원하지 않든 많은 사람이 50세 전후로 은퇴라는 현실을 직면하죠. 가장 큰 고민은 경제적인 부분이고 그에 못지않게 건강에 대한 관심도 높아요.

우리나라 4050의 은퇴 현황은 어떤가요?
은퇴를 코앞에 두고서야 고민을 하거나 아무 준비 없이 은퇴 시기를 맞이하는 사람이 많습니다. 생활에 쫓겨 지내다 보니 어느새 은퇴할 때가 되었다고, 앞으로 어떻게 살아나가야 할지 막막하다며 상담을 해오는 사람이 많습니다. 그들의 고민을 들어보면 자녀를 독립시키면서 목돈이 들어가야 하는데 자금이 부족하거나 은퇴 후 당장 먹고사는 문제가 해결되어 있지 않은 경우가 대부분입니다.

그럴 때 해결할 수 있는 방법이 있을까요?
물론 당장 모든 것을 해결하기란 쉽지 않습니다. 하지만 하나씩 풀어가다 보면 방법이 생깁니다. 저는 4050 세대에게 하지 말아야 할 것 5가지와 꼭 해야 할 것 5가지를 알려줍니다. 이것만 잘 지켜도 행복한 노후를 보낼 수 있습니다. 우선 하지 말아야 할 것 5가지는 사전 증여, 과도한 자녀 교육 비용과 결혼 자금 지출, 준비 없는 조기 은퇴, 주식 투자, 준비 없는 창업입니다. 자녀를 아끼고 사랑하는 마음은 알지만 본인의 안정된 노후 준비 없이 자녀에게 경제적으로 많은 부분을 할애하면 노후가 행복할 수 없어요. 은퇴에 대한 사전 준비가 덜 된 은퇴자들이 가장 많이 하는 것이 창업입니다. 하지만 은퇴 후 창업한 사람 중 70%가 3년 안에,

> " 행복은 관계 속에서 찾을 수 있습니다.
> 좋아하는 일을 하고 그와 관련된 사람을 만나는
> 모든 과정에서 행복을 느낍니다.
> 또한 좋아하는 일을 열심히 하다 보면
> 창직의 기회가 찾아옵니다. "

90%가 5년 안에 폐업의 위기에 놓인다는 사실을 기억해야 합니다. 이런 일들만 하지 않아도 절반은 성공한 셈입니다.

그렇다면 해야 할 5가지는 무엇인가요?

주거비를 낮추고, 그에 따라 발생한 여유자금으로 현금 흐름 만들기, 인생 2막을 위한 업(業) 준비, 건강관리, 인간관계입니다. 여기서 말하는 '업'은 직업만을 말하는 것이 아닙니다. 돈을 들이지 않고 성별이나 나이와 상관없이 할 수 있는 1인 지식 기업을 뜻합니다. 이 부분은 직장을 다니면서 공부를 통해 충분히 준비할 수 있으니 꼭 관심을 가져보기 바랍니다. 그다음 50대가 되면 신경을 쓸 수밖에 없는 것이 바로 건강입니다. 50대에 접어들면 몸 곳곳이 아프기 시작합니다. 건강을 지켜야 생계를 유지할 수 있는 다양한 활동도 할 수 있습니다. 인간관계 역시 행복한 노후를 위해서는 빼놓을 수 없는 부분입니다. 사회적 관계뿐 아니라 가족과의 관계도 인간관계입니다. 가족끼리 서로 배려하고 아껴

단희쌤의 은퇴 준비 키포인트
❶ **건강**
건강하지 않으면 경제력도 행복도 소용없다.
❷ **행복**
나이가 들수록 본인이 행복해질 수 있는 방법을 끊임없이 찾아야 한다.
❸ **경제력**
현직에 있을 때부터 은퇴 후의 일에 대해 미리 준비하자.

주려는 노력이 필요합니다.

인생 2라운드를 위한 콘텐츠 전문가로서 은퇴를 앞둔, 또는 은퇴를 맞이한 이들에게 하고 싶은 말이 있다면?

한 조사에 따르면 4050은 삼중고에 놓인 세대라고 합니다. 본인도 먹고살기 빠듯한데 자녀 양육과 부모님을 모셔야 하는 부담까지 안고 있습니다. 그래서인지 전 연령대 중 4050의 자살률과 우울증을 겪는 비율이 가장 높습니다. 15년간 상담, 컨설팅, 강의를 해오면서 느끼는 사실은 많은 사람이 은퇴 준비를 돈과 건강을 챙기는 데서 멈춘다는 것입니다. 실제로 몸도 건강하고 경제적으로 어렵지 않은 50대가 우울증에 빠지는 가장 큰 이유가 무엇일까요? 바로 행복하지 않아서입니다. 행복은 관계 속에서 찾을 수 있습니다. 좋아하는 일을 하고 그와 관련된 사람을 만나는 모든 과정에서 행복을 느낍니다. 또한 좋아하는 일을 열심히 하다 보면 창직의 기회가 찾아옵니다. 창직을 통해 경제적인 문제까지 해결할 수 있으니 이보다 더

유튜브 단희 TV

유튜브 단희 TV의 단희쌤은 현재 구독자 63만 명을 보유하고 있는 파워 크리에이터다. 주로 4050에게 필요한 다양한 콘텐츠를 업로드하고 있다. 은퇴 분야의 전문가, 일반인들의 은퇴 상담, 재테크 조언, 생활 방법 등 4050의 노후 생활에 실질적 도움이 되는 정보를 제공한다.

채널 총 누적 조회수
75,417,125회

업로드 영상
1,014개

최고 조회수 영상 5

1위 | 595만 회
은퇴한 50~60대는 하지 말아야 할 것 5가지

2위 | 203만 회
100% 성공하는 쉽고 간단한 건강 다이어트의 놀라운 비밀

3위 | 166만 회
10년 후 제2의 강남이 될 5개 지역은?

4위 | 157만 회
내 땅에 옆집 건물이 넘어왔어요. 이럴 땐 어떡하죠?

5위 | 152만 회
은퇴자가 절대 부동산 투자하면 안 되는 5가지 이유

* 2022년 2월 17일, 소셜 블레이드 기준

좋을 수 없습니다. 이렇듯 은퇴 준비를 할 때 건강, 경제력, 행복까지 삼박자를 균형 있게 만들어가도록 계획을 세우는 것이 중요합니다.

건강, 경제력, 행복을 모두 잡으려면 어떤 준비를 해야 할까요?

우리나라 사람들은 나이가 들수록 행복하지 않다는 통계가 있습니다. 왜 그럴까요? 나이가 들어가는 데도 충분한 준비가 필요합니다. 그렇지 않으면 행복하지 않습니다. 이때 필요한 준비가 바로 공부와 취미 생활이라고 생각합니다. 나이가 들수록 공부를 통해 인생의 깊이와 여유를 느낄 수 있어야 하고, 취미를 통해 인생의 즐거움을 찾아야 합니다. 그래서 생각한 것이 4050을 위한 '인생 2막 클래스'입니다. 줄여서 인클이라고 하는데, 4050에게 도움이 될 만한 양질의 내용을 보고 배우고 즐길 수 있는 콘텐츠를 모아둔 플랫폼입니다. 검증받은 강좌 1000여 개로 구성되어 있습니다. 삶이 힘들고 막막할 때 그것을 이기고 극복할 수 있는 힘이 있습니다. 바로 절실함입니다. 절실한 마음으로 노력하고 방법을 찾다 보면 행복한 노후를 보낼 수 있을 것입니다.

OPENING | 은퇴 현실 조언

유튜버 김찬기
간절함이 퇴직을 준비하게 만든다

퇴직 3년 차, 새내기 유튜버인 그의 채널에서는 퇴직 후 다양한 삶을 살아가고 있는
5060의 모습을 있는 그대로 담아낸다.

은퇴, 해보니 어떤가요?
사실 은퇴를 했다고 생활이 크게 달라진 것은 없습니다. 지금도 일을 하고 있으니까요. 다만 회사에 다닐 때보다 시간적인 면에서 좀 더 여유로워지고 하고 싶은 일을 찾아서 할 수 있다는 점이 가장 좋습니다.

퇴직하고 어떤 일들을 하고 있나요?
2019년 말 퇴직을 하고, 2020년 1월에 유튜브 채널 운영 계획을 세웠어요. 그해 8월에 첫 영상을 업로드한 이후 최근까지 꾸준히 유튜브 채널을 운영해오고 있습니다. 퇴직 전의 커리어를 살려 지금은 대학에서 겸임교수로 마케팅 관련 강의도 하고 있고요. 학생을 가르치는 일에 관심이 있었거든요.

은퇴 준비는 어떻게 하셨나요?
회사에 다닐 때 퇴직 후의 재무 설계와 관련한 강의를 들은 적이 있습니다. 그 강의를 계기로 재무적인 부분은 어느 정도 플랜을 세워뒀습니다. 하지만 일적인 부분에 대한 계획은 퇴직 후에 세웠습니다. 시간이 많잖아요. 사실 많은 사람이 직장을 다니면서 은퇴 후를 준비하라고 합니다. 하지만 직장을 다니면서는 준비할 시간이 충분하지 않아요. 주어진 업무를 하다 보면 다른 일을 생각하기 어렵더라고요. 경제적으로 큰 어려움이 없다고 한다면 퇴직한 뒤에 충분히 고민해보고 계획을 세워도 늦지 않다고 봅니다.

우리나라 5060의 은퇴 준비 현황은 어떤가요?
제가 유튜브에 업로드한 영상 중 가장 조회수가 높은 영상 중 하나가 바로 택시 운전에 관한 것입니다. 그다음이 빵집 창업과 택배 관련 영상입니다. 다양한 영상 중에서 이 콘텐츠의 인기가 높다는 것은 많은 사람이 관심 있어 하는 분야이기 때문이라고 생각합니다. 제

> **" 퇴직 전에 한번쯤 퇴직에 대해
> 깊이 생각해보는 시간을 가지면 좋을 것 같습니다.
> 퇴직 후 자신의 가치에 대해 생각해본다면
> 단순히 남의 일로만 여기고 가볍게 넘기지 못할 거예요.
> 현실적인 생각이 들면 자연스럽게 은퇴 후를 준비하게 됩니다. "**

생각에는 은퇴자들이 바로 현장에 뛰어들어 할 수 있는 일을 찾는 것 같아요. 적은 자본으로 할 수 있는 창업, 혹은 자본이 부족할 때 할 수 있는 일에 관심을 가진다는 것은 그만큼 은퇴 준비가 부족하다는 방증이 아닐까 합니다. 하지만 자본을 들이는 창업이나 몸으로 하는 노동 외에도 내일배움카드나 서울시50플러스재단에서 운영하는 다양한 강의를 들으면서 평소 원하던 일을 찾을 기회가 있습니다. 창업이나 창직을 지원하는 곳들도 많이 있습니다. 급히게 당장 할 수 있는 일만 찾지 말고 현역 때 하던 일의 전문성을 살려서 할 수 있는 일을 찾아보는 것도 좋은 것 같아요. 한 분야에서 쌓은 현장 경험을 활용할 수 있으니까요. 오랜 시간 쌓아온 경험은 퇴직 후 새로운 일을 찾을 때 아주 중요한 기초 재산이 됩니다. 최근 인기를 끌고 있는 시니어 유튜버들만 보아도 현직 때의 경험을 살려서 콘텐츠를 구성하는 경우가 많습니다. 처음에는 영상 촬영이나 편집 작업이 서툴러서 시간도 오래걸리고 힘이 들 거

김찬기의 은퇴 준비 키포인트
❶ 생각할 시간 갖기
퇴직 전에 퇴직 후에 대해서 한번쯤 깊이 생각하는 시간을 갖자.
❷ 가족과 상의 필수
은퇴 후의 생활에 대해 어떤 결정을 내리기 전에 가족과 꼭 상의하라.
❸ 재무 준비는 미리
경제적인 부분에 대해서는 퇴직 전에 확인하고 준비해야 한다.

예요. 그래도 계속하다 보면 점점 익숙해지니 관심이 있는 사람이라면 도전해보라고 권하고 싶습니다.

은퇴와 관련한 인생 2라운드를 위한 콘텐츠 전문가로서 은퇴를 앞둔, 혹은 은퇴를 맞이한 이들에게 하고 싶은 말이 있다면?
퇴직하기 전에는 다들 은퇴가 남의 일이라고 생각합니다. 하지만 생각해보면 누구나 겪게 될 일입니다. 나이를 먹는 것은 어쩔 수 없는 일이니까요. 퇴직 전에 한번쯤 퇴직에 대해 깊이 생각해보는 시간을 가지면 좋을 것 같습니다.
퇴직 후 자신의 가치에 대해 생각해본다면 단순히 남의 일로만 여기고 가볍게 넘기지 못할 거예요. 은퇴가 곧 닥쳐올 미래의 일이라는 현실적인 생각이 들면 자연스럽게 은퇴 후를 준비하게 됩니다. 간혹 은퇴 이후의 경제적인 상황이나 생활 변화에 대해 가족과 공유하지 않는 분들이 있습니다. 그러면 안 됩니다. 반드시 가족과 상의를 해야 합니다.

유튜브 행복한 퇴직, 김찬기 TV

유튜브 김찬기 TV는 현재 구독자 3천 600여 명을 보유하고 있다. 퇴직 후의 일상을 볼 수 있는 브이로그부터 여가와 여행, 재테크, 창업까지 다양한 분야를 다룬다. 은퇴한 5060을 만나 새로운 직업에 관한 현실적인 이야기를 듣고 소개한다.

채널 총 누적 조회수
462,574회

업로드 영상
77개

최고 조회수 영상 5
1위 | 21만 회
택시 기사 수입, 월급?
2위 | 8만5000회
퇴직 후의 인생, 사오정 이야기
3위 | 3만2000회
[퇴직 준비] 퇴사 후 제과빵집 창업하기, 김찬기
4위 | 2만7000회
퇴직 후 삶, 여가, 어떻게 보낼 건가요
5위 | 1만3000회
농어촌 민박 사업 예상 수익

*2022년 2월 17일, 소셜 블레이드 기준

만일 30~40대로 돌아가 다시 은퇴 준비를 한다면?
좀 더 일찍 회사를 나왔을 거예요. 한 직장을 30년 가까이 다녔습니다. 그 일이 싫었던 것은 아니지만, 좀 더 빨리 원하는 일을 찾았더라면 하는 아쉬움이 남더라고요. 평소에 학생들을 가르쳐보고 싶다는 생각이 있었거든요. 지금 대학에서 강의를 하고 있는데 만족합니다. 다시 돌아간다면 진짜 하고 싶은 일을 오래 할 수 있는 방법을 선택하고 싶습니다.

유튜버 외에 또 다른 계획이 있다면?
아직 완벽하게 구체화한 부분은 없습니다. 재취업을 할 수도 있고 창업을 해볼 수도 있습니다. 제 전문 분야를 살려서 컨설팅을 하거나 전문 강사를 양성하는 일을 해보고 싶다는 막연한 계획이 있습니다. 계획을 완벽하게 세운다고 모든 일이 뜻대로 되지는 않더라고요. 큰 목표 아래 세부적인 사항은 융통성 있게 수정해나가고 있습니다. 은퇴를 하면서 세운 계획이 여러 가지 있습니다. 어떤 일을 완성하게 될 지 모르겠지만 본인이 하고 싶은 일을 하면서 수입이 따라온다면 그것이 최고의 은퇴 계획일 것 같아요. 그렇게 될 수 있었으면 좋겠습니다.

나의 은퇴 준비 수준은?

다음 사항을 체크해보자. 은퇴 준비가 얼마나 되어 있는지 알 수 있을 것이다.
절반에 못 미친다면 서둘러 준비할 필요가 있다!

경제적 준비

- ☐ 연금으로 은퇴 생활비를 100% 충당할 수 있는가?
- ☐ 퇴직 후 국민연금을 받을 때까지 '소득 공백기'에 대비하고 있는가?
- ☐ 은퇴 전에 부채 상환을 할 수 있는가?
- ☐ 자녀 지원은 어디까지 할 것인지 결정되어 있는가?
- ☐ 노후 자금으로 활용할 수 있는 현금 흐름은 만들어두었는가?

건강 관리

- ☐ 규칙적인 운동으로 건강관리를 하고 있는가?
- ☐ 정기적으로 건강검진을 받고 있는가? (당뇨, 천식, 고혈압, 고지혈증 등 성인병 질환의 수치 체크 여부)
- ☐ 질병과 사고를 대비해 보험에 가입돼 있는가?(암, 중풍, 심장병 등 질병과 입·통원비 보장 여부)

여가 활동

- ☐ 노후에도 꾸준히 즐길 만한 취미(놀거리)나 여가 활동이 있는가?
- ☐ 배우자와 취미를 공유하고 있는가? (같은 취미 활동이나 여행, 외식 등 동반 외출 여부)
- ☐ 은퇴 후 어디서 무엇을 하며 살지 부부가 미리 구상했는가?
- ☐ 나만을 위한 활동 공간이 있는가?

사회적 관계

- ☐ 은퇴 후 어떤 삶을 살지 구체적으로 계획하고 있는가?(버킷 리스트 혹은 활동 계획표 등)
- ☐ 퇴직 후 '제2의 일'을 위한 준비를 하고 있는가?
- ☐ 마음을 털어놓을 친구가 있는가?
- ☐ 자녀와 많은 대화를 하고 있는가?
- ☐ 최근 1년간 동호회·동창회·향우회 등 활동하는 모임이 있는가?

은퇴를 먼저 경험한 선배가 말한다!
은퇴에 관한 오해와 진실

❶ 은퇴 전후 수입과 지출의 급격한 변화가 없어야 한다?
오해! 그렇게 되면 좋겠지만 경험해보니 퇴직 전 수입의 60~70%만 있으면 충분히 생활한다. 전문가들이 말하는 필요 노후 자금 규모는 평균적인 예시일 뿐이다. 다만 자녀들을 모두 독립시키고 부부 두 사람만 살 경우가 그렇다.

❷ 은퇴 후 시간 여유가 생기면 뭐든 할 수 있다?
오해! 나이가 들수록 사소한 일들이 점차 귀찮아진다. 내 경우도 세입자 관리, 각종 세금 문제, 재테크 등을 '왜 못해? 돈이 없어 못하지, 시간이 없어 못하냐?' 했다. 하지만 정말 한살 한살 나이를 먹을수록 잔잔한 일들이 귀찮아 쉽게 포기하고 다툼이 싫어 두루뭉술하게 넘어가게 된다.

❸ 아파트담보대출, 토지담보대출. 신용대출 등 각종 빚이 100% 없어야 한다?
진실. 퇴직을 하면 주거래 은행에서 전화가 온다. 이제부터 당신의 신용등급은 과거와 다르다. 신용등급이 변했으니 여러 가지 계약을 다시 해야 한다고 한다. 이럴 때 해결하지 못한 부채가 있다면 은퇴 후의 생활에 리스크로 작용한다.

❼ 잘 놀기 위해서는 자신만의 계획표가 필요하다?
진실. 그동안 돈 버느라 고생한 나를 위해 만들어두는 준비물이라 할 수 있다. 계획이 있어야 과정이 있고 과정이 있어야 결과물이 있다. 나에게 주어진 시간을 나에게 써야 한다. 준비가 없다면 막상 시간이 생기고 경제적인 여유가 있어도 알차게 보낼 수 없다.

❹ 은퇴 후에 집에서 편안하게 여가를 즐길 수 있다?
오해! 언젠가 누구나 은퇴를 한다. 그 때를 대비해 집 외에 여유 시간을 즐길 장소를 마련해야 한다. 특정 공간이 없다면 도서관, 전시장, 학원, 평생교육원 등 즐겁고 알찬 시간을 보낼 장소도 많다. 제일 부러운 사람은 아무것도 하지 않고 잘 노는 사람이다. 그 사람이 바로 인생의 고수라고 생각한다. 은퇴 후 집에서 편하게 잘 노는 것이 생각처럼 쉽지 않다.

❺ 은퇴 전에 가능한 자녀를 결혼(학업 완료)시켜야 한다?
진실. 자녀의 학업 문제가 해결 안 됐다면 최대한 직장에서 버티고 나오지 말아야 한다. 졸업 후 취업해서 독립하겠다던 자녀가 갑자기 다시 공부한다고 하면 모른 척하는 부모는 없다. 주변에서도 이런 경우를 자주 본다. 자녀가 결혼했다고 모든 것을 마쳤다고 생각하면 위험하다. 한국인의 정서상 결혼한 이후라도 자녀를 도울 일이 발생한다. 자녀에게는 경제적인 지원이 최고이자 최우선 관심사다.

❻ 부부 사이에 서로 모르는 자금이 있어서는 안 된다?
오해! 반드시 나만의 개인 자금이 있어야 한다. 또래의 사람들이 모이면 하는 얘기가 있다. 비자금은 많으면 많을수록 좋고, 부부가 서로 모르면 모를수록 좋다! 사소한 금액 때문에 의견 충돌이 생기다 보면 서로가 불편하다. 여러모로 볼 때 부부 각자의 비자금이 넉넉해야 주변에 적당히 인심도 쓰면서 살 수 있다. 각종 기념일에 크게 선물을 해도 각자의 자금에서 지출되니 감사하게만 여긴다.

❽ 끊임없이 공부(독서)하는 습관을 가져야 한다?
진실. 나이가 들었다고 공부를 게을리해서는 안 된다. 책을 가까이하는 것은 건강과도 관련이 있다. 노안이 와서 돋보기를 써야 글씨가 보이는 현실이지만, 꾸준한 독서는 운동과 같은 효과가 있다. 치매 예방을 위해서라도 책을 가까이 해야 한다. 글쓰기와 필사 같은 것을 같이하면 도움이 된다.

자료 네이버 카페 '은퇴 후 50년(은퇴자들의 모임)'

남들은 어떻게 준비하지?

네이버 카페 '은퇴 후 50년(은퇴자들의 모임)'의 회원 약 3만 3000명 중 이미 은퇴를 했거나 은퇴 예정자인 회원들과 대담을 진행했다. 당신은 어떻게 은퇴를 준비했나요?

어떤 사람들이 참가했을까?

네이버 카페 '은퇴 후 50년(cafe.naver.com/dlxogns01)'의 회원

닉네임/나이 처음처럼/62
거주 지역 대구
은퇴 연차 2년 차
은퇴 전 직업 공기업 퇴직

닉네임/나이 스타별/50
거주 지역 서울
은퇴 연차 1년 차(명퇴)
은퇴 전 직업 공무원

닉네임/나이 빨간자동차/63세
거주 지역 경기 시흥
은퇴 연차 5년 차
은퇴 전 직업 대기업(자동차 회사)

닉네임/나이 2좋은세상/58
거주 지역 울산
은퇴 연차 은퇴 전(2022년 11월 예정)
직업 회사원

닉네임/나이 Mr.hwang/50
거주 지역 제주
은퇴 연차 은퇴 전(10년 후 예정)
직업 교직원(전문직)

닉네임/나이 조구202/49
거주 지역 인천
은퇴 연차 2년 차(명퇴)
은퇴 전 직업 공무원

닉네임/나이 핸섬/56
거주 지역 대구
은퇴 연차 은퇴 전(6년 후 예정)
직업 공기업

닉네임/나이 힙합맨제이/40
거주 지역 서울
은퇴 연차 은퇴 전(2년 후 예정)
직업 회사원

막상 은퇴를 해보니 어떤가요?

처음처럼 미리 예측하고 생각을 많이 해서 막상 은퇴하고 난 후에도 크게 문제가 없다. 손주가 5살인데 어린이집을 마치면 우리 집으로 데려온다.

빨간자동차 나는 솔직히 너무 좋다. 보기 싫은 사람 안 보고 하고 싶은 일만 하는 것이 가장 만족스러운 점이다.

스타별 명예퇴직한 지 2달 정도 됐는데 아직 실감이 안 난다. 이번 달부터 월급이 안 들어왔는데 생각보다 허전하다. 직장을 그만두면 나의 정체성이 사라지는 것이 아닐까 두려웠는데 막상 해보니 별로 그렇지는 않은 것 같다.

힙합맨제이 2년 뒤 퇴직 예정이지만, 즐거울 거 같다. 오늘 뭐 먹지가 제일 큰 고민 아닐까? 추운 날 억지로 이불 밖으로 안 나가도 되고 여행도 실컷 하고. 여행지에서 아쉬움이 남는다면 더 머물러도 되는 여유가 생기는 것이 은퇴 아닐까. 사랑하는 사람과 함께 있을 시간이 늘어나니 행복할 것 같다.

② 은퇴 계획은 어떻게 세웠나요?

처음처럼 특별한 것이 없었다. 그냥 물 흘러가듯 놔두었다. 퇴직 전부터 은퇴 후의 생활에 대해 많이 생각했었다.

빨간자동차 직업(할 일)은 퇴직 3년 전부터 목표를 잡고 준비했다. 경제적인 부분은 훨씬 오래전부터 준비했다. 퇴직 후의 꾸준한 현금 흐름을 위해서 10년 전쯤 다가구주택을 구입했다. 지금은 그곳으로 이주해 살면서 월세로 인컴 소득을 얻고 있다. 인터넷과 책을 꾸준히 보며 준비했다.

Mr.hwang 연금(공적·퇴직·개인)을 기초로 하고 자산을 통한 현금 흐름을 만드는 것이 첫 단계다. 둘째는 정년 전까지 모든 부채를 정리하는 것이다. 그리고 자녀들의 독립이다. 아무리 완벽한 은퇴 준비를 한다고 해도 자녀가 자립을 못하면 결국 부모가 희생하게 된다. 은퇴한 선배들, 인터넷을 보면서 준비 중이다.

핸섬 월 생활비를 500만원 정도로 생각해서 퇴직연금, 국민연금, 개인연금 외에 목돈을 넉넉하게 만들려고 준비 중이다. 대출은 작년에 모두 정리했다. 마이너스 통장은 유지하고 증여는 절반 정도 해두었다.

스타별 특별한 은퇴 준비는 없었고, 퇴직 전 10여 년간 현금 저축을 많이 했다. 남편이 아직 현직에 있는 상태라 연금(60세) 나올 때까지 쓸 용돈만 준비하면 되는 상황이다.

2좋은세상 은퇴 관련 책을 많이 보고 카페 회원들과 교류하면서 정보를 얻었다. 퇴직 전에 비해 소득, 보람, 활력 등에서 큰 손실이 없도록 하는 것이 중요하다고 생각한다. 국민연금 홈페이지에서 향후 연금 예상액을 알아볼 수 있고, 매주 단위로 엑셀을 통해 전체 자산 현황을 기록하면서 퇴직 후 현금 흐름을 계속 살펴보고 있다.

조구202 은퇴 관련 책을 보면서 준비했다. 은퇴 후 생활비가 충분한지가 가장 중요하다. 경제적으로 걱정이 없다고 생각해서 은퇴를 결정했다.

힙합맨제이 특별히 없다. 그냥 회사 열심히 다닌다. 나이가 들어서 아플 때 고민 없이 병원 가고, 맛있는 것이 생각나면 먹을 수 있으려면 젊을 때 열심히 살아야지 했다. 국민연금은 가입했지만 그 외 연금은 잘 모른다. 하지만 경제적인 준비는 끝났다.

③ 현재 가장 관심 있는 부분은?

처음처럼 은퇴하면 건강 빵을 만들어 먹고 책도 많이 읽고 싶었는데, 막상 은퇴하고 나니 잘 안 된다. 마음편히 살 수 있는 하루하루가 그저 감사하고 행복하다.

빨간자동차 70세 이후에도 지속적으로 할 수 있는 일이 무엇일까에 대해 많이 생각한다. 지금하고 있는 일을 계속하고 싶어서 관련 상담사 자격증을 취득했다. 봉사활동에도 관심이 많다. 사이버 상담사로 활동 중이고, 코로나19로 중단했지만 그전에는 봉사활동을 했었다.

Mr.hwang 정년 때까지 계속 직장을 다니느냐, 아니면 기회가 있을 때 명예퇴직을 하느냐가 요즘 가장 큰 고민이다. 원래 계획은 정년까지 회사를 다니려고 했는데 점점 힘이 들어서 고민을 하게 된다.

④

은퇴 후 여가를 즐길 취미가 있나요?

처음처럼 취미가 다양하다. 풍물, 배드민턴, 테니스, 볼링, 탁구 등 많다. 하지만 지금 다 하지는 못한다. 그중 스쿼트를 집에서 규칙적으로 하고 주식을 하는 친구 서넛이랑 월 2회 정도 점심 모임을 한다. 주식투자도 용돈벌이 삼아 하는데 아주 재미있다. 최근에는 아내도 같이 재미 삼아 주식투자를 하고 있다.

빨간자동차 요일마다 다르다. 매주 월요일은 지인과 만나는 날이다. 화~목요일 오전에는 공부, 서예, 목공, 집안일 등을 한다. 오후에는 지역사회 투자 사업 관련 업무를 하고 금요일에는 가능한 상황이면 온천으로 여행을 가기도 한다.

Mr.hwang 취미 생활은 은퇴에서 비중이 크지 않다. 본인의 건강 상태에 맞춰서 그때 선택해서 배워도 되는 것 같다. 건강하지 않으면 취미도 결국 즐길 수 없더라.

핸섬 은퇴에서 취미가 차지하는 부분이 절반 정도 되지 않을까. 댄스, 헬스, 골프, 여행을 좋아한다. 은퇴 후에도 꾸준히 즐길 생각이다.

조구202 취미 생활까지는 생각을 못해봤다.

힙합맨제이 여행을 좋아하는데 작년부터 코로나19로 꼼짝도 못하고 있다. 은퇴하면 여행을 많이 다니고 싶다.

⑤

경제적인 부분 이외에 은퇴 준비는 어떤 걸 했나요?

처음처럼 일단 연금이 일정 금액 나온다. 퇴직금도 IRP로 옮겨서 이번 달부터 나온다. 15년 전쯤부터 지인의 권유로 하고 있는 주식투자에서 배당수익이 조금 나온다. 또 우연히 구입해둔 과수원에서 틈틈이 복숭아 농사를 짓고 있다. 작년부터는 수익이 좀 나오기 시작했다.

빨간자동차 정부에서 아동을 대상으로 한 지역사회 복지 실천 프로그램에 관심이 있었다. 지역사회 서비스 투자 사업인데 퇴직 무렵에 사이버 대학원(사회복지)을 다니며 준비했다. 음악을 전공한 아내도 지금은 같이 일하고 있다. 퇴직하며 서울에 살던 집을 정리하고 오래전에 구입해둔 경기도 시흥의 다가구주택으로 이사했다. 자연스럽게 생활비도 줄고 만족스럽다.

Mr.hwang 해외로 이주해서 1~3년간 살아보려고 한다. 1순위가 태국이다. 나에게 은퇴란 직장을 그만둔다는 의미도 있지만 가족으로부터의 독립과 새로운 역할의 정립이라는 의미도 있다. 그러기 위해서는 현재 모시며 있는 부모님의 경제적인 독립을 책임질 수 있어야 하고, 아내의 경제적 자립,과 자녀를 독립을 돕는 역할까지 은퇴 준비에 포함하고 있다.

핸섬 경제적인 부분 외에 은퇴를 준비하고 있는 것은 없다. 다른 부분을 준비할 에너지가 있다면 그 힘을 직장 다니는 데 쓰고 싶다. 현재는 운동으로 건강관리만 하고 있다.

2좋은세상 관심 분야에 대해서 배우고 여행하고 봉사할 방법을 찾으려고 한다. 미래 자금 흐름은 엑셀로 한눈에 알 수 있는데, 퇴직 후 생활은 숫자로 나타낼 수 있는 것이 아니라서 은퇴 카페 선배들의 경험담이 아주 소중하다.

⑥ 은퇴 준비자들에게 한마디 전하고 싶다면?

처음처럼 형편에 맞춰서 사는 것이 중요하다. 없으면 없는 대로 아껴 쓰고, 있으면 있는 대로 아껴 써야 한다. 낭비하지 않고 착실하게 살다 보면 모든 것이 따라오는 것 같다.

빨간자동차 은퇴에 대한 걱정을 하면서 어떻게 준비해야 할지 고민만 하는 사람이 대부분이다. 지금 은퇴를 위해 준비하는 것이 없으면 은퇴 준비는 안 되고 있는 것이라 봐야 한다. 오늘 당장 은퇴를 위해 무언가 시작해야 한다.

힙합맨제이 은퇴 후의 삶을 계획할 때는 욕심은 버리되 용기를 가져라. 그리고 여유는 돈에서 나온다고 생각한다. 현직에 있을 때 직장 생활을 열심히 하는 것 또한 은퇴 준비 중 하나다.

⑦ 그 외 고려해야 할 것은?

처음처럼 자신만의 비상금이 있어야 한다. 그래야 부부 사이에 다툼도 덜 하고, 기념일이나 특별한 날 비상금을 쓰면 사이도 좋아진다.

핸섬 주위의 퇴직 선배들 90%가 재취업을 한다. 재취업에 대해서도 고민 해봐야 한다고 생각한다.

Mr.hwang 어떤 분들은 건강보험료 때문에 일을 하기도 한다. 은퇴하면 세금 폭탄을 맞는다고 들었다. 건강보험료, 재산세, 종부세 등 세금이 은퇴의 복병이라고 생각한다. 잘 살피고 어떻게 대처해야 하는지 대책이 필요하다.

스타별 소소한 일거리를 찾아야 한다. 동네 한살림에서 5시간 일할 직원을 구하는데 4대 보험이 된다고 해서 나가는 분을 봤다. 소일거리로 하기도 좋은 것 같다.

⑧ 나에게 은퇴란?

Mr.hwang 나의 지난날에 대한 보상이었으면 좋겠다.

핸섬 세 번째 인생을 사는 게 아닐까? 첫 번째는 태어나서 성장하고, 두 번째는 성인으로서 사회생활을 하고, 세 번째는 은퇴 생활로 삶을 뒤돌아보며 잘 마무리하는 거다.

스타별 1살부터 새로 사는것.

2좋은세상 이제까지 삶의 방향과 속도를 바꾸는 것이면 좋겠다.

조구202 모든 부담으로부터의 자유다.

SECTION 1

우리나라 연금에 관한 모든 것

국민연금을 비롯해 퇴직연금, 개인연금 등 3층 연금을 잘 계획한다면 안정된 노후를 맞이할 수 있다.
노후 소득 마련 시 생기는 궁금증부터 금융 전문가의 조언, 퇴직급여 활용법, 개인연금 운용 방법 등
든든한 3층 연금 수령을 위한 다양한 방법을 소개한다.

1988년
공적연금의 시작
근로자 10인 이상이 근무하는 사업장을 대상으로 1988년 1월부터 국민연금제도를 시행했다. 총 443만 명이 국민연금에 가입했다.
자료 국민연금공단

1994년
개인연금제도 도입
(구)개인연금저축을 처음으로 선보였다. 1994년 6월부터 2000년 12월까지 만 20세 이상이면 누구나 가입할 수 있었고 납부 기간은 10년 이상, 연금 수령 기간은 5년 이상이라는 조건이었다. 연간 72만원 한도의 소득공제와 연금 수령 시 전액 비과세되는 것이 장점이다.

1999년
국민연금 가입자 전 국민으로 확대
단계적으로 대상을 확대하면서 1999년 4월 1일부터 전 국민이 국민연금 가입 대상이 되었다. 이전까지 국민연금 소득대체율은 70%였지만 1999년부터 2007년까지 소득대체율은 60%로 조정했다.
▶ 관련 내용 52p

소득대체율이란?
은퇴 전 소득 대비 은퇴 후 받는 연금 수령액의 비율을 뜻한다. 월 연금 수령액 산출 시 활용한다.

2001년
개인연금제도 개정
2001년부터 연금저축으로 개인연금제도가 바뀌었다. (구)연금저축으로 부르며 현재 가입할 수 있는 연금저축과 구별한다. 연간 400만원 한도에서 납입금 전액을 소득공제 해주는 대신 연금 수령 시 연금소득세를 과세한다. 이 계좌로 퇴직금 수령이 가능하다.

2008년
국민연금 소득대체율 50%
국민연금, 노령연금 수령액 계산할 때 필요한 소득대체율이 매년 0.5%씩 감소하고 있다. 2028년 이후 소득대체율은 40%까지 내려간다.

2005년
퇴직연금제도 시작
1953년부터 운영해온 퇴직금제도를 그대로 두고, 2005년 12월 퇴직연금제도를 추가로 도입했다. 퇴직연금에는 확정급여형(DB형), 확정기여형(DC형)이 있다.
▶ 관련 내용 56p

2002년
국민연금 보험료 소득공제 시작
2002년부터 국민연금 보험료를 소득공제 대상에 포함했다. 따라서 2002년 이전 가입자가 노령연금을 받을 때 소득세를 부과하지 않는다. 2002년 이후 소득공제 받은 보험료에서 발생한 연금소득에만 세금을 부과한다.

2020년
변경된 퇴직소득세법 본격 적용
2020년부터는 2016년 강화된 퇴직소득세법만을 적용하게 되었다. 따라서 같은 퇴직급여액이라도 근속연수에 따라 퇴직소득세의 차이가 크다.

주택연금 신청 기준 변경
2020년 12월부터 공시가 9억원 이하 주택은 주택연금을 신청할 수 있으며 주거용 오피스텔도 적용 대상 범위에 포함됐다. 가입 연령 역시 만 55세로 하향 조정했다.
▶ 관련 내용 156p

2021년
국민연금 추납 가능 기간 제한
기존에는 국민연금 추가 납부 기간에 제한이 없었다. 하지만 2021년부터 추가 납부할 수 있는 기간을 10년 미만으로 제한했다.
▶ 관련 내용 30p

기업퇴직연금 이전 절차 간소화
DC형, DB형, 기업형 IRP를 다른 금융사로 이전 시 신규 금융사의 1회 방문으로 이전할 수 있다. 기존 금융사를 방문할 필요가 없게 된 것이다. 또한 퇴직연금 가입자는 2021년 1월부터 퇴직연금 운용보고서를 정기적으로 받아볼 수 있다. 납입 원금 대비 수익률, 펀드 보수, 만 55세 이후 연금 수령액 등을 확인할 수 있다.

2013년
연금 수령 기간 확대
2013년 3월, 만 18세 이상 국내 거주자만 가입이 가능한 조건이 없어졌다. 누구나 가입할 수 있게 됐고 납부 기간은 5년으로 단축했다. 대신 연금 수령 기간이 10년 이상으로 늘어났다. 갑자기 늘어난 연금 수령 기간에 대해 불이익이 없도록 2013년 이전 가입자가 퇴직금을 연금으로 수령할 때 연금 수령 연차에서 혜택을 준다. 수령 연차를 6년 차부터 시작해 첫해 목돈으로 인출 시 퇴직소득세를 줄일 수 있다. 이때부터 현재까지 연금저축계좌(연금저축펀드, 연금저축신탁, 연금저축보험)라는 용어를 사용하고 있다.
▶ 관련 내용 70p

2017년
IRP 가입대상자 확대
2017년 7월 이후 자영업자도 IRP에 가입이 가능해졌다.

2016년
퇴직소득세법 개정
퇴직금의 40%를 정률공제해 주던 것을 폐지하고 환산 급여공제를 신설했다. 환산배수 역시 기존 5배에서 12배로 강화했다.

환산 급여공제란?
총퇴직금에서 근속연수 공제를 제외하고 환산급여를 산출해 그 범위에 따라 공제해주는 것을 말한다.

2014년
연금 납입 혜택, 소득공제에서 세액공제로 변경
2013년까지는 연간 400만원 한도에서 소득공제를 적용했다. 하지만 2014년부터 세액공제로 바뀌었다. 종합소득금액 4000만원 이하(총 급여 5500만원 이하)의 경우 16.5%, 소득과 급여가 그 이상일 경우는 13.2% 세액공제 혜택이 있다.
▶ 관련 내용 30p

2022년
DC형 디폴트옵션제도 도입
DC형 퇴직급여 적립금을 효과적으로 운용하기 위해 '사전지정 운용제도'를 도입한다.
▶ 관련 내용 94p

2012년
IRP 계좌 도입
2012년 7월부터 퇴직급여 지급은 IRP 계좌로만 하도록 했다. 퇴직급여를 IRP 계좌로 이체할 경우 퇴직소득세의 과세이연 효과와 연금으로 수령 시 비교적 낮은 연금소득세율을 적용해 받을 수 있는 장점이 있다.
▶ 관련 내용 56p

SECTION 1 | Q&A

노후 소득 준비할 때 궁금한 10가지

은퇴를 앞둔 이들이 가장 궁금해하는 것이 노후 소득이다.
은퇴 준비 초보자들이 가장 궁금해하는 노후 소득에 관한 10가지를 살펴봤다.

01 내 노후 자금은 어디에서 파악할 수 있나요?

노후에 대한 막연한 불안감을 없애려면 자신이 가진 노후 자금이 얼마나 되는지부터 파악해야 한다. 그래야 은퇴까지 남은 기간에 무엇을 어떻게 준비할지 전략을 세울 수 있다.

금융감독원이 마련한 '통합연금포털(100lifeplan.fss.or.kr)'을 이용하면 노후 자금을 한눈에 파악할 수 있다. 통합연금포털에서는 국민연금 등 공적연금뿐 아니라 개인연금, 퇴직연금 관련 정보를 한꺼번에 확인할 수 있다. 국민연금공단에서 제공하는 '내 연금 알아보기' 서비스를 이용해도 자신이 가입한 연금 정보를 확인할 수 있다.

노령연금이란?

국민연금에 10년 이상 가입하고 만 60세(소득이 없을 경우 만 55세·1969년 이전 출생자)가 되면 지급되는 연금.
단, 지급개시 연령이 만 60세부터 점차 상향되어 1969년 이후 출생자부터는 만 65세(조기노령연금의 경우 만 60세)부터 연금을 수령할 수 있다.

02 퇴직해서 소득이 없는데 국민연금 보험료를 내야 하나요?

국민연금 의무가입 기간은 만 60세까지다. 따라서 만 60세 생일이 지나 퇴직하는 사람은 보험료를 납부할 필요가 없다. 만 60세 이후에도 보험료를 계속 내고 싶으면 '임의계속가입'을 신청하면 된다. 퇴직할 당시 만 60세가 안 됐으면 배우자를 살펴야 한다. 배우자가 공적연금에 가입하고 있거나 연금을 수령하면, 본인이 소득이 없는 경우 국민연금 적용 제외자로 분류되기 때문에 보험료를 내지 않아도 된다. 보험료를 내고 싶으면 국민연금공단에 임의가입을 신청해야 한다. 앞 사례에 해당하지 않으면 지역가입자로 전환해 보험료를 납부해야 한다. 이때 별다른 소득이 없어 보험료를 낼 형편이 안 된다면 국민연금공단에 '납부예외' 신청을 해야 한다. 납부예외 기간에는 보험료를 내지 않아도 되지만, 국민연금 가입 기간에서도 빠지는 만큼 노령연금 수령액이 줄어든다.

03 | 퇴직급여를 연금으로 받으면 어떤 혜택이 있나요?

퇴직연금 가입자 중 만 55세 미만인 퇴직자는 법정 **퇴직급여**를 반드시 IRP에 이체해야 하지만, 그 밖에는 퇴직자가 선택할 수 있다. 퇴직자가 일시금을 선택하면 회사에선 퇴직소득세를 원천징수하고 남은 금액만 지급하고, **IRP** 이체를 선택하면 퇴직소득세를 떼지 않은 채 전액을 송금한다(2022년 4월 14일 이후부터는 만 55세 미만 모든 퇴직자가 IRP로 이체해야 함). 세금은 IRP 계좌에서 퇴직급여를 인출할 때 부과한다. IRP에 이체한 퇴직급여는 만 55세 이후에 연금으로 수령할 수 있는데, 이때 연금소득세가 부과된다. 연금소득세율은 연금 수령 연차에 따라 달리 적용된다.

반환일시금이란?
국민연금에 가입하고 있거나 가입한 사람이 노령·장애·유족연금 등의 수급 요건을 만족시키지 못했을 때, 납부한 연금보험료에 일정 이자를 더해 본인이나 그 유족에게 주는 금액을 말한다.

퇴직급여
퇴직금과 퇴직연금 모두 아우르는 말

IRP
개인형 퇴직연금
(Individual Retirement Pension)

> "여태껏 노후 준비라고 하면 '강 건너 불구경'하듯 했어요. 그런데 막상 '발등에 떨어진 불'이 되니 어디서부터 어떻게 준비할지 모르겠네요. 그렇다고 딱히 물어볼 곳이 있는 것도 아니라서 답답했어요."
> 정년을 앞둔 직장인들이 많이 하는 얘기다.

04 | 과거에 내지 않은 국민연금 보험료를 지금 낼 수 있나요?

노령연금을 더 많이 받으려면 가입 기간을 늘려야 한다. 따라서 과거 납부예외 기간과 적용제외 기간에 내지 않은 보험료가 있으면 이것부터 추후납부 하는 것이 좋다. 이 같은 추후납부는 국민연금 가입 기간 중에 할 수 있다.

노령연금을 더 받으려고 과거 받았던 반환일시금을 반납하는 사람도 있다. 반환일시금을 반납하면, 과거 가입 기간을 회복할 수 있다. 상대적으로 적은 보험료를 내고 노령연금을 더 많이 받을 수 있다는 얘기다. 반납금은 일시에 납부해도 되고, 최장 24회에 걸쳐 분할납부 할 수 있다.

05 | 배우자가 전업주부인데 노령연금을 받을 수 있나요?

배우자가 전업주부인 경우에는 국민연금 임의가입부터 검토해야 한다. 소득이 없는 전업주부는 의무가입 대상은 아니지만, 본인이 희망하면 국민연금에 임의가입 할 수 있다. 노령연금을 받으려면 국민연금 가입 기간이 최소 10년은 돼야 한다. 임의

가입 이전에 국민연금 보험료를 납부한 기간이 있으면 이를 합쳐 10년이 넘어야만 노령연금을 받을 수 있다. 과거 배우자가 국민연금에 가입한 적이 있는 경우 추후납부와 반환일시금 반납 등을 통해 가입 기간을 늘릴 수도 있다. 이렇게 했는데도 만 60세까지 가입 기간 10년을 채울 수 없으면, 만 60세 이후에도 보험료를 내겠다고 '임의계속가입' 신청을 하면 된다. 임의계속가입 신청은 만 65세까지 할 수 있다.

120개월
현재 국민연금 추후납부 기간은 10년(120개월)까지 가능하다. 추납 보험료 역시 최장 60개월까지 분할해 납부할 수 있다.

06 | 연금계좌에 한해 저축할 수 있는 금액은 얼마인가요?

연금저축과 IRP 같은 연금계좌를 이용해 노후 소득을 늘리는 방법도 있다. 이들 연금계좌에 합해 최대 1800만원까지 저축할 수 있는데, 저축 금액 중 일부를 세액공제 받을 수 있다. 세액공제 대상 금액과 세액공제율은 상품 종류, 소득 크기, 가입자 나이에 따라 다르다.

여기에 연령에 따른 추가 혜택이 있다. 만 50세 이상이고, 총급여가 1억2000만원이 안 되는 연금계좌 가입자는 2020년부터 2022년까지 3년간 한시적으로 세액공제 대상금액이 200만원 추가된다.

07 | 노령연금 받을 때도 세금을 내야 하나요?

국민연금 가입자가 납부한 보험료는 연말정산 때 소득공제를 해주는 대신 노령연금 지급할 때 소득세를 부과한다. 가입자가 납부한 보험료를 소득공제 해주기 시작한 것은 2002년부터다. 그래서 노령연금 수령 시 2001년 이전 납부한 보험료에서 발생한 부분과 2002년 이후 납부한 보험료에서 발생한 부분으로 분리해서 계산한다. 후자를 '과세기준금액' 이라 하고 여기에 소득세를 부과한다. 2002년 이후 납부

연금계좌에 1800만원을 저축했을 때 최대 환급세액

종합소득 금액	세액공제율	50세 미만 가입자		50세 이상 가입자	
		세액공제 한도	최대 환급세액	세액공제 한도	최대 환급세액
4000만원 이하 (총급여 5500만원 이하)	16.5%	700만원 (연금저축 400만원 포함)	115만5000원	900만원 (연금저축 한도 600만원 포함)	148만5000원
4000만~1억원 (총급여 5500만~1억2000만원)	13.2%	700만원 (연금저축 400만원 포함)	92만4000원	900만원 (연금저축 한도 600만원 포함)	118만8000원
1억원 초과 (총급여 1억2000만원 초과)	13.2%	700만원 (연금저축 300만원 포함)	92만4000원	700만원 (연금저축 300만원 포함)	92만4000원

※ **세액공제율** 지방소득세 포함

한 보험료 중에도 소득공제를 받지 못한 부분이 있을 수 있다.

임의가입자가 납부한 보험료가 대표적이다. 소득공제를 받으려면 종합소득이 있어야 하는데, 임의가입자는 소득이 없어 소득공제도 받을 수 없다. 아쉬워할 필요없다. 2002년 이후에 납부한 보험료 중 소득공제를 받지 못한 금액은 '과세제외 기여금'으로 분류해 '과세기준 금액'에서 뺀다. 과세제외 기여금이 과세기준 금액보다 많을 때는 초과 금액을 다음 과세 기간의 과세기준 금액에서 뺀다.

08 | 정년퇴직자도 구직급여를 받을 수 있나요?

고용보험 가입자는 퇴직 후 구직활동을 하는 동안 소정의 급여를 받는데, 이를 구직급여라고 한다. 구직급여를 받으려면 크게 4가지 조건을 갖춰야 한다.

퇴직 이전 18개월 동안 고용보험 가입 기간이 180일 이상 돼야 하고, 근로 의사와 능력이 있어야 하며, 재취업을 위해 적극적으로 노력하는데도 취업이 안 된 상태여야 한다. 마지막으로 비자발적으로 퇴직했어야 한다. 따라서 전직이나 창업 등 개인적 사유로 사표를 쓰는 경우에는 구직급여를 받을 수 없다. 하지만 정년이 다가오거나 계약기간이 만료돼 회사를 다닐 수 없게 됐을 때는 비자발적 퇴직으로 보아 구직급여를 받을 수 있다.

60%
구직급여 지급액
퇴직 이전 평균임금의 60% 수준에서 정해진다.

09 | 연금소득에도 건강보험료가 부과되나요?

퇴직하면 사업장가입자는 지역가입자로 전환해서 건강보험료를 납부한다. 지역가입자는 사업·이자·배당·기타·근로·연금소득에 전부 건강보험료를 부과하고 있다. 하지만 모든 연금에 보험료를 부과하는 것은 아니다. 국민연금, 공무원연금, 사학연금, 군인연금, 별정우체국연금 등 공적연금에만 부과한다. 퇴직연금과 개인연금소득은 보험료를 부과하지 않는다. 공적연금소득 전액에 보험료를 부과하는 것도 아니다. 공적연금소득에서 30%(2022년 하반기부터 50%로 변경 예정)만 소득으로 본다. 노령연금으로 100만원을 받으면 30만원만 소득으로 본다는 얘기다.

10 | 퇴직 이후 늘어난 건강보험료를 줄일 수 없나요?

지역가입자는 소득뿐 아니라 재산이나 자동차에도 건강보험료가 부과된다. 별다른 소득이 없어도 재산이 많으면 직장 다닐 때보다 더 내야 할 수도 있다. 퇴직 이후 건강보험료 부담이 늘어났다면, 건강보험공단에 임의계속가입 신청을 하자. 임의계속가입을 하면, 퇴직 후 3년은 재직 시 직장에서 낸 만큼만 보험료를 납부하면 된다. 퇴직 이전 18개월 동안 1년 이상 직장건강보험 가입 자격을 유지했다면 임의계속가입을 신청할 수 있다.

SECTION 1 | 연금의 모범 답안

슬기로운 연금 생활의 핵심, 3층 연금

노후 생활에서 가장 기본이 되는 소득이 바로 연금이다.
공적연금·퇴직연금·개인연금이라는 3층 구조의 연금이 탄탄해야 안정적인 노후 생활이 보장된다.

은퇴 후 경제생활을 생각하면 누구나 막막해지기 마련이다. 이럴 때를 위해 존재하는 것이 연금이다. 연금 관리의 기본 원칙은 수입의 파이프라인을 다양하게 구축하는 것이다. 우리나라 연금 체계는 3층 구조다. 1층은 공적연금제도로 국민연금, 특수직연금(공무원연금·사학연금·군인연금 등), 기초연금 등이 있다. 2층은 기업에서 보장하는 퇴직연금(퇴직금), 3층은 개인이 알아서 준비하는 개인연금이다. 보통 1층의 공적연금은 최저생활비, 2층의 퇴직연금은 필요 생활비, 3층의 개인연금은 여유 생활비로 분류하는데 이것은 이

48.4%
55~79세
연금(공적연금과
개인연금) 수령자
비율

자료 통계청,
2021년 5월 기준

론일 뿐 개인마다 천차만별이다. 어떤 사람은 공적연금만으로 충분한 생활비를 마련할 수 있지만, 또 어떤 사람은 이 3가지를 다 합해도 최저생활비가 안 나올 수도 있기 때문이다.

3층 연금 수령 시 주의 사항
연금은 무조건 많이 수령하면 좋을까? 연금 준비할 때 알아두어야 할 사항이 있다. 가장 기본적인 국민연금(특수직연금 포함)은 퇴직 후 건강보험료를 산정하는 기준에 포함된다. 물론 연금 수령액의 전부를 소득에 포함하지 않고 30%(2022년

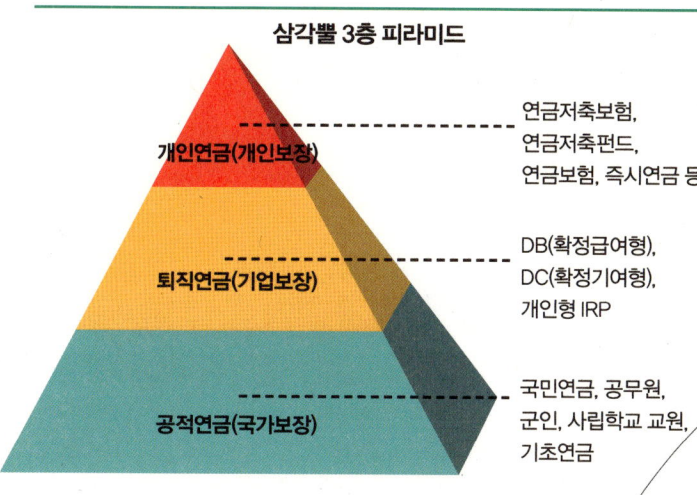

소득대체율
은퇴 전 소득 대비 은퇴 후 연금소득의 비율

하반기 부터는 50%)만 소득으로 보고 건강보험료를 산출한다. 또한 연금저축신탁, 연금저축펀드, 연금저축보험, 연금보험, 즉시연금 등 개인 연금 수령 시 연간 1200만원까지는 연금소득세(3.3~5.5%)만 납부하면 된다. 연간 수령 금액이 1200만원을 넘을 경우 금액 전체가 종합소득에 포함되어 별도의 세금을 납부해야 하니 개인연금을 받을 때는 연간 수령 한도 금액을 조정해야 한다. 그동안 적립해둔 금액이 많다면 수령 기간을 길게 설정해 연간 1200만원 수령 한도를 맞추는 것이 절세 방법 중 하나다.

3층 연금을 잘 쌓아야 하는 이유

일반적으로 적정 노후 생활비는 1인당 160만원 내외로 보고 있다. 연령, 사는 지역에 따라 혹은 부부인지 개인인지에 따라서도 필요 금액이 조금씩 차이가 있다. 그런데 통계청 자료에 따르면 2021년 연금을 받은 50~70대 중 60.1%가 50만원 미만으로 국민연금을 수령하고 있고 100만원 이상 수령하는 사람은 14.9%에 그친다. 게다가 2028년 이후 국민연금 <u>소득대체율</u>은 40%밖에 되지 않는다.

참고로 경제협력개발기구(OECD)의 권고 수준은 70~80%다. 이것이 우리가 3층 연금을 잘 쌓아야 하는 이유다. 연금 준비 시 필요한 월 생활비가 얼마인지, 어떻게 준비할지 꼼꼼하게 계획을 세워 안정적인 연금 생활을 누려보자.

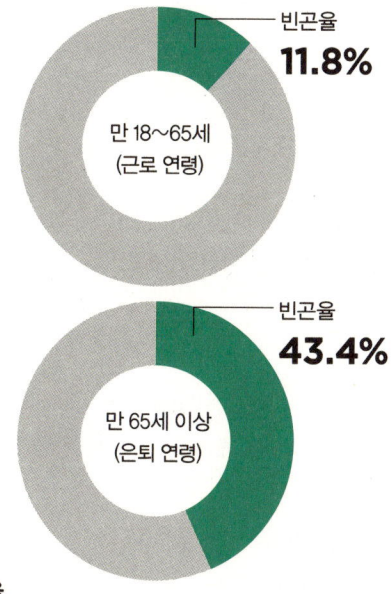

빈곤율
중위소득의 50%보다 가계소득이 적은 가구의 비율을 말한다. 2020년 중위소득 약 299만원(2인 가구 기준)
자료 통계청, 2020년 기준

Portfolio

총 연금 적립액 5억원이 목표인 A씨의 3층 연금 전략

A씨

나이 46세
직업 회사원
월 수령 목표 연금액 450만원(만 65세 이후)
연 납입액 사적연금 700만원(연금저축펀드 400만원, IRP 300만원), 퇴직연금(DC형) 400만원 추가 납입
목표 수익률 퇴직연금 연 5%, 사적연금 연 10%

현재 40대 중반으로 20대부터 직장 생활 중이다. 55세 퇴직연금 수령 시기부터 80세 이상까지 끊이지 않는 연금소득을 위해 연금저축펀드, IRP 등 개인연금과 퇴직연금(DC형)을 열심히 운영하고 있다. 국민연금은 직장 생활을 하며 꾸준히 내고 있어 특별히 신경 쓰지 않는다. 퇴직연금과 개인연금은 매주 수익률을 확인하며 대체상품을 변경한다. 단, 자주 변경하지 않는다. 추이를 살펴보고 연 2~3회로만 운영 상품을 조정 중이다. 개인연금은 연 1200만원 이상 수령 시 종합소득에 포함되어 많은 세금이 부과됨으로 그 범위를 넘지 않는 월 100만원 수령을 목표로 하고 있다.

적립 목표액

목표 수익률을 달성한다는 가정 아래 만 55세까지 개인연금에 납입하는 총 적립 금액 1억4000만원, 퇴직연금의 경우 3억6000만원이 모인다.

1층
국민연금
월 150만원 수령(만 65세~종신)

2002년부터 퇴직 때까지 30년 가까이 납입 예정

❶ **연금 수령 개시** 만 65세
❷ **예상 수령 연금액** 월 150만~170만원

2층
퇴직연금(DC)
월 200만원 수령(만 55~83세 예상)

46세인 현재 모아둔 퇴직연금 적립금이 1억5600만원이다. 매년 회사에서 퇴직금으로 1000만원을 납입하고 상여금 중 일부(200만원)를 추가 납입할 경우 목표 적립액에 도달한다. 만 55세부터 83세까지 월 200만원씩 수령할 계획이다.

❶ **목표 금액** 3억6000만원
❷ **목표 수익률** 연 5%
❸ **납입 금액** 매년 말 회사에서 납입하는 연봉의 10% 입금액 + 개인 추가 납입(연 200만원 정도)
❹ **운영 방식** 주식형 펀드 3종에 70%, 채권 30% 배분

상품	상품명	형태	비율
1	수익률 상위 A 상품 운용	주식형	25%
2	수익률 상위 B 상품 운용	주식형	30%
3	수익률 상위 C 상품 운용	주식형	15%
4	수익률 상위 D 상품 운용	채권형	30%

❺ **운영 상품** 연금저축펀드와 IRP에서 운용 중인 3가지 상품(A, B, C) + 최근 6개월~1년간 수익률 상위 상품
❻ **상품 변경** 정기적(매주 금요일)으로 수익률 증감 사항을 확인하고 수익률이 지속적으로 저하 시 이 상품과 관련된 국내 또는 글로벌 비즈니스 트렌드 현황 파악 후 교체 매매 검토 및 실행(연 2~3회)
❼ **연금 수령 계획** 퇴직 후 IRP 계좌로 합해 연금 운영
❽ **예상 목표 수령액** 월 200만원

은퇴 후 연금 수령 계획이 막막하다면 다음 포트폴리오가 참고가 될 것이다.
국민연금 포함 월 450만원의 연금 수령을 목표로 할 때 나올 수 있는 포트폴리오 예시다.

3층

개인연금 [연금저축펀드 + 추가 납입 IRP]
월 100만원 수령(만 55~72세 예상)

연금저축펀드

현재 적립액 1500만원. 매년 400만원 납입을 계획하고 있다. 개인형 IRP 금액과 합산해 만 55세부터 월 100만원씩 연간 1200만원을 넘지 않도록 조정하고, 72세까지 수령할 수 있다.

❶ **목표 금액** 8000만원
❷ **목표 수익률** 연 10%
❸ **납입 금액** 매년 인센티브 또는 다른 투자에서 수익 발생 시 추가 납입(400만원 이내)
❹ **운영 방식** 리스크는 높지만 수익률이 좋은 주식형 상품 2가지에 50 : 50으로 배분

상품	상품명	형태	비율
1	수익률 상위 A 상품 운용	주식형	50%
2	수익률 상위 B 상품 운용	주식형	50%

❺ **운영 상품** 최근 6개월~1년간 수익률 상위 상품 2가지 운영
❻ **상품 변경** 정기적(매주 금요일)으로 수익률 증감을 확인하고 수익률 저하 시 대체상품으로 변경(연 2~3회)
❼ **연금 수령 계획** 만 55세부터 10~15년에 걸쳐 연금 형태로 수령 예정(5.5%의 저세율 부과)

개인형 IRP

현재 적립액 1400만원. 추가 세액공제(매년 300만원)를 받기 위해 시작했다. 퇴직연금과 마찬가지로 노령연금 수령 전인 만 55세부터 수령할 계획이다.

❶ **목표 금액** 6000만원
❷ **목표 수익률** 연 7%
❸ **납입 금액** 매년 인센티브 또는 다른 투자에서 수익 발생 시 추가 납입(300만~1000만원)
❹ **운영 방식** 2가지 상품으로 운영. 주식형 펀드 70%, 채권 30%의 비율로 배분

상품	상품명	형태	비율
1	수익률 상위 C 상품 운용	주식형	70%
2	수익률 상위 D 상품 운용	채권형	30%

❺ **운영 상품** 최근 6개월~1년간 수익률 상위 상품 2가지 운영
❻ **상품 변경** 정기적(매주 금요일)으로 수익률 증감을 확인하고 수익률 저하 시 대체상품으로 변경(연 2~3회)
❼ **연금 수령 계획** 퇴직 후 연금저축펀드의 금액과 합산해 연 1200만원 한도 내에서 수령할 계획
❽ **예상 목표 수령액** 월 100만원(연금저축펀드와 합산한 금액)

SECTION 1 | EXPERT ADVICE 1

ETF·TDF· 리츠, 눈여겨볼 연금 운용 상품

김경록
미래에셋자산운용 고문

김경록 미래에셋자산운용 고문이 은퇴를 앞둔 이들에게 가장 강조하는 이야기는, 연금은 착실히 현명하게 모으되 연금만으로 은퇴 이후의 생활비를 마련하려 들지 말라는 조언이었다.

자기만의 전문적 기술을 쌓든, 취미 생활을 발전시키든 새로운 일자리를 마련해서 일부 생활비를 보탠다면 좀 더 안정적인 은퇴 이후 생활이 가능하다고 했다. 물론 금융자산을 많이 축적해놓는 것이 가장 안정적이지만 그렇지 못한 경우가 더 많으니, 은퇴를 앞두고 막연히 걱정만 많아지는 현실을 피할 수도 없다.

그래도 김경록 고문은 당장 은퇴를 앞둔 이들이라면 국민연금만으로도 기본적인 생활비는 어느 정도 충당할 수 있다고 했다. 소득 몇 분위까지라는 정확한 통계자료는 없지만 우리나라 국민이라면 1인당 노령연금을 100만원은 받을 수 있다고. 부부가 모두 납입했다면 월 소득이 200만원 정도 되는데, 생활비를 낮추면 부부 둘이 기본적인 삶은 유지할 수 있는 수준이다. 캐나다의 경우도 만 65세부터 부부가 같이 받는 연금이 한화로 월 200만원 정도 되니 비교해도 적지 않은 금액이라 했다. 거기에다 주택연금으로 부족한 생활비를 보충하면, 생활하기 불편하지 않은 연금소득을 마련할 수 있다. 물론 국민연금이 도입된 것이 1988년이니 현재 7080세대는 그 정도 노령연금을 받지 못하지만, 1958년생은 직장 들어갈 때부터 국민연금이 도입됐으니 베이비부머 세대는 국민연금 혜택을 가장 많이 받는다.

퇴직연금에 대한 관심이 증가 추세다.

한국은행에 따르면 1993년 기준금리는 8.5%였다. 약 8%라고 가정한다면, 5억원을 예금했을 때 연 이자가 4000만원, 한 달이면 300만원인 셈이다. 그러나 2021년 현재 기준금리는 0.75%다. 5억원을 예금하면 1년 이자가 약 500만원이다. 월 수익으로 계산해보면 40만원 정도밖에 안 된다. 생활비로 턱없이 부족하다. 반면 금리는 낮아지는데 평균 기대수명은 늘어난다. 2019년 평균 기대수명은 83.3세다. 60세에 퇴직을 예상한다면 20년 이상의 노후 대비가 필요하다. 20년 동안의 적정 생활비 마련과 과거 8.5%의 금리를 얻기 위해 자연스레 연금 투자에 관심이 생길 수밖에 없는 구조다.

그런데 개인이 직접 연금을 투자 운용하는 것이 쉽지 않다.

복잡하게 생각하지 마라. 자신이 주식을 몇 퍼센트 비중으로 둘 것인가, 그 정도만 결정하면 된다. 퇴직연금에서 투자를 50% 할 것인지, 20% 할 것인지 정하고 그 비중만큼 리스크 부담이 적은 ETF를 사는 식이다. ETF 중에서도 종합적으로 묶어놓은 나스닥, 코스피, S&P 지수 등에 투자하는 ETF를 섞어 투자하는 것이 리스크를 줄일 수 있는 방법이다. 요즘은 글로벌 투자도 병행하는 것이 좋다. 은퇴 후에는 공격적인 투자를 하는 것이 어려우므로 50세 중반이 넘어가면 부동산 리츠, 또는 리츠를 모아놓은 ETF 상품 투자도 추천할 만하다.

ETF(Exchange Traded Fund)
인덱스펀드를 거래소에 상장시켜 주식처럼 편리하게 거래하도록 만든 상품

WHERE?

미래에셋 투자와 연금센터

국내에서 '은퇴' 하면 가장 먼저 떠오르는 기관 중 하나다. 미래에셋 투자와 연금센터 사이트에 접속하면 은퇴자산을 관리하고 운용하는 데 요긴한 정보가 잘 정리돼 있다. 최근에는 유튜브를 통한 영상정보도 더해져 볼거리가 늘었다. 최신 리포트와 연금 운용 전략은 물론, 은퇴 이후 삶을 즐겁고 행복하게 만드는 데 도움 되는 건강이나 라이프 칼럼도 제공한다. 김경록 고문도 사이트에 '욜로 은퇴' 칼럼을 연재한다. 뉴스레터를 신청하면 최신 정보를 받아볼 수 있다.

investpension.miraeasset.com

최근 TDF도 많이 언급 되고 있다.

의사결정 고민 없이 시간이 부족한 직장인이라면 TDF 하나만 넣어도 은퇴 준비가 수월하다. 성과 측면에서 상위 30% 안에 들어간다. 괜히 본인이 펀드 조합 한다고 애쓰기보단 전문가에게 맡기는 편이 낫다. 어떤 TDF를 선택할지, 빈티지를 어떻게 설정할지 결정하면 된다. 예를 들어 퇴직 연도를 2040년으로 계산한다면 지금부터 20년 남았으니 주식 비중이 좀 높다. 본인이 주식 비중이 높은 것보다 안정적 운용을 원한다면 빈티지를 이보다 짧은 2035로 설정할 수도 있다. 그 후에는 전문가에게 맡기고 잊으면 된다. TDF를 선호하는 가장 큰 이유는 자산운용사의 펀드매니저가 은퇴 시점에 맞춰 자산 배분 비율을 바꿔준다는 점이다. 은퇴 시기를 고려해 위험자산 비중을 변경하면서 안정적으로 운영해줘 편리하다.

리츠 투자에 대해 이야기했는데, 리츠가 연금 운용하기에 적당한가?

월 300만원의 서울 가계 생활비를 기준으로 한다면, 은퇴 이후 국민연금을 약 180만원 받더라도 예비 현금성자산 외 20년 넘게 사용할 월 120만원 이상의 안정적인 소득이 필요하다. 이때 4~5%의 배당수익률을 목표로 하는 부동산 리츠로 금융자산을 불리면 안정적인 소득원이 생기는 거다. 은퇴할 때 상가 투자해서 월세 받으려고 하는데 굳이 임대소득 없어도 리츠 투자로 원하는 효과를 얻을 수 있다. 5억원, 4억원 등 목표액을 정확하게 설정하고 그 안에서 포트폴리오를 짜면 된다.

그렇게 해도 원하는 연금소득을 다 갖추지 못했다면?

결국 돈을 창출할 수 있는 건 일해서 근로소득을 올리거나 축적된 자산으로 금융소득을 얻는 2가지 방법이다. 축적된 자산이 적다면 일해서 버는 수밖에 없다. 눈덩이가 작은데 뭘 자꾸 굴려서 만들려고 하면 오히려 위험한 상황을 초래한다. 돈이 있어도 보람 있는 은퇴 이후 삶을 위해 다시 일을 찾는 경우가 많다. 주변의 지인 중에도 은퇴하고 자격증 시험 보는 이들이 많다. 퇴직 2년 전부터 시간을 들여 자격증을 취득해 재취업하는 은퇴 준비도 좋아 보인다. 자격증이 없는 직업과 비교했을 때 재취업이 쉬울 뿐 아니라 근로소득

TDF(Target Date Fund)
특정 시기에 맞춰 투자상품 구성 비율을 알아서 조정하는 상품

---

point

이것만은 꼭 기억하자!

❶ **연금 계좌 운용, ETF로 해보자.**
어렵다면 지수 상품에 분산투자한다. 안정적 수익을 거둘 수 있다.

❷ **리츠, 연 4%대의 배당수익이 효자다.**
배당수익률이 4~5%인 리츠에 투자하면 일부 가격변동은 있을 수 있지만 노후에 안정적 소득원이 될 수 있다.

❸ **TDF 투자는 어렵지 않다.**
투자 성향에 따라 펀드 상품을 선택하고 빈티지를 설정하라. 펀드매니저가 은퇴 시점에 맞춰 자산 배분 비율을 알아서 바꿔준다.

도 높다. 우리나라에는 전기기술자, 주택관리사, 손해사정인 등 직업별 자격증이 다양하다. 어려운 자격증일수록 재취업이 수월하기도 하다. 자신의 전문성을 발전시키는 것도 좋다. 제2의 직업으로 벌어들인 근로소득은 다시 투자자산 및 현금성 안전자산, 배당소득 자산으로 운용해라. 만 65세 이전까지는 본인의 금융자산으로 생활하고, 만 65세 이후에는 국민연금을 활용하면 좀 더 안정적인 삶을 유지할 수 있다. 국민연금과 금융자산을 중첩하여 지출한 후 70세 중반 들어 주택연금으로 부족한 생활비를 충당하면 지나치게 걱정하지 않아도 은퇴 이후의 생활비가 해결된다.

예비 은퇴자를 위해 꼭 하고 싶은 조언이 있다면?

막연한 걱정보다는 목표를 세우고 그에 맞게 저축이나 투자액을 조정하면 된다. 은퇴 후 20년 정도 월 120만원가량 연금소득을 받고 싶다고 한다면 은퇴 시점까지 금융자산 5억원 목표로 자산을 늘리면 된다. 그런데 아무리 해도 5억원을 못 모을 것 같다면 목표액을 4억원으로 낮추고 대신 은퇴 이후

> "예금은 1%가 안 되는 이자율이지만, 4% 이상의 배당금이 수익으로 들어오는 리츠에 투자하면 안정성과 수익성 모두를 얻을 수 있다."

생활비를 조정하면서 조율하면 된다. 국민연금만 남고 다른 연금소득이 소진될 때 즈음 주택연금을 받을 수 있게 조정해놓으면 또 문제는 해결된다.

그리고 할 수 있을 때까지 자신에게 투자해 근로소득을 올리라고 말하고 싶다. 2억원을 은행에 넣어 연 200만원의 이자를 받을 수도 있지만, 일부를 자신에게 투자해 월 급여 150만원 일자리에 재취업하는 길이 있다면 후자가 낫다고 생각한다. 아는 분은 현재 64세인데 수업료 2000만원을 내고 상담심리대학원을 다니고 있다. 마치면 상담심리 일을 할 계획이라고 한다. 은퇴 이후 할 수 있는 일은 생각보다 많다.

SECTION 1 | EXPERT ADVICE 2

퇴직연금도 뜨는 산업이 답

김진웅
NH투자증권 100세시대연구소장

은퇴 이후 준비가 안 된 사람이 많다는 사실은 통계로도 나타난다. NH투자증권 100세시대연구소가 실시한 2020 중산층 보고서에 따르면 1349명의 30~50대 응답자 중 '별도의 노후 준비를 하고 있지 않다'고 응답한 사람은 705명(52.3%). 전체의 절반 이상이 은퇴 준비를 하지 않는다는 말이다. 김진웅 연구소장은 사회생활 시작과 동시에 노후 준비를 하지 않으면 나중에 은퇴할 나이 닥쳐서 갑자기 여력이 생기는 경우는 별로 없다고 했다. 김 소장이 여태껏 만난 사람들만 봐도 10명 중 4명은 준비가 전혀 안 된 경우가 많았다. 직장 다니며 차곡차곡 모은 퇴직금을 노후 준비 자금으로 인식하지 못하는 것도 문제라고 했다. IMF 시절 퇴직금 중간 정산 실시를 하면서 퇴직금을 일에 대한 보상 정도로 여기는 분위기가 직장인 사이에 퍼지기도 했다는 것이다. 물론 최근 몇 년 사이 코스피 지수가 3000을 넘으면서 주식투자에 관심이 늘자 직장인 사이에서 DC형 퇴직연금 운용이 활발해지는 움직임을 보이기는 했지만 그래도 여전히 소수에 불과하다. 2005년에 퇴직연금제도가 도입됐어도 여전히 퇴직연금 중요성을 간과하는 이들을 자주 본다고.

DC형
개인이 자유롭게 관리할 수 있는 확정기여형 퇴직연금.

노후 준비에 적절한 방법이 있나?

항상 강조하지만 평소 자산관리 할 때 본인의 경제적 역량과 노후 대비 자본을 한 축으로 가져가야 한다. 일정 비율 이상을 노후 준비에 투자하라는 이야기다. 나는 저축액의 70%는 자산 증식을 목표로 관리하고 30%는 노후 준비 자금으로 운용한다. 중도에 다른 용도로 이탈하지 않게 신경도 많이 쓴다. 여기에는 퇴직연금도 포함된다. 잡코리아와 100세시대연구소가 함께 조사한 자료에 따르면 은퇴 예상 평균연령은 50.9세다. 1969년 생부터 국민연금 수급 개시 연령이 만 65세인 것을 고려하면 은퇴 후 14년이 소득 공백기다.

WHERE?
NH투자증권 100세시대연구소

100세 시대를 맞아 생애 자산관리 전략은 물론 일과 건강, 여가, 관계 등 은퇴 이후 삶을 위한 다양한 테마를 연구하고 노후생활 가이드도 제공하는 은퇴 전문 대표기관이다. 은퇴 관련 리포트와 매거진도 발행하고 각종 통계분석 등의 자료도 많다. 퇴직연금이나 그 외 연금 자산과 관련한 컨설팅 등도 진행하고 있다.
www.nhqv.com/the100

소득 공백기에 활용하기 좋은 대표적인 노후자산이 바로 퇴직연금이다. 퇴직연금을 어떻게 효과적으로 운용할지 고민해야 한다.

퇴직연금에 대한 관심이 과거보다 높아졌다.

최근에 DC형 제도를 도입한 기업이 늘어나면서 근로자가 직접 운영할 수 있게 된 것이 분위기 전환의 촉매제 역할을 하고 있다. 운용할 기간이 더 긴 젊은 연령대에서 관심이 높다. 30대 정도만 돼도 앞으로 20년 이상 운용할 수 있으니 관리에 따라 수익률이 달라진다는 것을 본인이 가장 잘 안다. 투자의 복리 효과를 경험한 세대다. 지난해 퇴직연금 통계를 봐도 DC형이나 IRP처럼 직접 운영할 수 있는 상품으로 자금이 많이 넘어오고 있다. 대기업은 DB(확정급여)형과 DC(확정기여)형을 같이 운영하는데, 요즘 임금 상승률이 낮다 보니 직접 운용하는 데 관심 갖는 사람도 늘어나고 있다.

금융감독원의 퇴직연금 통계 조사 결과를 보면 전년 대비 2020년 DB형 적립금은 11.5%, IRP 특례를 포함한 DC형은 16.3% 증가했다. DC형 비중이 점진적으로 증가

하는 추세다. 50대 이상 중장년층은 은행 저축의 중금리 이상을 경험한 세대로 '투자는 위험한 것'이라고 생각하지만, 안정적인 노후를 위해 퇴직연금 운용에 관심을 가질 필요가 있다.

운용 노하우를 알려달라.

DC형 제도는 근로자가 직접 운용하기 때문에 수익률을 어떻게 관리하느냐가 미래 노후 자금의 규모를 결정한다. DC형, IRP 가입자는 퇴직연금을 연 4~6%의 수익 목표로 투자 포트폴리오를 구성하라고 조언한다. 투자상품은 '누가 봐도 성장할 수밖에 없는 산업'에 투자하는 것이 좋다. 대표적으로 전기차 산업, 2차 전지 산업, 4

> 모두가 저금리 시대를 사는 만큼 세대별 운영전략을 달리하는 것은 큰 의미가 없다. 과거라면 50대의 투자자산과 안전자산의 비중을 5:5로 가져가라 하겠지만, 7:3의 비율을 추천한다.

차 반도체 산업 등을 들 수 있다. 월스트리트 분석가들은 전기차 산업이 2020년 기준 2500억 달러에서 향후 10년간 5조 달러로 성장할 것이라고 예상했다. 시장이 10년간 20배 성장한다는 뜻이다. 실제로 언론에 보도되는 것을 보면 유럽과 미국은 내연기관을 퇴출하고 전기차 육성에 소매를 걷어붙이는 움직임이 여실히 나타난다. 성장산업의 수혜를 노리며 기회를 잡아라. 단기적인 쏠림현상이 나타나기도 하겠지만 그런 굴곡을 거치면서 성장 곡선을 이어나갈 것이다. 다만 직접 투자할 때는 적립식 투자와 분산투자로 리스크를 낮추는 것이 바람직하다. 투자 경험이 부족하거나 자산관리에 시간과 노력을 들이기 어려운 이들에게는 ETF를 추천한다.

투자자산과 안전자산의 비중은 어느 정도가 적절한가?

예전에는 위험자산의 비중과 안전자산의 비중을 나이에 따라 조언했는데, 그건 금리가 어느 정도 높던 시대의 이야기다. 모두가 저금리 시대를 사는 만큼 세대별 운영전략을 달리하는 것은 큰 의미가 없다. 과거라면 50대의 투자자산과 안전자산의 비중을 5:5로 가져가라 하겠지만, 현 상황이라면 7:3의 비율을 추천한다. 다만 은퇴 후에는 5:5의 비중으로 투자자산과 안전자산을 나눠 관리하면 좋다. 2~3년 치 생활비를 안전자산으로 보관하고 나머지 자금은 장기적 투자를 하는 것이다.

어떤 상품에 투자할지 조언해준다면?

증권사별 펀드 시스템에 접속하면 펀드 수익률이나 편입 종목 등 설명이 상세히 나와 있다.

나는 개인적으로 ETF에 투자한다. 개별 종목 관리는 어렵고 펀드는 사고파는 게 시간차가 있어 시장에 대응하지 못한다. 펀드는 지금 환매해도 주말이나 공휴일을 제외한 영업일 기준으로 2일에서 해외의 경우 길게는 7일 이상도 걸리는데, 그사이 변동이 생기면 대처할 방법이 없다.

그런데 ETF는 개별 종목처럼 실시간 거래가 되니 운용이 편리하다. 전기차 관련 ETF에 투자하고 있는데 시장이 과열됐다 싶으면 매도를 통해 리스크를 줄일 수 있지만 펀드는 그렇지 못하다는 것이다.

point
이것만은 꼭 기억하자!

❶ **퇴직연금 운용 바로 시작하라.**
연수익률 목표를 4~6%대로 계획하고 운용하면 안정적으로 관리할 수 있다.
❷ **성장할 수밖에 없는 산업에 투자하라.**
소위 '뜨는 산업', 미래 먹거리를 찾아라. 월스트리트 분석가들은 전기차 시장이 향후 10년 동안 현재 2500억 달러에서 5조 달러로 성장할 것이라고 예상한다.
❸ **해외 ETF 투자는 연금저축계좌로 하라.**
일반 저축계좌에서 나가는 최대 16.5%의 배당소득세를 3분의 1가량 절세할 수 있다.

요즘 해외 ETF로 은퇴자금을 운용하는 사례가 늘던데 유리한 점은?

이미 투자하는 사람은 알겠지만 해외투자 대상으로 한 국내ETF나 국내펀드에 투자한다면 연금저축계좌를 이용하는 것이 유리하다. 일반 저축계좌에서는 소득에 따라 최대 16.5%의 배당소득세를 부과한다. 그러나 연금저축펀드를 통해 모은 자금을 연금으로 수령하면 최대 5.5%의 연금소득세만 내면 된다. 대략 3분의 1의 세금을 줄일 수 있는 셈이다.

투자를 망설이는 이들에게 조언한다면?

50대에게 더 늦기 전에 투자하라고 조언하고 싶다. 제대로만 한다면 10년 정도로도 충분히 자산관리 효과를 볼 수 있다. 나는 2006년 보험회사에 근무하다 증권사로 옮기면서 종목 투자를 직접 경험하고 새로운 은퇴 준비 방법을 많이 알게 됐다. 리스크가 높은 투자나 소위 잘못된 투자도 해보았다. 투자는 이익이 날 때도 있고 손해가 날 때도 있다는 것을 염두에 두고 다양한 투자를 통해 자신만의 투자스타일을 찾아야 투자가 자산형성으로 연결될 수 있다.

SECTION 1 | EXPERT ADVICE 3

퇴직연금 운용 + 주택연금 활용

손경미 KB골든라이프센터 신중동점 센터장

손경미 센터장은 요즘 상담을 하다 보면 희망퇴직 신청하고 오는 분이 많아졌다고 했다. 회사에서 희망퇴직 신청자가 너무 많아서 내년으로 미뤘다는 사람도 있을 정도다. 오히려 빨리 퇴직하고 세컨드 잡을 찾으려는 경향이 두드러진다는 분석이다. 젊은 사람들이 퇴직연금이나 개인연금 상담하러 오는 사례도 늘고 있어 이 부분도 주목한다. 50대에 시작하는 것보다 30대에 연금 운용을 시작하면 그만큼 수익률이 높아 연금도 장기투자하려는 젊은이들이 많아진다는 것이다.

어떤 사람들이 주로 센터를 찾는가?

퇴직금을 받았는데 어떻게 운용해야 좋을지 모르는 분이 많이 찾아온다. 퇴직까지 4~5년 남은 분들이 연금 설계의 필요성을 느껴 방문하는 사례도 있다. 방문하면 현재 여유자금을 확인하고 남은 재직 기간 동안 어떻게 은퇴자금을 모을지 많이 묻는다. 세금 관련 문의도 더러 있다. 퇴직연금이 종합과세 소득으로 합산되면 세금폭탄 맞을까 걱정돼 상담받으려 왔다는 고객이 있었다. 퇴직연금은 분리과세 소득이며 운용수익도 일정 부분 이하는 분리과세를 선택할 수 있어 걱정할 필요가 없다는 설명을 듣더니 한시름 놓았다면서 돌아갔다.

상담은 고객 한 분당 1시간 정도 걸린다. 최근에는 건강보험 자격 강화에 따른 안내를 많이 했다. 현행 연소득기준 3400만원 이하면 직장가입자의 피부양자로 가입 됐으나 그 기준이 2022년 하반기부터는 2000만원 초과일 경우 피부양자 자격을 상실하여 지역가입자로 전환된다.

주로 어떤 조언을 해주나?

은퇴자금 마련을 묻는다면 투자성향 분석하고 상품을 안내한다. KB골든라이프센터가 설계한 전산시스템에 희망하는 은퇴 연령과 수입, 현재 여유자금과 소득수준 등을 입력하면 은퇴 이후 안정적인 생활을 유지하기 위해 얼마를 더 준비해야 할지 결과치가 나온다. 피드백을 드리면서 포트폴리오를 구성할 수 있도록 컨설팅한다. 보통 2인 부부 기준으로 최소 생활비가 286만원 정도 필요하다고 하는데 원하는 수준까지 준비를 마친 사람은 많지 않다. 대개 70~80% 준비된 상태. 은퇴까지 남은 기간을 산정해 그 안에 어떤 상품에 투자해야 부족한 연금을 채울지 알려준다.

준비가 미흡한 사람은 어떻게 해야 하나?

상담을 해보니 국민연금 외에 사적연금 가입한 분이 많지 않다. 연금상품에 가입한 이들 중에도 연말정산 생각해서 세액공제 받는 만큼만 납입하는 경우가 많은데 한도를 꽉 채우라고 조언하기도 한다. 연 1800만원까지 자금을 넣을 수 있다. 자금을 그렇게 묶어놓으면 당장 생활비 쪼개서 낼 때는 힘들어도 나중에 연금 받을 때 걱정이 줄어든다. 퇴직연금 운용도 적극적으로 하는 것이 좋다. 기업마다 다르지만 퇴직연금 상품을 개인

WHERE?

KB골든라이프센터

KB국민은행은 은퇴를 준비하는 사람들을 위해 전국 주요 지점에 골든라이프센터를 운영 중이다. 연금 전략 강연이나 리포트를 내는 다른 금융기관의 은퇴 관련 조직과 달리 고객과 1대1 대면 상담으로 연금 자산관리나 포트폴리오 구성 등을 컨설팅해준다. 서초, 노원, 부천, 일산 센터 등을 포함해 현재 8개 센터가 있고 2022년에 4개 센터를 더 오픈한다.
www.kbgoldenlifex.com

이 직접 운용할 수 있는 DC형으로 가입하는 기업이 늘고 있다. 그런데 매년 쌓이는 퇴직연금을 그냥 방치하는 고객 비중이 의외로 높다. 직접 운용할 수 있다는 것을 모르기도 하고 건드렸다가 원금을 잃을까 걱정하기도 한다. 그러나 투자상품으로 쏠림없이 일정 수준의 분산투자, 장기투자를 한다면 훨씬 더 좋은 성과를 거둘수 있다.

퇴직연금 운용 어떻게 하면 되나?
DC형이라면 퇴직연금사업자(증권·은행·보험)를 확인하여 나의 퇴직금이 어떻게 운용되고 있는지 점검 하는것 부터 시작하라. 금융회사 앱에서도 확인할 수 있다. 물론 퇴직금 운용을 해당 기업이 직접 하는 DB형은 해당 사항이 없다. 센터를 찾아오는 고객 중에 퇴직연금 관리 안 하다가 주변 지인이 직접 운용해서 큰 수익을 내고 있다는 말을 듣고 찾아오는 사람들 많이 봤다.

직접 운용하는 사람은 주로 어떤 상품을 택하나?
센터에서 개별 상품을 추천하지는 않는다. 투자 트렌드 설명드리고 최근 수익률 좋았던 투자상품 섹

리밸런싱
운용하는 자산의 편입 비중을 재조정하는 것.

point
이것만은 꼭 기억하자!
❶ **소득 공백기를 준비하라.**
소득이 있을 때 자금을 반강제적으로 은퇴 관련 상품에 넣고 아예 잊자. 노후 준비할 여유가 생기는 시기는 결코 오지 않고 은퇴는 생각보다 빨리 찾아온다.
❷ **처음만 어렵다.**
실제 고객 상담을 직접 해보니 통계수치나 투자 조언보다 "그래서 그걸 어떻게 시작하는데"에 대한 답이 더 필요하다. 일단 주거래 은행에 가서 연금 투자상품의 최근 수익률부터 확인해보시라. 한두 번 하고 나면 진작 하지 않은 걸 후회할 거다.
❸ **주택연금은 마지막 보루.**
준비가 전혀 안 돼 있을 때 마지막 보루가 주택연금이다. 공시가 9억원 이하의 본인 소유 주택이 있다면 신청할 수 있다.

터 등을 안내한다. 두드러지는 특징이라면 요즘 TDF 가입자가 늘고 있다. 고객의 은퇴 시점을 목표로 생애주기별 자산 배분을 해주는 프로그램으로 주식과 채권 비중을 조정한다. TDF는 가입자가 직접 퇴직연금 포트폴리오를 만들 수 있는 DC형 퇴직연금 그리고 개인형퇴직연금(IRP) 계좌에 편입해 투자할 수 있다. 금융상품을 잘 알아서 본인이 판단해 그때그때 사고팔기를 잘할 줄 아는 분들이 아닌 경우 TDF를 선호한다. **리밸런싱** 부담이 적은 것이 큰 장점이다.

TDF조차 투자하기 꺼려지면 어떻게 하는 게 좋은가?
글로 배우면 실전에서 헤맨다. 팁으로 알려드리는 방법이 소액만 투자해 본인 투자성향 파악하고 수익률 움직임도 보라는 거다. 소액 투자하면서 경험을 쌓으면 더 큰 자금도 운용할 수 있다. 연금 투자할 때 본인 투자성향과 안 맞게 공격적으로 했다가 수익률이 조금만 마이너스로 돌아서도 불안해 바로 해약하는 분이 많다. 그러면 그동안 세제혜택 본 것까지 모두 반환해야 하니 손해다. 퇴직금으로 펀드를 운용한다고 해도 우

선 5년, 10년 쓸 수 있는 기본 생활비를 마련해두는 것도 잊지 말아야 한다. 그리고 분산투자를 권한다. TDF도 여러 종류가 있는데 적극적으로 투자하는 액티브형과 주가에 연동되는 인덱스 등이 있다.

IRP를 활용하는 사례도 많다.

국민연금 받기 전까지 소득 공백기를 위해 필요하다. 사실 그 기간이 가장 힘들다. 국민연금을 만 65세부터 받는데 만약 50대 초반에 은퇴하면 당장 생활비 마련이 어렵다. 퇴직금은 꺼내 쓰기 걱정되고. 그럴 때 개인연금에 가입해놨으면 본인이 수령 시기를 정해 연금을 받도록 할 수 있다. 가장 이른 개시 연도가 만 55세 이상이다. 다른 소득원이 없다면 그때부터 국민연금 받는 나이까지 10년간은 개인연금에 의존해야 한다. 그리고 세제혜택도 눈여겨봐야 한다. 퇴직연금은 오래 받으면 세금을 덜 낸다. IRP 통장으로 퇴직금을 받으면 세금을 떼지 않고 입금된다. 그걸 마음대로 운영할 수 있다. 나중에 나눠 받으면 10년 이하는 30% 감면, 10년 넘어가면 40% 감면인을 해준다. 임원으로 퇴직한 분들은 임원퇴직금 한도 초과액의

> "연금 투자할 때 본인 투자성향과 안 맞게 공격적으로 했다가 수익률이 조금만 마이너스로 돌아서도 불안해 바로 해약하는 분이 많다. 그러면 그동안 세제혜택 본 것까지 모두 반환해야 하니 손해다."

세 부담이 크다. IRP로 이전 시 과세이연 효과가 크다고 할수 있다.

만 50세에 은퇴했는데 아무것도 준비가 안 돼 있다면?

실제로 그런 분 많다. 최후의 보루가 주택연금이다. 예전에는 실거래가 9억원까지 가입이 됐는데 지금은 공시가 9억원 이상 주택 소유자까지 주택연금을 이용할 수 있도록 변경됐다. 집 값이 쌀 때 가입했는데 최근 집 값이 많이 올랐기에 해지후 재가입에 대해 문의하기도 한다. 하지만 주택연금을 중도 해지하면 바로 재가입이 불가능하고 해지 후 3년이 지나야 다시 가입할 수 있어서 연금 공백기에 대한 대책이 필요하다.

SECTION 1 | 국민연금 점검

국민연금 노후준비 서비스 상담 체험기

국민연금에서는 신청자에 한해 노후의 재무설계 및 전반적인 생활에 관한 노후준비 서비스를 시행하고 있다.
국민연금에서 실시하는 노후준비 서비스는 어떤 것인지 직접 방문상담 신청을 해봤다.

신청 방법

온라인 상담 신청
내연금(csa.nps.or.kr)
사이트에 접속→
노후준비서비스→
온라인 상담

방문 상담 신청
내연금 사이트에 접속
또는 콜센터(1355)→
방문 지사 선택→방문 일자 및
시간 선택 → 접수 후→
담당 컨설턴트 배정→
일대일 상담

☑ 노후준비 서비스 상담 시 체크포인트
- ☐ 국민연금을 꾸준히 납부했는지
- ☐ 국민연금이 충분하지 않다면 국민연금을 늘릴 방법은 무엇인지
- ☐ 노후 준비와 관련한 위험 요소는 없는지
- ☐ 현금 흐름이 준비되어 있는지
- ☐ 소득 크레바스 기간을 어떻게 버틸지
- ☐ 개인연금은 잘 준비되어 있는지
- ☐ 고정 지출을 줄일 수 있는 부분이 있는지
- ☐ 부동산이 있다면 어떻게 활용할 것인지
- ☐ 여가 활동은 하고 있는지

내연금 바로가기

노후준비 서비스 신청 시 상담 프로세스

Step 1

노후준비 종합진단지와 종합재무설계 요청서 사전 작성

항목이 꽤 자세하고 생각보다 많다. 노후준비 종합진단지에만 총 37개 항목(재무-9개, 건강-12개, 여가 활동-7개, 대인관계-9개)이 있다. 종합재무설계 요청서에는 재무 부분에 관한 자세한 사항을 기록하도록 되어 있다. 예상 퇴직금, 현재 근로소득, 개인연금 상태, 지출 흐름, 보험, 부동산 관련 정보는 15개의 항목이 있다. 국민연금이나 개인연금 등은 자세한 사항을 몰라도 상담하면서 같이 알아볼 수 있다.

Step 2

상담센터 방문하기

약속한 시간에 센터를 방문하면 일대일로 상담이 가능한 상담실에서 편안하게 상담받을 수 있다.

Step 3

1~2시간 일대일 상담 진행 후 결과지 전달

사전에 작성한 노후준비 종합진단지와 종합재무설계를 바탕으로 본격적인 상담이 이루어진다. 상담하면서 평소 궁금했던 사항이나 현재 나의 준비 상태와 부족한 부문을 보완할 솔루션을 제안받는다. 구체적인 상품 권유나 추천은 하지 않는 것이 원칙이며 투자 방향이나 흐름에 관한 정도만 재무 상담을 받을 수 있다. 그 외 센터 상담에서 중요하게 생각하는 부분이 은퇴 후 시간 관리에 관한 조언이다. 노후 생활의 질은 여가 활동을 어떻게 하는가에 따라 달라진다. 상담을 통해 노후 준비에 대한 인식을 개선하고 생활의 변화를 이끌어내는 것도 중요한 상담 포인트 중 하나다.

Step 4

모니터링 서비스

기본적으로 분기별로 한 번씩 받으면 좋다. 그렇지 않다면 추후 자산 흐름의 큰 변화가 있을 때 재진단을 받고 관리할 수 있다.

Mini Interview

국민연금 서울남부지역 유일형 과장

국민연금 노후준비 서비스를 통해 노후 준비라는 큰 틀의 방향을 잡는다는 생각으로 방문하면 좋을 것 같다. 노후준비 서비스는 노후 생활을 어떻게 준비해야 할지 막막한 사람이나 자신의 노후 준비 상태에 대해 궁금한 점이 있는 사람들이 이용하면 도움이 된다. 전체적인 재무 상태뿐 아니라 건강, 여가 생활, 대인관계 등에 대해서도 자신이 미처 깨닫지 못하는 부분을 발견할 수 있다. 상담을 통해 은퇴에 대한 본인의 태도와 인식이 달라지면 노후 준비의 방향이 달라진다. 또한 상담 시 어떤 식으로 준비하면 좋을지 가이드라인을 받을 수 있기 때문에 꾸준히 준비를 잘 해오고 있다고 생각하는 사람도 점검 차원에서 상담을 받아보는 것이 은퇴 준비에 도움이 된다.

국민연금 노후준비 서비스란?

'노후준비지원법' 제2조에 따르면 재무·건강·여가·대인관계 등 분야별로 국민의 적절한 노후 준비를 위해 제공되는 진단·상담·교육·관계 기관 연계 및 사후관리 등 서비스를 말한다. '노후준비지원법' 제9조와 제10조에 따라 현재는 국민연금공단에 중앙노후준비센터 및 지역노후준비센터를 설치하고 해당 서비스를 제공하고 있다.

SECTION 1 | 국민연금

국민연금, 어떻게 하면 더 많이 받을 수 있을까?

젊을 땐 다달이 급여에서 빠져나가는 국민연금 보험료가 달갑지 않다. 하지만 50대가 되면 생각이 달라진다.
국민연금 수령액을 늘릴 수 있는 방법을 알아보자.

국민연금이 국내에 도입된 것이 1988년이므로, 현재의 4050세대의 직장인들은 입사 후 줄곧 국민연금 보험료를 납입해왔다. 따라서 어느 세대보다 많은 노령연금을 받게 된다. 하지만 국민연금만으로 노후 생활비를 충당하기에는 여전히 부족하다. 할 수만 있다면 국민연금을 조금이라도 더 받고 싶어 한다.

01 | 가입 기간을 늘려라

국민연금 수령액을 늘리는 가장 효과적인 방법은 가입 기간(연금보험료 납부 기간)을 늘리는 것이다. 그러나 퇴직 후 소득이 없는 경우, 만 60세 직전까지 연금보험료 계속 납부가 부담이 될 수밖에 없다. 정년 퇴직, 계약만료 등의 사유로 비자발적으로 퇴직하는 경우, 실업급여 신청 시 '국민연금 실업 크레디트'를 함께 신청하면 연금보험료의 75%를 국가로부터 지원(최대 1년) 받을 수 있다. 만 60세가 되면 국민연금 가입 대상이 아니므로 연금보험료 납부 의무도 중단된다. 하지만 본인이 가입 기간을 늘리길 희망할 경우 '임의계속가입제도'를 활용하면 만 60세 이후에도 납부를 계속할 수 있다. 이 밖에 과거에 받은 반환일시금을 다시 납부하는 '반납제도', 소득이 없던 기간의 보험료를 한꺼번에 납부해 가입

실업급여 크레디트란?

구직급여 수급자가 국민연금 납입을 희망하는 경우 국민연금 보험료의 일부를 국가에서 지원해주는 제도를 말한다. 실업급여 크레디트는 국민연금공단 지사 또는 고용노동부 고용센터를 통해 신청할 수 있고 구직급여 종료일이 속한 달의 다음 달 15일까지 신청 가능하다. 온라인 신청 시 국민연금공단 (www.nps.or.kr) 접속 → 개인 민원 → 로그인 후 신고/신청 클릭 → 실업 크레디트 신청

국민연금 가입 기간을 늘리기 위한 제도

추후 납부	• 국민연금 가입 중 실직 등으로 연금보험료를 납부할 수 없던 납부예외 기간이 있거나, 연금보험료를 1개월이라도 납부한 이후 경력 단절 등으로 적용제외 기간이 있는 경우 • 연금보험료를 나중에 납부(추후 납부)할 수 있게 함으로써 가입 기간을 늘릴 수 있는 제도(최대 10년 미만)
반환일시금 반납	• 지급받은 반환일시금에 소정의 이자를 가산해 반납하면, 해당 가입 이력을 복원해줌으로써 가입 기간을 늘릴 수 있는 제도
임의계속가입	• 가입자 또는 가입자였던 자가 만 60세 이후에도 본인 희망에 따라 만 65세 이전까지 가입 기간을 늘릴 수 있는 제도
연기연금제도	• 노령연금의 수급권자가 연금받는 시기를 늦추는 대신 그만큼 더 많은 연금을 지급받을 수 있도록 설계한 제도 • 연기 기간 1개월마다 0.6%씩의 연금액을 가산. 1년 연기 시 7.2%, 최대 5년 연기 시 36%의 연금액을 가산해 지급
국민연금 실업 크레디트	• 2016년 8월 1일 시행된 제도로 구직급여 수급자가 연금보험료 납부를 희망하는 경우, 최대 1년간 보험료(최대 6만3000원)의 75%를 지원하고 그 기간을 국민연금 가입 기간으로 추가 산입하는 제도 • 그 외 출산 크레디트·군복무 크레디트 활용 가능

※ 2021년 8월 기준. 상세 요건은 국민연금공단 홈페이지 참조 **자료** 국민연금관리공단, NH투자증권 100세시대연구소

기본 연금액 산출 공식

국민연금 가입자가 노후에 받는 노령연금 수령액은 크게 기본 연금액과 부양가족 연금액으로 나눌 수 있다. 기본 연금액을 산출하는 공식은 상당히 복잡한데 간단하게 나타내면 다음과 같이 요약할 수 있다. 기본 연금액은 소득대체율, A값, B값, 가입 기간의 4가지 요소에 따라 정해진다.

$$\text{기본 연금액} = \text{소득대체율 상수} \times (\text{A값} + \text{B값}) \times (1 + 0.05 \times \text{20년 초과 월수}/12)$$

국민연금 가입 기간별 소득대체율과 소득대체율 상수

기간	소득대체율	소득대체율 상수
1988~1998년	70%	2.4
1999~2007년	60%	1.8
2008~2027년	50%(2008년 이후 매년 0.5%p씩 감소)	1.5(2008년 이후 매년 0.015씩 감소)
2028년 이후	40%	1.2

* **A값**: 국민연금 전체 가입자의 평균 소득 **B값**: 국민연금 가입자의 보험료 납입 기간의 평균 소득
A값과 B값은 가입자의 소득과 관련이 있다. A값은 연금 수급 이전 3년간 국민연금 전체 가입자의 평균소득월액을 평균해서 구한다. 2020년 12월부터 2021년 11월 사이에 노령연금을 수령하는 사람에게 적용되는 'A값'은 253만9734원이며 이는 매년 달라진다. B값은 국민연금 가입자가 보험료를 납입하는 기간의 소득을 평균한 것이다. 이때 과거 소득은 연금 개시 전년도 가치로 재평가한 다음에 평균 값으로 한다.

기간을 늘리는 '추후납부제도' 등이 있다. 국민연금 가입 기간을 늘려주는 다양한 제도를 본인의 상황에 맞게 활용하면 더 많은 연금액을 받을 수 있다.

임의계속가입을 해야 하는 이유

기본 연금액 산출 방식으로 국민연금 전체 가입자의 평균 소득(A값)과 가입자 본인의 가입 동안 평균 소득(B값)을 합산해 연금액을 산출하는 이유는 자연스럽게 세대 내 소득재분배 효과를 얻기 위해서다. A값보다 B값이 큰 가입자는 상대적으로 연금을 덜 받고, 반대로 A값보다 B값이 작은 가입자는 연금을 더 받는다.

이 같은 세대 내 소득재분배 효과는 국민연금공단에서 발표하는 국민연금 예상월액표를 보면 잘 알 수 있다. 국민연금 예상월액표는 올해 국민연금 신규 가입자가 일정 기간 보험료를 납입했을 때 받을 수 있는 기본 연금액을 예시한 것이다.

국민연금 임의계속 가입자 증가 추이

- 2015: 21.9
- 2017: 34.5
- 2019: 48.6

자료 국민연금공단
단위 만 명

최대 5년 연기연금제도

노령연금 감액을 피하기 위해서는 연기연금제도를 이용해볼 만하다. 노령연금 수급 개시 시기를 최대 5년 뒤까지 미룰 수 있다.

02 부양가족이 있으면 연금을 더 받을 수 있을까?

기본 연금액이 어떻게 산정되는지 살펴봤다. 노령연금은 기본 연금액에 부양가족 연금액을 더해서 지급된다. 부양가족연금은 소득이나 가입 기간과 상관없이 부양가족이 있으면 지급되는 일종의 가족수당이라고 볼 수 있다. 이때 부양가족이란 배우자, 자녀(19세 미만, 장애 등급 2급 이상), 부모(60세 이상, 장애 등급 2급 이상)로 수급권자에 의해 생계를 유지하는 자를 말한다.

2022년에 지급되는 부양가족 연금액은 배우자는 연 26만9630원, 자녀와 부모는 1인당 연 17만9710원이다.

03 연금 수령 시기를 늦춰라

노령연금 수령 시기에 소득이 있으면 노령연금 수령액이 줄어든다. A값을 초과하는

노령연금 예상월액표(2022년)

가입 기간 중 기준소득월액 평균액(B값)	월 보험료 (9%)	가입 기간			
		10년	20년	30년	40년
100만원	9만원	18만8910원	37만3000원	55만7090원	74만1170원
180만원	16만2000원	22만9960원	45만4050원	67만8140원	90만2220원
250만원	22만5000원	26만5880원	52만4970원	78만4050원	104만3140원
400만원	36만원	34만2850원	67만6940원	101만1020원	134만5110원
500만원	45만원	39만4160원	77만8250원	116만2340원	154만6420원

월 소득액의 금액만큼 정해진 비율에 따라 노령연금을 감액 후 지급한다. 소득이 있다고 노령연금을 덜 받게 된다면 좀 억울한 생각이 들 수 있다. 이러한 경우 유용하게 활용할 수 있는 제도가 연기연금이다. 연기연금은 노령연금을 받을 수 있는 나이가 됐을 때 최대 5년 동안 연금액의 전부, 혹은 일부의 지급을 연기하는 제도다. 연기 신청은 1회만 가능하고 최대 5년간 연금액의 50~100%를 연기할 수 있다. 연기했을 때의 장점은 연기한 만큼 연금액이 늘어난다는 것이다.

연기한 1개월마다 0.6%씩 가산해 1년 연기 시 7.2%, 최대 5년 연기 시 총 36%의 연금액을 가산해 지급받게 된다. 반대로 연금 개시 연령을 앞당기는 조기연금제도도 있다. 단, 앞당긴 1개월마다 0.5%씩 감액(연 6%)해 최대 5년 앞당길 경우 연금액이 총 30% 감액 지급되므로 꼭 필요한 경우에 한해 활용한다면 유용할 것이다.

국민연금공단의 기금 수익률이 좋으면 연금을 많이 받을까?

국민연금공단이 기금을 운용해서 꽤 괜찮은 수익을 냈다는 뉴스를 접할 때가 있다. 기금 수익률이 좋으면 내가 연금을 더 많이 받을까. 그렇지는 않다. 연금 재정이 안정적으로 운용되면 장기적으로 득이 되지만, 내가 받는 연금액은 정해진 공식에 따라 정해진다.

04 크레디트 제도를 적극 활용하라

출산·군복무·실업 기간 중 일부를 가입 기간으로 인정해주는 크레디트 제도가 있다. 먼저 출산 크레디트 제도는 2자녀 이상을 출산(2008년 이후 출산 자녀부터 인정)하는 경우 가입 기간을 추가로 인정해주는 제도다. 2자녀는 12개월, 3자녀는 30개월, 4자녀는 48개월, 5자녀 이상이면 50개월을 추가로 인정한다. 그리고 2008년 이후 군대에 입대해 병역의무를 이행한 사람에게는 6개월의 가입 기간을 추가로 인정해준다. 앞에서 말한 실업 크레디트 제도도 있다. 이는 가입자가 구직급여를 수령하는 기간 동안 연금보험료 납부를 희망하면, 국가가 연금보험료의 75%를 지원하고, 나머지 25%만 본인이 납부할 수 있도록 하는 제도다. 이 방법을 이용하면 가입 기간을 최대 12개월까지 추가로 늘릴 수 있다.

소득에 따른 노령연금 지급 감액분

A값 초과소득월액 (2021년의 경우 A 값은 월 253만9734원)	노령연금 지급 감액분	월 노령연금 감액금액
100만원 미만	초과소득월액의 5%	5만~15만원
100만원 이상 200만원 미만	5만원+(100만원을 초과한 소득월액의 10%)	5만~15만원
200만원 이상 300만원 미만	15만원+(200만원을 초과한 소득월액의 15%)	15만~30만원
300만원 이상 400만원 미만	30만원+(300만원을 초과한 소득월액의 20%)	30만~50만원
400만원 이상	50만원+(400만원을 초과한 소득월액의 25%)	50만원 이상

SECTION 1 | 퇴직연금

퇴직연금 기초 상식 Q&A

퇴직연금으로 어떻게 투자를 시작해야 할지 막막한 퇴직연금 가입자를 위해 퇴직연금이 무엇이고, 어떻게 운용할 수 있는지 문답 형식으로 정리했다.

Q1 | DB형·DC형·IRP는 뭐가 다른가요?

DB형(확정급여형)과 DC형(확정기여형)은 근로자를 대상으로 하는 퇴직연금이다. DB형은 회사가 운용 손실과 성과를 책임진다. 근로자는 퇴직할 때 근속연수, 평균임금에 따라 정해진 만큼 퇴직연금을 가져간다. 회사가 알아서 다 해주니 편하긴 하지만 보수적으로 운용하는 경우가 많아 대개 수익률이 낮다. 우리나라 퇴직연금은 80~90%가 예금 등 원리금 보장형 상품 위주로 구성되고 있다.
DC형은 근로자가 퇴직연금을 운용한다. 운용할 원금은 회사가 일정 주기에 따라 각자의 계좌에 입금해준다. 신경 쓸 것도 많고 최악의 경우 큰 손실을 떠안아야 한다. 반대로 재테크 성과를 누릴 수도 있다. IRP(개인형 퇴직연금)는 소득이 있다면 누구나 자율로 가입할 수 있다. 자영업자나 공무원, 군인, 교직원 등도 가입 가능하다. DB·DC형 가입자라고 해도 추가로 개설할 수 있다. 연 1800만원(연금저축 포함) 한도 내에서 납입 가능하고 세액공제 혜택도 받을 수 있다. DB·DC형 퇴직연금을 쌓던 중에 퇴사하면 IRP 계좌로 이어받아 계속 적립·운용할 수 있다.

Q2 DB형에서 DC형으로 갈아탈 수 있나요?

회사 제도에 따라 다르다. 전환 시기와 방법도 회사마다 다르다. 1년에 한 번 전환 신청을 받는 곳도 있는 반면, 수시로 근로자가 원할 때 전환 처리를 해주는 곳도 있다. 근무 중인 회사의 퇴직연금 담당부서에 문의하는 게 가장 정확하다.

Q3 DB형과 DC형 중 어느 형식이 유리한가요?

향후 임금 상승률, 운용 능력 등에 따라 다르다. 신입 사원처럼 앞으로 근무 기간이 많이 남은 근로자는 향후 임금 상승에 대한 기대가 높은 편이다. 그런 경우라면 임금 상승률만큼 수익률이 보장되는 DB형이 유리하다. 회사를 오래 다녀 임금 상승 기대가 크지 않으면 DC형이 낫다. 특히 임금피크제 적용을 앞두고 있다면 DC형으로 전환하는 게 유리하다. 퇴직급여는 '퇴직일 이전 3개월간의 평균임금'을 기준으로 계산한다. 즉, 상여금 등으로 월급이 정점일 때 DC형으로 옮기는 게 유리하다.

Q4 퇴직연금 사업자를 바꿀 수 있나요?

DC형 퇴직연금 가입자라면 일단 회사가 어떤 금융사와 운용 계약을 맺고 있는지부터 확인해야 한다. 본인의 회사를 통해 그 중 원하는 곳으로 이동을 신청하면 된다.

퇴직연금의 수익률에 대한 관심이 높다. DB형으로 그냥 뒀을 때와 DC형이나 IRP를 통해 열심히 투자했을 때의 수익률 차이가 크기 때문이다. 연금의 특성상 긴 시간을 투자하기에 1%의 차이도 크다.

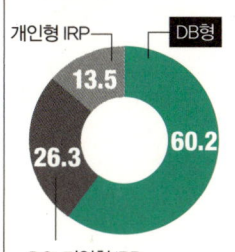

유형별 퇴직금 구성비
- 개인형 IRP 13.5
- DB형 60.2
- DC·기업형 IRP 26.3

자료 고용노동부, 금융감독원, 2020년 기준
단위 %

IRP 계좌 사업자를 바꾸고 싶다면 직접 계약이전 신청을 해야 한다. 이동할 금융사에 IRP 계좌를 개설한 뒤 기존 금융사의 IRP 가입확인서 등 서류를 갖춰 신청하면 된다. '단순 해지 후 신규 개설'과 '계약이전'은 다르다. 세액공제를 받은 IRP 계좌를 중도 해지하면 그간 받았던 세제 혜택을 뱉어내야 한다. 1년 만기 예금·펀드 등 상품 특성에 따라 의무 납입 기간을 충족하지 않으면 해지 수수료, 금리 등에서 손해를 볼 수 있다는 점도 유의해야 한다. 퇴직연금 사업자를 고를 때는 사업자의 수익률, 운용 규모, 운용 및 자산관리 수수료, 취급 가능한 상품 등을 따져봐야 한다.

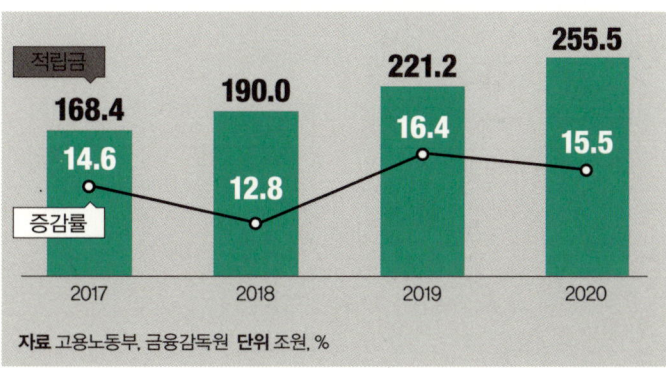

퇴직연금 적립금 및 증감 현황

연도	적립금	증감률
2017	168.4	14.6
2018	190.0	12.8
2019	221.2	16.4
2020	255.5	15.5

자료 고용노동부, 금융감독원 단위 조원, %

SECTION 1 | 퇴직연금

절세에서 투자까지, 퇴직급여 활용법

퇴직급여를 일시에 받는 것이 좋을까, 아니면 연금으로 받는 게 유리할까.
알쏭달쏭한 퇴직급여 내게 맞는 활용법을 알아보자.

선택 1 | 퇴직급여, 일시금 vs 연금

실제 퇴직자는 일시금과 연금 중 무엇을 많이 선택했을까. 최근 들어 연금을 선택하는 퇴직자가 늘어나고는 있다지만, 여전히 대세는 일시금이다. 2020년에 만 55세 이상에서 퇴직연금 수급을 개시한 계좌가 37만4357좌인데, 이 중 96.7%에 해당하는 36만1953좌가 일시금을 선택했다. 연금 수령을 선택한 비율은 3.3%(1만2404좌)에 불과했다.

퇴직금, 무조건 연금으로 받으면 유리할까? 정답부터 말하자면 본인의 상황에 맞

퇴직급여란?

회사에서 1년 이상 일한 근로자가 퇴직할 때 받는 금액을 말한다. 2005년 기존 퇴직금제도를 그대로 둔 채 퇴직연금(DB형, DC형)제도를 추가 도입했다. 그 후로 퇴직금과 퇴직연금을 통틀어 퇴직급여라고 말한다.

춰 따져봐야 한다. 소액 계좌는 일시금이 유리하고 수령 금액이 큰 사람은 연금으로 받는 것이 세제 혜택이 크기 때문이다. 퇴직소득세를 결정짓는 요소는 퇴직급여 규모와 계속근로기간 2가지다. 계속근로기간이 동일하면 퇴직급여를 많이 받을수록 세금을 더 낸다. 같은 퇴직급여를 받더라도 계속근로기간이 짧으면 세금을 더 낸다. 퇴직급여가 같아도 계속근로기간이 길면 퇴직소득세를 덜 내는 것은 근속연수 공제 등 장기근속자에게 더 많은 세제 혜택을 주기 때문이다.

퇴직소득세 부담이 크면 클수록 일시금보

퇴직급여 크기와 계속근로기간에 따른 예상 퇴직소득세

구분		퇴직급여							
		1000만원	3000만원	5000만원	1억원	2억원	3억원	4억원	5억원
계속 근로 기간	5년	14만원	117만원	281만원	1135만원	3691만원	6517만원	9445만원	1억2488만원
	10년	–	51만원	161만원	548만원	2249만원	4637만원	7354만원	1억145만원
	20년	–	12만원	65만원	295만원	1049만원	2490만원	4413만원	6530만원
	30년	–	–	16만원	148만원	733만원	1519만원	2922만원	4374만원

※ 2021년 퇴직자를 기준으로 산정(퇴직 시기, 중간 정산 여부 등에 따라 달라질 수 있음)

연금 수령 기간이 길수록 늘어나는 절세 혜택

퇴직급여를 연금으로 받으면 세금을 얼마나 절약할 수 있을까.
홍길동 60세 퇴직급여 2억원
IRP 이체 후 연금 수령 시 이체 당시 세금 없음, 퇴직급여 인출 시 부과

일시금으로 2억원 수령 시
총 납부 세금 2000만원(퇴직소득세) 부과, 퇴직소득세율 10%, 운용수익 없음

매년 2000만원씩 연금을 수령하는 경우(단위: 만원)

	1년 차	2년 차	3년 차	…	8년 차	9년 차	10년 차	11년 차 이후
연금	2000	2000	2000	…	2000	2000	2000	운용수익 수령액의 5.5~3.3%
세금	140	140	140	…	140	140	140	

= 연금 수령액×퇴직소득세율(10%)의 70%

총 납부 세금 1400만원, 600만원 절약, 운용수익 수령액 4.4% 세금 부과

매년 1000만원씩 연금을 수령하는 경우(단위: 만원)

	1년 차	2년 차	…	10년 차	11년 차	…	20년 차	21년 차 이후
연금	1000	1000	…	1000	1000	…	1000	운용수익 수령액의 5.5~3.3%
세금	70	70	…	70	60	…	60	

= 연금 수령액×퇴직소득세율(10%)의 70%   = 연금 수령액×퇴직소득세율(10%)의 60%

총 납부 세금 1300만원, 700만원 절약, 운용수익 수령액 3.3% 세금 부과

절세 효과를 좀 더 높이려면 1~10년 차 연금 수령액을 최소화하면 된다. 흔히 연금이라고 하면 매년 또는 매달 일정 금액을 인출해야 한다고 생각하지만, 그렇게 하지 않아도 된다. 연금 수령 한도 이내에서 자기가 필요한 만큼 꺼내 쓸 수도 있다. 따라서 10년 차까지 인출 금액을 최소화하고, 11년 이후에 인출 금액을 늘리면 세금을 좀 더 많이 절감할 수 있다.

다 연금을 선택하는 것이 유리하다. 왜냐하면 퇴직급여를 일시에 수령하지 않고 연금으로 받으면 퇴직소득세를 30~40% 절감할 수 있기 때문이다. 퇴직소득세 100만원을 내야 하는 퇴직자는 연금을 선택하더라도 아낄 수 있는 세금은 30만~40만원에 불과하다. 하지만 퇴직소득세를 1000만원 내야 하는 사람은 300만~400만원을, 1억원이면 3000만~4000만원을 절세할 수 있다. 퇴직소득세 부담이 적은 사람은 연금을 선택해봐야 볼 수 있는 혜택이 크지 않고, 세부담이 큰 사람은 연금을 선택하면 더 많은 세제 혜택을 누릴 수 있다. 고액 퇴직급여 수령자 중에 연금을 선택하는 이가 많은 것은 이 때문이다.

계속근로기간 이란?

입사한 날부터 퇴직일까지를 말한다. 하지만 재직 중 퇴직금을 중간 정산한 경험이 있으면, 마지막 중간 정산을 받은 다음 날부터 퇴직한 날까지를 계속근로기간으로 본다.

절세 혜택 극대화, 수령 기간을 늘려라

연금 수령 기간이 10년 이상 되면 퇴직소득세를 더 많이 아낄 수 있다. 연금 수령 연차가 10년 이내일 때는 퇴직소득세율의 70%에 해당하는 연금소득세율로 적용하지만, 11년 차부터는 퇴직소득세율의 60%에 해당하는 세율을 적용하기 때문이다. 20년 차까지 퇴직급여를 전부 연금으로 인출하고 나면 21년 차부터는 운용수익을 재원으로 해서 연금을 수령하게 된다. 이때 수령 당시 나이에 따라 3.3~3.5%에 해당하는 연금소득세를 내면 된다

선택 2 | IRP에 이체한 퇴직급여 어디에 투자할 것인가

흔히 퇴직급여는 소중한 노후 생활비 재원이기 때문에 안전하게 관리해야 한다고 하지만, 요즘 같은 초저금리 시대에도 퇴직급여를 몽땅 정기예금 같은 원리금 보장형 상품에 맡겨두는 것이 옳은지는 한번 생각해봐야 할 문제다.

많은 사람이 퇴직급여를 원리금 보장에 맡겨둔다. 원리금 보장형 상품은 퇴직급여를 맡기면 원금은 안전하게 지킬 수 있을지 몰라도 초라한 수익률을 감내해야 한다. 2019~2021년 9월 IRP 원리금 보장형 상품 수익률은 연 1.70%다.

다양한 투자가 가능한 IRP

IRP에 이체한 퇴직급여를 하나의 금융상

원리금 보장형 상품에 투자

원리금 보장형 상품	수익률
은행과 우체국 예·적금, 상호저축은행(신용등급 BBB-이상)의 예·적금, 보험사의 금리연동형 보험과 확정금리부보험(GIC), 증권사의 파생결합사채(ELB)	1.27%(2020년 IRP 원리금 보장형 상품 수익률 기준)

IRP로 투자 가능한 실적 배당형 상품

	실적 배당형 상품
펀드	모든 펀드 가능(펀드 내 주식 비중이 60% 이상이면 주식형, 40% 이상 60% 미만이면 주식혼합형, 40% 미만이면 채권혼합형으로 분류)
ETF	국내 증시에 상장된 ETF만 가능 레버리지 ETF와 인버스 ETF, 파생상품을 비중이 높은 원자재 ETF에 투자 불가
리츠	국내 상장된 리츠만 가능

품에 집중투자할 수 있을까. 대답은 금융상품에 따라 달라진다. 근로자 퇴직급여 보장법에서는 특정 금융상품을 위험자산으로 분류하고, IRP 적립금의 70%까지만 위험자산으로 분류된 금융상품에 투자할 수 있다. 위험자산으로 분류되지 않은 상품은 적립금을 100% 투자할 수 있다. 주식형 펀드와 주식혼합형 펀드의 경우 주식 비중이 40% 이상이면 위험자산으로 분류한다. 다만 일정한 요건을 충족하는 TDF는 위험자산으로 보지 않는다. 처음 운용을 시작할 때부터 운용하는 중에도 주식 비중이 80%를 초과하지 않고, 타깃 데이트에 도달했을 때 주식 비중이 40% 이하인 것을 적격 TDF라고 하는데, 이는 위험자산으로 분류하지 않는 것이다. 따라서 적격 TDF 하나에 퇴직급여를 전부 투자할 수 있다.

수령 시 주의할 점

IRP 가입자는 안정형 자산 중 하나를 골

라 IRP 적립금을 전부 맡겨두고 연금을 받을 수도 있고, 위험자산과 안정형 자산 중 몇 개 골라 포트폴리오를 구성해 운영하면서 연금을 수령할 수 있다. 후자의 경우 연금 수령 시기가 올 때마다 포트폴리오 내에서 어떤 금융상품을 먼저 환매해 연금을 받을지 정해야 한다. 이때 환매 순서는 IRP 가입자가 정할 수도 있고, 금융사에서 정한 순서에 따라 환매할 수도 있다. 연금을 개시하기 전에 환매 순서를 확인해둘 필요가 있다.

금융사는 지급 연금일 전에 미리 정한 순서에 따라 금융상품을 환매해서 연금으로 지급할 돈을 마련한다. 하지만 ETF는 다르다. ETF는 시시각각 가격이 변동하기 때문에 IRP 가입자가 직접 환매해야 한다. 따라서 IRP 적립금을 ETF에 투자하는 경우에는 연금 수령일 전에 직접 연금액을 충당할 만큼의 ETF를 환매해두어야 한다.

IRP에서 투자할 수 있는 금융상품과 투자 한도

위험자산(적립금의 최대 70%)	안정형 자산(제한 없음)
주식형 펀드와 주식혼합형 펀드 (주식 비중 40% 초과) 하이일드채권 펀드 부동산 특별자산 혼합자산 펀드 주식 ETF 상장 리츠	예·적금 보험(금리연동, GIC) 환매조건부채권(RP) TDF(적격) 채권형 채권혼합형 펀드 (주식 비중 40% 미만) 채권 ETF

SECTION 1 | 퇴직연금

퇴직연금, 투자 고수의 수익률 비결

코로나19를 계기로 연금 수익률 양극화 현상이 두드러지고 있다.
연금을 무조건 안전자산에만 묻어두어서는 안 된다는 얘기다.
그렇다면 40% 가까이 높은 수익률을 올리고 있는 고수의 비결을 알아봤다.

연금에도 나타나는 양극화 현상

코로나19를 계기로 연금 수익률 양극화 현상이 심화하고 있다. 퇴직연금을 적극 운용한 투자자와 무관심 속에 방치한 이들의 수익률이 'K자' 형태로 벌어지면서 새로운 빈부격차를 초래할 가능성이 높다는 분석이 나온다.

미래에셋증권을 통해 퇴직연금을 운용하는 DC(확정기여)형과 IRP(개인형 퇴직연금) 가입자 14만 명의 1년 수익률을 분석한 결과, 수익률 상위 5%의 평균수익률은 38.6%였다(2021년 6월말 기준). 하위 5%는 -0.7%로 원금 손실을 봤다. 운용 방식에 따라 1년 새 40%포인트에 달하는 격차가 벌어졌다는 얘기다. 앞의 사례처럼 노후를 책임질 퇴직연금의 개인별 격차가 점차 커지고 있다. 단순히 1년 간의 문제가 아니다. 연금 투자 고수들은 이미 두둑한 노후 자금을 챙겼다. '연금 양극화'에 대한 우려의 목소리가 커지고 있는 이유다.

연금 고수익자의 선택, 혁신기업 투자상품

'연금 고수'들은 상장지수펀드(ETF)를 비롯해 주식형 펀드 비중을 73%까지 늘리며 높은 수익을 냈다. 안전자산으로 분류되는 원리금 보장형 상품에는 전체의 27%

연금은 안전이 최고
연금 하수

50대 직장인 A씨는 '안전이 제일'이라는 생각에 그간 퇴직연금을 은행예금에 묻어뒀다. 알아서 잘 불려질 줄 알았던 퇴직연금이 제로(0) 금리 탓에 1%에도 못 미치는 수익률을 내고 있었다. 계속 지켜보다 올 초 일부를 펀드에 투자했다. 그마저 또 위험을 감수하지 않으려고 채권형 펀드를 선택했다. 그런데 안전할 줄로만 알았던 펀드에서 2%가량 손실이 났다. 결국 A씨 퇴직연금 계좌의 최근 1년 수익률은 −1%로 떨어졌다.

연금도 투자
연금 고수

40대 직장인 B씨는 평소 퇴직연금에 관심을 가지고 꾸준히 투자하고 있다. B씨의 최근 5년간 퇴직연금 계좌 수익률은 100%를 넘어섰다. 성장 가능성이 있는 펀드와 상장지수펀드(ETF)에 적극 투자한 결과다. 짧은 기간 동안 자주 상품을 바꾸면서 투자한 것이 아니라 긴 호흡으로 미래 성장성에 투자한 것이 효과를 발휘했다. 시장 상황에 맞게 주기적으로 포트폴리오를 조정한 것도 수익을 내는 데 보탬이 됐다. 앞으로도 계속 이렇게 투자 관리할 생각이다.

수익률 양극화를 보여주는 포트폴리오 구성 예시

펀드명	연금 하수	연금 고수
평균수익률	수익률 하위 5% 평균수익률 ▶ −0.7%	수익률 상위 5% 평균수익률 ▶ 38.6%
사례	50대 직장인 A씨 '안전이 제일'이라는 생각에 그간 퇴직연금을 은행예금에 묻어둠. 제로(0) 금리 탓에 1%에도 못 미치는 수익률을 지켜보다 올 초 일부를 펀드에 투자, 그마저 위험을 감수하지 않으려 채권형 펀드를 선택했다. ▶ 최근 1년간 수익률 −1%	40대 직장인 B씨 긴 호흡으로 미래 성장성에 적극 투자. 펀드와 상장지수펀드(ETF)에 투자하며 시황에 맞게 주기적으로 포트폴리오를 조정했다. ▶ 최근 5년간 수익률 100% 초과
집중투자 분야	은행예금과 같은 원리보장형 상품	집중투자 산업과 기업 • 기술주 펀드와 ETF • 혁신기업
종목명		❶ 미래에셋 G2이노베이터펀드 ❷ 피델리티 글로벌테크놀로지펀드 ❸ TIGER 차이나전기차SOLACTIVE ETF
포트폴리오 구성	7 : 3 원리금 보장형 : 실적배당형	7 : 3 실적배당형 : 원리금 보장형
5년형 장기 수익률	원리금 보장형 1.64%	실적배당형 3.77%

자료 2021년 6월말 기준

만 묻어뒀다. 수익률 하위 투자자들은 제로(0)금리 수준의 예금에 연금을 방치했다. 일부를 채권형 펀드와 금펀드 등에 투자했지만 만족스럽지 못한 성과를 거뒀다. 연금 고수익자들은 코로나19 이후 이어진 증시 상승세를 활용해 기술주 펀드와 ETF에 집중투자했다. 미래 성장성이 높은 혁신기업에 투자하는 상품이 대부분이었다.

이들이 가장 많이 보유한 상품은 '미래에셋 G2이노베이터펀드'였다. 미국과 중국의 대표 혁신기업들을 담고 있는 상품에 노후 자금을 투자한 셈이다. '피델리티 글로벌테크놀로지펀드' 'TIGER 차이나전기차SOLACTIVE ETF' 등이 뒤를 이었다.

안정적 투자상품의 저조한 수익률

수익률이 저조한 투자자들은 대부분 은행 예금과 같은 원리금 보장형 상품에 집중 투자돼 있었다. 세대를 불문하고 투자 방법을 모르거나 관심이 없는 이들이 주를 이뤘다. 2021년 연금 투자에 관심이 높아지면서 뒤늦게 예금 비중을 줄였지만 펀드 상품 선택이 잘못된 경우도 많았다. 매수 시점 때문에 1년 수익률 기준 큰 손실을 낸 투자자들이 여기에 해당했다. 포트폴리오 구성도 수익률 격차의 큰 원인으로 작용했다. 상·하위 5%의 투자자들은 모두 7 대 3 비율로 포트폴리오를 구성하고 있었지만 비중이 달랐다. 높은 수익을 낸 투자자들은 실적배당형을, 최하위 투자자들은 원리금 보장형을 70%씩 채웠다.

연금에 대한 관심이 비교적 높은 4050세대는 최근 1년간 12%의 수익률을 기록했다. 안전을 최우선으로 생각하는 70대 이상(5.4%)과 여전히 예금 비중이 높은 20대(7.1%)보다 높은 수익을 거뒀다. 40~50대는 전체 포트폴리오에서 60~70%를 실

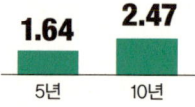

퇴직연금 유형별 장기 수익률

원리금 보장형
- 5년: 1.64
- 10년: 2.47

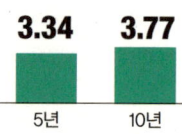

실적배당형
- 5년: 3.34
- 10년: 3.77

자료 금융감독원, 2020년 말 기준 단위 %

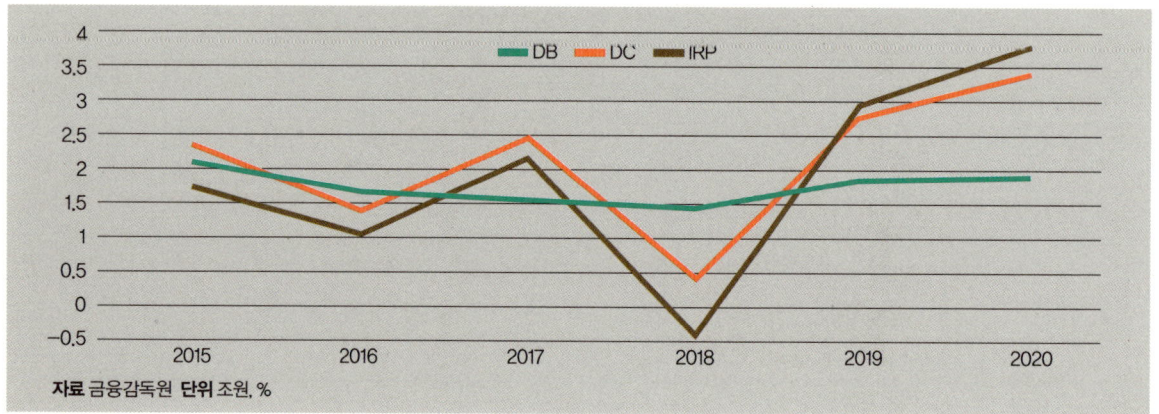

확정급여형(DB), 확정기여형(DC), IRP의 연도별 수익률 추이

자료 금융감독원 단위 조원, %

적배당형으로 채웠다. 이들은 은퇴 시점에 맞춰 주식과 채권 비중을 조절해주는 타깃데이트펀드(TDF)를 주로 담았다. 세액공제 목적으로 IRP에 자금을 매달 꾸준히 납입하는 이들도 최근 급증하고 있다. 반면 70대 이상 투자자들은 원리금 보장 주가연계파생결합사채(ELB), 20대는 우체국 예금 투자 비중이 가장 높았다.

남녀에 따라 다른 안전자산 투자 비율

남성(11.8%)이 여성(9.3%)보다 1년 수익률이 다소 앞서기도 했다. 여성 투자자들이 여전히 예금과 채권 비중을 조금 높게 유지하고 있는 것이 수익률에 영향을 줬다는 분석이다. 한 여성 투자자는 IRP를 3개 저축은행에 나눠 투자해 최근 1년간 0.4%의 수익을 거뒀다. 회사 관계자는 "여전히 IRP에 들어 있는 모든 자산을 6개월 만기 정기예금이나 1년 만기 저축은행 예금에 투자하는 투자자도 상당하다"며 "연금에 대한 관심과 포트폴리오 관리의 중요성이 점차 높아지는 상황에서 증권사에 연금 계좌를 두고 있더라도 이를 방치할 경우 수익률 격차가 더욱 커질 가능성이 높다"고 말했다.

연금 수익률도 'K자' 양극화

장기 수익률도 점차 격차가 벌어지고 있다. 금융감독원에 따르면 2020년 말 기준 원리금 보장형과 실적배당형의 5년 수익률은 각각 1.64%, 3.77%로 나타났다. 연간 2% 포인트 수준의 격차에 복리 효과가 더해지면 은퇴 시점에 최종 수익률 격차는 몇 배 이상으로 벌어질 수 있다는 게 전문가들의 분석이다.

남재우 자본시장연구원 펀드&연금실장은 "최근 증시 활황으로 투자에 대한 관심이 높아지면서 원리금 보장형 상품에 몰려 있던 퇴직연금 포트폴리오가 제대로 된 분산투자 형태로 변화하기 시작했다"며 "장기투자 시 손실 가능성은 줄어드는 대신 수익에 대한 복리 효과가 발생해 연금 양극화 현상은 더 가속화할 가능성이 높다"고 말했다.

수익률 상위 5% 보유 종목
1. 미래에셋 G2이노베이터
2. 피델리티 글로벌테크놀로지
3. TIGER 차이나전기차 SOLACTIVE ETF
4. 미래에셋 전략배분 TDF2045
5. TIGER 2차전지테마

자료 2021년 6월말, 미래에셋증권 고객 기준

1년 새 엇갈린 퇴직연금 수익률

	수익률	포트폴리오 비중 (원리금 보장형 : 실적배당형)
상위 5% 평균	38.6	27.0 : 73.0
하위 5% 평균	-0.7	30.3 : 69.7

자료 2021년 6월말, 미래에셋증권 고객 기준 단위 %

예금과 채권 비중을 높게 유지하고 있는 여성과 남성의 수익률 비교

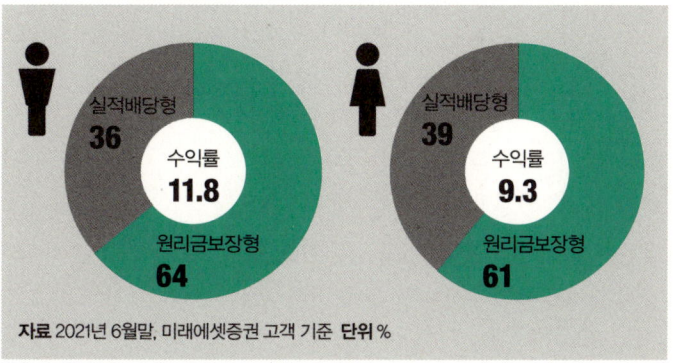

자료 2021년 6월말, 미래에셋증권 고객 기준 단위 %

SECTION 1 | 퇴직연금

노후 자금 불려주는 알짜 퇴직연금 상품은?

퇴직연금으로 펀드에 가입하려는 이들의 가장 큰 고민은 상품 선택이다. 첫 번째 선택이 미래의 수익률을 좌우한다.
연금투자 3년 후 후회하지 않기 위해 주목해야 할 연금투자 상품을 꼽았다.

IRP(개인퇴직연금)을 통해 투자상품을 고르는 건 노후의 질을 좌우할 만큼 중요한 문제다. 퇴직연금 특성상 장기투자이기 때문에 상품 선택에 따라 수익률이 극과 극으로 나뉠 수도 있기 때문이다. 전문가들이 상품 선택에 공을 들여야 한다고 강조하는 이유다.

미국 주식도 장기투자하면 안전자산

퇴직연금을 통해 해외주식형 펀드에 가입하는 사례가 늘고 있는 것도 같은 이유다. 장기 수익률 관점에서 미국 주식이 한국보다 꾸준한 수익을 내고 있기 때문이다. 금융투자협회에 따르면 2021년 11월 초 기준 설정액 50억원 이상인 주식형 펀드 가운데 최근 3년간 수익률 상위 10개 종목 중 8개가 해외주식형 펀드였다.

같은 조건의 해외주식형 펀드 수익률 상위 20개의 평균수익률은 104.6%로 국내

104.6%
해외주식형 펀드 톱 20의 평균수익률
자료 금융투자협회, 2021년 11월 기준

주식형 펀드(87.1%)를 웃도는 수준이었다. 국내주식형 펀드로만 상품을 구성하면 초장기로 봤을 때 수익률에 불리할 수 있다는 지적의 근거다. 존 리 메리츠자산운용 대표는 "퇴직연금을 통해 한국뿐 아니라 미국·중국·유럽 등 다양한 국가에 장기 분산투자하는 게 바람직한 자산관리 방법"이라고 강조했다.

3년 수익률 상위 10개 중 8개는 해외투자

2021년 11월 초 기준 3년간 수익률이 가장 높았던 펀드는 메리츠차이나 펀드로 211.57% 올랐다. 메리츠자산운용이 성장성 높은 중국 기업에 장기투자하는 상품이다. 이 펀드에 자문하는 빈유엔캐피털 관계자는 "미국과의 분쟁이 오히려 중국 내부의 투자 의지를 강화하고 있다"며 "거대한 내수시장, 축적된 기술, 풍부한 자본을 바탕으로 지속 성장이 가능할 것"이라고 설명했다.

수익률 2위와 3위는 KTB자산운용의 퇴직연금 펀드가 나란히 자리를 차지했다. 10위권 내 국내 주식형 펀드는 이 2개뿐이다. KTB VIP밸류퇴직연금과 VIP스타셀렉션의 3년 수익률이 각각 183.79%, 177.37%로 나타났다. 국내 주식형 펀드 가운데서는 타 펀드를 압도하는 수준이다. KTB의 두 펀드는 모두 가치투자로 유명한 VIP자산운용이 자문을 맡고 있다. 성장성 높은 저평가 가치주를 발굴해 투자

개인퇴직연금(IRP)을 통해 투자상품을 고르는 건 노후의 질을 좌우할 만큼 중요한 문제다. 최근 IRP를 통해 해외주식형 펀드에 가입하는 사례가 늘고 있는 것도 같은 이유다. 장기 수익률 관점에서 미국 주식이 한국보다 꾸준한 수익을 내고 있기 때문이다.

2개

퇴직연금 펀드 3년 수익률 10위권 내에서 국내 주식형 펀드는 단 2개뿐이다.
❶ KTB VIP밸류퇴직연금 (수익률 183.79%)
❷ VIP스타셀렉션 (수익률 177.37%)

하는 전략을 취한다. 그러다 보니 다른 국내 주식형 펀드보다 중소형주 비중이 크다. KTB자산운용 관계자는 "시장지수는 높아졌지만 상승 여력이 큰 개별 기업은 여전히 많다"며 "내년 이후에도 지속적으로 이익 성장을 보여줄 종목을 중심으로 포트폴리오를 구성하는 게 수익률 비결"이라고 설명했다.

미국 장기투자 불패론의 현실화

미국 주식에 투자하는 펀드들도 수익률 상위 펀드에 이름을 다수 올렸다. 미국 장기투자 불패론에 힘이 실리는 대목이다. 미국 우량기업으로 구성된 S&P500 지수는 지난 40년간(1981년 8월~2021년 8월) 11배 넘게 올랐다.

2021년 11월 초 기준 3년 수익률이 126.91%에 달했던 피델리티 글로벌테크놀로지와 같은 기간 96.15% 수익률을 기록한 AB 미국 그로스 펀드가 대표적이다. 피델리티 글로벌테크놀로지는 글로벌 기술주에 분산투자하는 펀드로 마이크로소프트, 애플, VISA, 알파벳(구글), 세일즈포스 등 해외 주식은 물론 삼성전자까지 두루 담은 펀드다. AB 미국 그로스 펀드는 미국 성장주에 집중하고 있다. 알파벳, 마이크로소프트, 페이스북, 아마존, 유나이티드 헬스그룹 등을 주로 담았다. 성장주 중심으로 구성하다 보니 피델리티 글로벌테크놀로지 펀드 대비 애플 비중은 낮고 페이스북과 아마존 비중이 높다.

인도·중국·베트남 수익률 높지만 '몰빵 투자'는 위험

1년 수익률만 놓고 보면 미래에셋 인도중소형 포커스가 86.3%로 가장 높은 수익률을 기록했다. 올해 인도 주식시장이 상승장을 연출했기 때문이다. 이 펀드는 인

퇴직연금에서 고를 수 있는 주요 펀드의 최근 3년 수익률 순위

펀드명	1년 수익률	3년 수익률
메리츠차이나	40.67	211.57
KTB VIP밸류퇴직연금	69.12	183.79
KTB VIP스타셀렉션	67.61	177.37
피델리티 글로벌테크놀로지	44.93	126.91
미래에셋 인도중소형 포커스	86.31	116.85
KB 통중국 4차산업	7.61	113.15
미래에셋 차이나그로스	-3.32	109.12
한국투자 글로벌 전기차&배터리	53.57	106.6
삼성 픽테로보틱스	30.59	103.32
삼성 인디아	70.87	103.12

※ 2021년 11월 1일 기준, 설정액 50억원 이상 자료 금융투자협회 단위 %

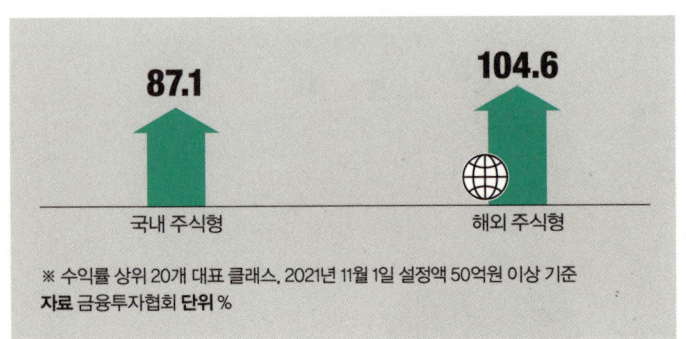

퇴직연금 펀드 3년 평균수익률

- 국내 주식형: 87.1
- 해외 주식형: 104.6

※ 수익률 상위 20개 대표 클래스, 2021년 11월 1일 설정액 50억원 이상 기준
자료 금융투자협회 단위 %

도 내 성장 잠재력이 높은 중소형 주에 집중한다. 소비재 업종과 수출 주도형 업종, 제약 등이 주요 투자처다. 브하라트 전기회사, 인도 액시스은행, 연방은행, 철강업체인 JSPL 등이다.

KB 통중국 4차산업 펀드와 미래에셋 차이나그로스는 3년 수익률이 각각 113.15%, 109.12%다. 하지만 1년 수익률은 각각 7.61%, -3.32%로 부진한 편이다. 중국이 올해 유동성을 축소하고, 각종 규제안을 강화하면서 글로벌 투자자들로부터 매력을 잃어버린 영향이 컸다.

베트남 펀드도 뜨고 있는 상품이다. KB베트남 포커스 펀드는 1년 수익률이 84.1%다. 3년 수익률은 77.5%로 오히려 낮다. 전문가들이 신흥국 펀드에 '몰빵 투자'하는 것은 위험하다고 지적하는 이유도 여기에 있다. 글로벌 대외환경에 따라 수익률이 천차만별로 움직일 수 있기 때문이다.

글로벌 분산투자로 3년 수익률 100%

특정 국가가 아닌 글로벌 분산투자를 통해 꾸준한 수익을 내는 펀드도 있다. 전기차 밸류체인에 투자하는 한국투자 글로벌 전기차&배터리 펀드는 1년 수익률이 53.5%, 3년 수익률은 106.6%다.

같은 기간 삼성 픽테로보틱스 펀드의 3년 수익률은 103.32%를 기록했다. 이 펀드는 200년 넘는 역사를 자랑하는 스위스 픽테 자산운용 펀드에 재간접 투자한다. 미국 인텔·알파벳, 독일 지멘스, 일본 니덱 등 로봇산업과 관련된 글로벌 기업에 분산투자하는 상품이다.

미래에셋자산운용이 운용하는 미래에셋 G2이노베이터도 3년간 수익률이 96.17%에 달했다. 미국과 중국의 글로벌 혁신기업에 분산투자하는 상품이다. 미국 반도체 장비업체인 램리서치, 중국 전자상거래 업체 알리바바, 미국 알파벳, 디즈니 등의 비중이 높다.

SECTION 1 | 개인연금

스스로 준비하는 개인연금

3층 연금 구조의 백미는 개인연금이다. 초고령 사회로의 진입이 얼마 남지 않은 만큼 공적연금에만 의존할 것이 아니라 개인연금을 통한 적극적인 연금 설계가 필요하다.

개인연금은 세제 혜택에 따라 크게 2가지로 분류된다. 연금 납입 시 세액공제 여부에 따라 '세제적격'과 '세제비적격'으로 구분할 수 있다. 세제적격 상품은 납입 기간 동안 세액공제 혜택을 받으나 연금을 수령할 때는 연금소득세를 내야 한다. 직장인들이 절세를 목적으로 가입하는 대표적 상품인 연금저축과 개인형 IRP를 떠올리면 쉽다. 반면 세제비적격 상품은 과세 대상에서 제외되는 관계로 납입 시 세액공제 혜택이 없으나 연금을 수령할 때 일정 조건을 충족하는 경우 연금소득세가 면제되는 장점이 있다. 연금보험이 여기에 해당한다. 목돈을 일시에 넣고 연금으로 나

즉시연금이란?
일정 금액 이상의 목돈을 한 번에 납입하고 가입자가 원하는 기간 동안 연금 형태로 지급되는 상품이다. 보험사를 통해 40세 이상부터 가입할 수 있다. 투자 방식에 따라 금리형 연금, 변액연금, 달러형 연금 등이 있고 수령 방법 역시 종신형, 확정 기간형. 이자만 연금으로 받고 원금은 상속인에게 수령할 수 있는 상속형 연금이 있다.

눠 받는 즉시연금도 있다. 이처럼 개인연금은 납입 기간 동안 세제 혜택을 받을 수 있는지 여부에 따라 연금저축(연금저축신탁·연금저축펀드·연금저축보험)과 연금보험으로 구분할 수 있다.

세제적격연금, 연금저축

연금저축은 세제적격연금이라고도 부르는데 납입액 중 연간 최대 400만원에 대해 세액공제를 받을 수 있다. 대신, 연금 수령할 때 연금소득세(연금 수령 연령에 따라 3.3~5.5%)를 낸다. 세액공제는 연소득에 따라 공제율이 다르다. 종합소득 4000만원 이하(근로소득만 있는 경우 총

세제적격연금, IRP

개인형 IRP는 개인연금과 퇴직연금의 성격을 모두 가지는 연금계좌다. 근로자가 은퇴 전 이직할 때마다 받는 퇴직금을 적립하고, 퇴직금 이외에도 가입자가 추가로 연간 1800만원(연금저축, DC/기업형 IRP 개인부담금 합산)까지 자유롭게 납입할 수 있다. 또 다양한 금융상품(예금, 주식, 펀드, ETF 등)으로 운용 가능하다. 가입자 추가 적립금에 대해 연간 700만원까지(연금저축 400만원 + DC 본인 자금 + 개인형 IRP 본인 자금 합산 300만원) 세액공제 가능하다.

개인형 IRP는 금융사끼리 계약 이전과 이체가 가능하며, 연금저축과도 이체할 수 있다. 단, 연금저축은 가입자 연령이 만 55세 이상이고 가입일로부터 계좌이체 신청일까지 5년 이상 경과한 연금계좌를 전액 이체하는 경우에만 가능하다.

IRP 계좌의 중도인출 가능 조건

IRP 계좌는 퇴직금을 노후 자금으로 관리하기 위한 용도로 개설되었기 때문에 중도인출 사유에 해당하지 않는다면, 근로자 퇴직급여 보장법상 중도 인출이 불가능하다. 인정되는 중도인출 사유는 무주택자의 본인 명의 주택 구입 또는 임차보증금 등의 목돈이 필요할 때, 가입자 및 부양가족의 질병 부상으로 6개월 이상 요양이 필요한 경우, 가입자의 회생절차 개시 시, 가입자

개인연금의 구분

세제 구분		세제적격	세제비적격
명칭		연금저축(연금저축신탁, 연금저축펀드, 연금저축보험)	연금보험
납입 단계		13.2~16.5% 세액공제 (지방소득세 포함)	없음
인출 단계	연금 수령	연금소득세(3.3~5.5%) 부과	비과세
	연금 외 수령	원리금 기타소득세(16.5%)	보험차익에 관한 이자소득세(15.4%) 과세

연금저축 비교

구분	연금저축신탁	연금저축펀드	연금저축보험
원금 손실 위험	없음 (예금자보호법 적용)	있음	없음 (예금자보호법 적용)
적용 수익률	실적배당	실적배당	공시이율
납입 금액 및 시기	자유납	자유납	정해진 금액을 정해진 시기에 납부
연금 수령 기간	10년 이상 확정기간	10년 이상 확정기간	10년 이상 확정기간 또는 종신형(생명보험사)

급여 5500만원 이하 근로자)에게는 16.5%, 종합소득 4000만원 초과(근로소득만 있는 경우 5500만원 초과 근로자)에게는 13.2%의 공제 혜택이 있다. 50세 이상은 2022년까지 IRP 계좌와 합산해 900만원까지 한시적으로 세액공제 한도를 늘릴 수 있으니 참고하자.

연금저축은 누구나 가입할 수 있으며 매년 1800만원까지(개인형 IRP와 합산) 납입이 가능하다. 다만 가입 기간은 5년 이상, 만 55세 이후에 10년 이상의 기간으로 나눠 연금을 수령해야 한다.

의 파산선고, 천재지변 등 고용노동부 장관이 정하는 경우에 한정한다. 만일 중도인출 사유에 해당하지 않지만, 그럼에도 돈을 찾고 싶다면 IRP 계좌를 해지해야 하는데, 연금 수령 시점인 만 55세 이전에 계좌를 해지할 경우 그동안 받은 혜택인 세액공제 환급금을 모두 돌려주어야 한다.

연금저축과 IRP의 차이점

투자 대상도 차이가 있다. 연금저축펀드는 펀드와 ETF 등 위주로 투자가 가능하고, 연금저축보험은 보험사별 공시이율이 적용된다. 연금저축은 본래 '삼총사'로 은행의 연금저축신탁이 있지만, 판매가 종료됐다. IRP는 하나의 계좌 안에서 원리금

IRP와 연금저축 비교

구분	개인형 IRP	연금저축		
		펀드	신탁 (신규 불가)	보험
세액공제 대상 한도	연간 납입액 700만원	연간 납입액 400만원 단, 종합소득 1억원 초과(근로소득만 있는 경우 총급여액 1억2000만원 초과) 연 300만원 한도		
	IRP + 연금저축 합산 연간 납입액 최대 한도 700만원 (ISA 만기 시 추가 납입 가능. 300만원 한도 내에서 납입액의 10% 추가 공제)			
	만 50세 이상 연 900만원 가능 *50세 이상 연금계좌 세액공제 한도 확대(적용 기한 2022.12.31) *50세 이상 중 종합소득금액 1억(급여의 경우 1억2000만원) 초과 또는 금융소득 종합과세 대상자는 적용 제외	* 당해 연도 IRP 공제 한도 안에서 ISA 만기 이전 금액 추가 세액공제 가능 * ISA 만기일 후 60일 이내 입금 시에 한함		
세액공제	연간 납입액 16.5%(지방소득세 포함) 종합소득 4000만원 이하(근로소득만 있는 경우 총급여액 5500만원 이하) 연간 납입액 13.2%(지방소득세 포함) 종합소득 4000만원 초과(근로소득만 있는 경우 총급여액 5500만원 초과)			
납입 한도	IRP + 연금저축 합산 연간 1800만원 한도 + [ISA 만기금액 시 추가 납입 가능]			
상품 운용	• 정기예금 등 원리금 보장상품 • 만기 매칭형, TDF 상품 • 퇴직연금 전용 펀드상품 • 주식, ETF 등 위험자산 편입 비중 70%만 가능, 파생상품 투자 불가	• 연금저축 전용 펀드상품 (MMF, 채권형, 혼합형, 주식형 ETF 등) 위험자산 100% 편입 가능	• 2종의 신탁상품 (채권형, 안정형)	• 2종의 보험상품 (유배당, 무배당) • 보험사별 공시율 적용
연금 개시	• 가입 기간 5년 이상(퇴직소득이 있는 경우 제외) 및 만 55세 이후부터 연금 수령 가능 • 연 1200만원 이하 분리과세(소득–세액공제 받은 납입 원금 & 운용 이익은 연령별 3.3~5.5% 연금소득세)			
연금 수령기간	• 2013년 3월 1일 이전 신규 가입자 경우 최소 5년 이상 • 2013년 3월 1일 이전 신규 가입자 경우 최소 10년 이상		• 확정기간형(10년 이상) • 종신형(최소 보증기간 있음, 생명보험 한함)	

보장 상품과 실적배당 상품으로 포트폴리오를 운용할 수 있다. 공격적 투자를 위한 위험자산 편입은 연금저축펀드가 유리하다. 위험자산에 100% 투자할 수 있다. 자금의 자유로운 운용 면에서는 연금저축이 유리하다. 연금저축계좌는 중도 인출이 가능하지만, IRP는 전액 해지만 된다.

세제비적격연금, 연금보험

연금보험은 세제비적격연금이라고도 불리며 보험료를 납입하는 동안 세액공제 혜택이 없는 대신, 10년 이상 유지 시 보험차익에 대한 이자소득세 15.4%를 면제받을 수 있고 종합소득세 과세 대상에서도 제외된다. 연금보험은 보험회사에만 가입할 수 있으며 55세 이후에 종신 동안 수령이 가능하다. 이러한 세제 혜택은 연금 수령 시기나 유지 기간 등에 따라 달라질 수 있으므로 본인이 가입한 상품이 어디에 해당하는지 잘 살펴보아야 한다. 세제비적격 상품은 크게 공시이율이 적용되는 연금보험과 투자 성과에 따라 수익이 달라지는 변액연금보험으로 나눠볼 수 있다.

연금보험은 확정금리형의 경우 과거 고금리 시대에 가입해놨다면 괜찮은 상품이지만, 초저금리 시대를 맞아 자취를 감춘 상태다. 대신 3개월 혹은 6개월 등 일정 기간마다 시장금리에 따라 금리가 변동되는 금리연동형(공시이율 적용) 연금이 판매되고 있다. 보험사의 공시이율은 은행의 예금금리보다 높다 하더라도 장기적으로는 물가상승률에 못 미칠 우려가 있다. 따라서 이자보다는 장기적으로 돈을 모으는 데 의미를 두거나 10년 이상 투자해 비과세 혜택을 받고자 하는 경우에 추천한다. 2020년 이후 주요 보험사의 공시이율은 연 2% 초반 수준이다.

변액연금보험은 일부 사업비를 제외한 보험료가 펀드 등에 투자되고 그 성과에 따라 보험금액도 달라진다. 주식시장이 좋을 때는 '잘나가고' 시장이 슬럼프에 빠지면 수익률도 떨어진다. 다만 일반 투자상품과 달리 변액연금보험에는 한 가지 안전장치가 있다. 만기 시 납입 원금을 보장해준다는 것. 즉, 시장 상황이 좋지 않아 투자수익이 하락해도 만기 시에는 낸 돈만큼은 돌려받을 수 있다. 다만 무조건 원금 보장이 되는 게 아니라 연금 개시 이후에만 원금 이상이 보장된다는 점은 유의해야 한다.

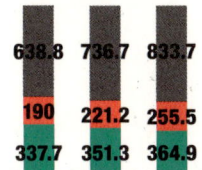

연금별 적립금
자료 금융감독원 통합연금포털 단위 조원

연금보험 VS 변액연금보험

구분	연금보험	변액연금보험
성격	안정성	수익성
적립금 운용	일반계정	특별계정
운용 방법	공시이율	주식·채권 등 투자
운용 리스크 부담	보험회사	가입자
원금보장 및 최저보장 이율	있음	없음(상품에 따라 상이)
예금자 보호	적용	일부 적용

SECTION 1 | 개인연금

개인연금 투자 시 알아둬야 할 5가지

연금에 대한 인식이 변하고 있다. 연금을 묵혀두는 돈이 아니라 굴려야 할 자금으로 생각하는 사람들이 늘고 있는 것. 개인연금 투자 시 기억해야 할 사항 5가지를 알아보자.

01 수익률과 리스크를 함께 고려하라

개인연금 투자의 목표는 어디에 두어야 할까? 많은 사람이 그 답을 단순히 수익률이라고 생각하는 경향이 있다. 그러나 투자를 할 때는 반드시 리스크도 함께 봐야 한다. 투자자들은 각자 리스크를 감내하는 수준이 다르다. 투자 지식이나 경험에서 차이가 있을 수 있고, 투자 가능한 기간도 다르다. 또한 투자 자산 고유의 변동성을 참을 수 있는 정도도 가지각색이다. 이를 먼저 명확하게 파악하고 난 후 투자 대상 자산을 정해야 한다.

표1은 1995년 12월 31일부터 2020년 8월 31일까지 24년 8개월의 기간 중 아무 때나 골라서 매월 말 주식과 채권에 반반 적립식으로 투자했을 경우의 성과를 보여주고 있다. 주식은 종합주가지수(KOSPI), 채권은 CMA에 투자한다고 가정한다.
이 투자안은 1년간 투자했을 때 최악일 경우에 −16.8%의 수익률을 기록했다. 손실을 볼 확률도 32.63%나 됐다. 그러나 10년 투자 시에는 손실 확률 자체가 0.56%로 줄었고, 가장 나쁜 연평균 복리 수익률도 −0.3% 정도였다. 10년 이상 투자 예정이므로, 이 정도의 리스크는 감당할 수 있을

것으로 보인다. 그리고 이 투자안의 평균 연 복리 기대수익률은 3.1%이다. 이 수익률에 만족할 수 있다면 투자를 실행해도 될 것이다.

> 연금은 노후를 위한 소중한 자금인 만큼 목적에 맞게 원칙을 잘 지켜 운용해야 안정적인 노후 생활을 보장받을 수 있다. 수익률과 리스크, 변동성을 관리하며 글로벌 우량자산에 편입해 분산 투자하는 것이 좋다.

02 변동성을 관리하라

투자에서 가장 이상적인 상황은 손실 없이 이익만 발생하는 경우겠지만, 실제로는 불가능한 일이다. 그렇다면 기대수익률이 비슷할 때 장기 수익률을 높이기 위해서는 어떤 노력을 해야 할까? 그 해법은 변동성 관리에 있다. 간단한 사례를 들어보자. 수익률의 산술평균이 5%로 같은 투자안 A, B, C가 있다고 하자. A는 상승 시 +20%, 하락 시 -10%의 수익률을 보여준다. B는 변동성이 더 크다. 상승했을 때는 +30%, 하락했을 때는 -20%의 성과를 나타낸다. C는 상승 시와 하락 시의 수익률이 각각 +40%, -30%이다. 이 3개 투자안 중 어느 것이 장기 성과가 좋을까? 답은 A다. 현재 1000원을 투자했다고 가정할 경우 30년 뒤 A는 3172원이 된다. 반면 B는 1801원이 되고, C는 739원에 불과하다. 장기간 투자했지만 오히려 손실이 발생한 것이다.

표2는 1990년부터 2019년까지 30년 동안 한국의 종합주가지수(KOSPI), 미국의 S&P500지수, 독일의 DAX지수의 연수익률 산술평균과 변동성, 연평균 실제 투자수익률을 정리한 표다. 한국 주가지수의 경우 연수익률의 산술평균은 다른 지수에 비해 연 1.7~2.3%p 낮다. 그러나 변동성이 높기 때문에 연평균 실제 투자수익률의 격차는 연 4.0~4.7%p에 이른다. DAX의 경우는 연수익률 산술평균이 S&P500보다 높지만 변동성 또한 높아 연평균 실제 투자수익률은 오히려 더 낮게 나타난다. 투자수익률을 높이기 위해선 변동성을 줄여야 한다는 것을 알 수 있다.

표2를 통해 알 수 있는 또 한 가지 사실은 글로벌 분산 투자의 힘이다. 국내 상품에만 투자하고 있는 투자자라면 미국의 상품에 분산 투자해 변동성을 낮추고 기대수익률을 끌어올릴 수 있다는 것을 짐작할 수 있다.

11배
미국 우량기업으로 구성된 S&P500지수는 지난 40년간 11배 넘게 올랐다.

〈표1〉 적립식 투자의 기간별 수익률 및 손실 확률　단위 %

구분		1년	10년
연평균 복리 수익률	최대값	53.6	7.6
	평균	3.6	3.1
	최소값	-16.8	-0.3
손실 확률		32.63	0.56

※ 투자 대상 기간 1995년 12월~2020년 8월(24년 8개월)
※ 투자 비율 주식(KOSPI) 50%, 채권(CMA) 50%

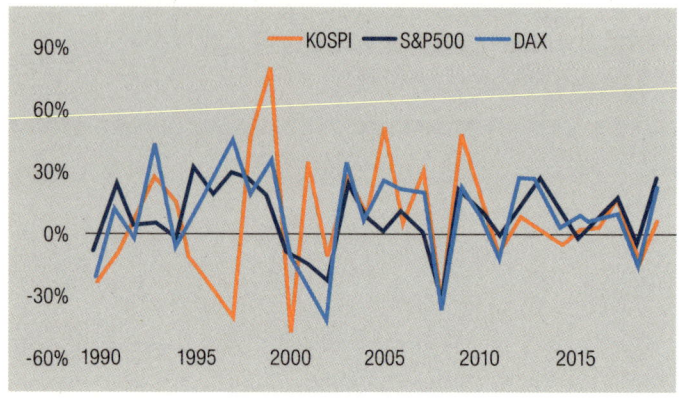

(표2) 한국, 미국, 독일 주가지수별 연수익률 비교

단위 %

구분	KOSPI	S&P500	DAX
연평균 산술평균	7.38	9.11	9.69
변동성	29.98	16.80	23.2
연평균 수익률	2.98	7.66	6.92

※ 1990~2019년, 연수익률은 연말 종가 기준, 변동성은 연수익률 표준편차

03 글로벌 우량자산을 편입하자

개인연금 자산 운용은 리스크 관리와 장기 수익률 제고라는 두 마리 토끼를 좇는 긴 여정이다. 그리고 이를 동시에 만족시킬 수 있는 방법 중 하나가 시장 변동성을 극복하면서 꾸준하게 성장할 글로벌 우량자산을 연금 자산 포트폴리오에 편입하는 것이다.

메가트렌드에 답이 있다

21세기를 대표하는 사회·경제적 트렌드는 고령화와 4차산업혁명 관련 기술 혁신이다. 이 메가트렌드는 수십 년간 명확한 방향성을 보이며 진행될 것으로 예상된다. 고령화의 경우 전 세계 주요국의 경제성장 둔화, 저출산, 수명 연장 추세와 함께 장기적으로 진행 중이다. 4차산업혁명은 2010년대 이후 본격화되고 있는데, 인공지능(AI)과 사물인터넷(IoT) 기술 체계를 통해 초연결 사회를 만드는 것이 핵심이다. 이 과정에서 온라인 디지털 기반 커뮤니케이션, 쇼핑, 엔터테인먼트, 스마트 모빌리티 등의 비즈니스가 새로운 주도권을 확보할 것이다. 또 5G 기반 통신, 클라우드 컴퓨팅 등은 4차산업혁명으로 구축될 미래 사회의 새로운 인프라다.

경쟁력·회복탄력성으로 판단한다

우량자산은 자칫 모호할 수 있는 개념이므로 정의 기준이 필요하다. 대표적인 두 가지 기준은 경쟁력(Competitiveness)과 회복탄력성(Resilience)이다.

경쟁력은 국가나 기업이 제품과 서비스 제공 측면 등에서 확보한 경쟁자 대비 비교우위, 또는 기술적 우위를 말한다. 그리고 회복탄력성은 자산시장 침체 시 가격이 빠져도 곧 본래의 성장세를 회복하는 특성을 말한다.

이러한 2가지 기준을 고려할 때 먼저 생각해볼 수 있는 우량자산은 글로벌 확장 부문의 기업 주식을 담고 있는 ETF이다. 4차산업혁명 관련 ETF가 대표적인데, 이 경우 경제의 핵심 트렌드를 잘 추종하면서도 개별 기업 투자의 위험을 어느 정도 분산했기 때문에 장기적으로 상승할 가능성이 높다. 리츠(REITs)도 우량자산으로 볼 수 있다. 리츠가 우량자산으로 분류될 수 있는 이유는 정기적으로 배당금을 지급하기 때문이다. 배당금이 지속적으로 유입되면 시장에 일시적 충격이 발생해서 자산 가격이 하락하더라도 투자수익의 회복 속도가 빨라진다. 다만 자산 가격 변동에 따른 리스크를 줄이기 위해서는 해당 리츠가 유동화한 상업용 부동산, 인프라 시설 등의 기초자산 자체가 우량한지도 살펴볼 필요가 있다.

04 자동 투자상품 활용을 적극 검토하자

일반 근로자 입장에서 오랜 기간 개인연금에 투자를 한다는 것은 어려운 일이다. 첫 번째로 맞닥뜨리는 어려움은 연금 상품의 종류가 상당히 많다는 점이다. 수많은 상품을 일일이 검토할 시간이 없을뿐더러, 전문적으로 상품 판단의 기준을 세우는 것도 쉬운 작업은 아니다. 그러므로 처음에는 전문가의 도움을 받거나 여러 정보를 살펴 몇 가지 의사결정을 신중하게 내리고, 이후부터는 관리에 크게 신경을 쓰지 않아도 되는 금융상품, 이른바 자동 투자 상품을 활용하면 된다.
대표적인 자동 투자상품은 TDF다. 이 펀드는 투자자의 은퇴 시점에 맞춰 위험자산

리츠의 구조

투자자
기관투자자
개인투자자

↓ 투자 ↑ 배당 (90% 이상)

REITs
상법상의
주식회사

↓ 투자 ↑ 임대료 개발이익 이자

투자자산
부동산, 유가증권
금융기관 예치

의 비중을 축소하고 안전자산 비중을 확대하는 식으로 투자 비중을 자동 조정한다. 또 전 세계 주식과 채권, 원자재 등에 분산 투자하며 전문 펀드 매니저가 지속적으로 펀드 내 편입 자산들을 관리한다. 투자자가 신경 쓰지 않아도 알아서 리스크를 관리하며 운용한다는 점에서 많이 추천하고 있는 상품이다.

05 인출기간에도 투자를 고려하자

초수명 시대가 앞으로도 지속될 것이며, 그 때문에 연금 인출기간 자체가 길어질 것이라는 점은 논란의 여지가 없다.
해결 방안은 수익률이 떨어지지 않게 하는 것인데, 우선 원리금 보장 상품이 아닌 투자 전략을 고려해야 한다. 물론 무턱대고 위험자산에 노후 자금을 몰아넣자는 뜻은 아니다.
이럴 때 활용할 수 있는 금융상품 중 하나는 TIF(Target Income Fund)다. 이 상품은 현금 흐름이 발생하는 채권, 리츠, 배당주 등에 자동으로 자산 배분을 하는 상품이며, 예금보다는 높은 수익률을 추구하지만 어느 정도 안정적인 변동성을 나타내는 특성이 있다.
다만 TIF에 투자할 때는 실제 과거 수익률의 변동성이 어떠했는지 꼼꼼히 살펴보는 것이 좋다. 상품에 따라서는 다소 변동성이 높은 경우도 있으니 참고해야 한다.

SECTION 1 | 개인연금

개인연금 리밸런싱 시 알아야 할 체크포인트

최근 들어 연금을 다른 회사로 옮기거나 다른 상품으로 갈아타는 사람들이 늘어나고 있다. 달라지는 시장 상황에 맞게 나에게 유리한 연금 상품으로 재구성하는 것이다. 연금 리밸런싱 시 꼭 점검해야 할 체크포인트를 짚어봤다.

개인연금 이체에 주목해야 하는 이유

개인연금은 어떻게 운용하느냐에 따라 은퇴 이후의 삶이 달라진다. 연금도 투자라는 생각과 함께 저금리 추세가 장기화되면서 금리형 상품에 가입한 투자자 중 일부는 투자상품을 옮기거나 다른 회사로 연금을 이체하려는 니즈가 생겼다. 게다가 금융기관별로 제공하는 연금 상품의 다양화로 차이가 심해졌다. 과거에는 연금에서 제공하는 상품의 종류가 많지 않았다. 그러나 최근 몇 년간 정부는 연금에서 투자 가능한 상품의 종류를 지속적으로 늘리고 있다. ETF·TDF·리츠(REITs)·상장 인프라 펀드 등이 대표적이다. ETF·리츠·상장 인프라 펀드의 경우 증권회사의 매매 시스템을 통해야만 매수가 가능하다. TDF는 일반적인 펀드 형태이기 때문에 펀드를 판매하는 금융회사라면 모두 제공이 가능하다. 그러나 금융회사별로 TDF의 종류와 수익률이 다르다. 이런 이유들 때문에 기존에는 해당 상품에 투자하고 싶어도 포기하는 경우가 많았다. 그러나 2015년부터는 연금 상품 간의 이체 절차가 온라인이나 모바일만으로도 가능하도록 간소화돼 연금 이체를 활용해 자유로운 투자가 가능하다.

연금 이체를 생각해야 할 때는?

❶ 가입한 상품의 수익률이 현저히 낮다.
❷ 가입한 금융회사에 원하는 투자상품이 없다.
❸ 고수익 상품에 따르는 리스크를 충분히 감당할 수 있다.

연금저축보험을 펀드로 옮길 때 확인 사항

우선 옮기고자 하는 금융회사에 연금저축펀드 계좌를 만들고 이체를 신청하면 끝이다. 기존 금융회사에 해지 요청을 별도로 하지 않아도 괜찮다. 다만 이체로 인한 득실을 따져보는 것이 좋다.

① **원리금 보장** 연금저축보험은 예금자보호법에 따라 5000만원 한도로 원리금을 보장받지만 연금저축펀드는 그렇지 않다.

② **종신형 연금** 사망 시까지 연금을 지급하는 종신형 연금은 오직 생명보험사에서만 운용이 가능하다. 연금저축펀드에서는 종신형으로 연금을 수령할 수 없다.

③ **위험 보장** 연금저축보험 중에 사망보험금 등의 위험 보장을 함께 제공하는 상품도 있다. 이런 상품을 펀드로 변경하면 더 이상 위험 보장을 받을 수 없다.

④ **확정 수익** 2000년대 초반에 판매된 연금저축보험 중 일부는 현재보다 고금리의 확정 수익률을 보장해주는 경우가 있다. 또 금리에 연동되더라도 최저보증이율이 높은 상품이 있으니 꼼꼼히 살펴볼 필요가 있다. 최저보증이율은 금리가 하락하더라도 해당 보험사가 반드시 지급하기로 약속한 수익률을 의미한다.

⑤ **공제액** 연금저축보험 이체 시 공제액이 발생해 이체 금액이 달라질 수 있다.

오래된 연금보험 가입자는 금리 확인 필수

구(舊) 개인연금저축끼리만 이체 가능하

연금 계좌 이체 시 유의 사항

즉시연금, 변액연금 등 연말공제 혜택이 없는 세제비적격연금은 간소화된 계좌 이체 적용 대상이 아니다. 세액공제를 받기 위해 연금 계좌 이체를 고려 중이라면 본인이 가입한 상품이 세제적격연금저축인지 확인해볼 필요가 있다.

다. 이체 시 기존 상품을 환매해 현금으로 전환한 후에 넘길 수 있다. 최근 시중금리가 떨어지면서 보험이나 신탁상품을 펀드로 이체하려는 사람이 늘고 있다. 하지만 무턱대고 계좌 이체를 해서는 안 된다. 특히 보험 가입자는 금리를 확인해볼 필요가 있다. 1994년부터 2000년까지 판매된 보험은 최저 4% 이상 금리를 보증해주는 상품이 많고, 7%대의 확정금리 상품도 있다.

가입 시기에 따른 개인연금 상품 비교

구분	연금저축계좌	연금저축	(구) 개인연금저축
판매 기간	2013년 3월~현재	2001년 1월~2013년 2월	1994년 6월~2000년 12월
세액공제 혜택	총급여액 5500만원 (종합소득금액 4000만원) 이하 16.5%, 총급여액 5500만원 (종합소득금액 4000만원) 초과 13.2% 400만원 한도 공제 총급여액 1억 2000만원 (종합소득금액 1억원) 초과 13.2% 300만원 한도 공제		연간 납입액의 40%, 72만원 한도에서 소득공제
중도해지 시 과세	세액공제 받은 원금과 운용수익에 대해서 기타소득세 16.5% 부과 인출 이유가 부득이한 사유일 경우 연금소득세 3.3%~5.5% 부과		일반 과세 15.4%
	가입 후 5년 내에는 없음	없음	해지 추징세(4.4%) 부과
연금 개시 기간	적립 후 5년 경과 및 55세 이후(신청 개시)		적립 후 10년 경과 및 55세 이후(자동 개시)
연금 수령 한도	연금 수령 연차별 한도액 설정(최소 10년)		5년 이상 분할 수령
연금 개시 후 과세 기준	연금소득세(3.3~3.5%)		없음(이자소득세 비과세), 해지 시 이자소득종합과세
분리과세 한도	1200만원(공적연금 제외)		없음

개인연금 리밸런싱을 위한 연금 이체 시 궁금한 5가지

①
IRP 가입자가 예금을 실적배당 상품으로 바꾸려면?

거래 중인 금융회사의 실적배당 상품부터 체크해보는 것이 좋다. IRP는 은행·증권·보험사에서 가입할 수 있는데, 금융회사별로 투자 가능 상품이 다르다. 원하는 상품이 없다면 다른 회사로 옮기면 된다. 옮기고 싶은 금융회사에 신규 IRP 계좌를 개설하고, 연금 이체 신청을 하면 된다.

금융회사 업종별 투자 가능 IRP 실적배당 상품

구분		특징	투자 가능 여부		
			증권사	보험사	은행
일반 펀드		국내외 주식, 채권 등 다양한 자산에 투자하는 간접투자 상품	O	O	O
실적배당 보험		일반 펀드와 비슷하게 운용되는 보험	X	O	X
거래 소매매 상품	ETF·ETN	특정 지수를 추종하는 상장 펀드 및 상장 파생 결합 증권	O	X	X
	리츠(REITs)	국내외 부동산에 투자하는 상장 간접투자 상품	O	X	X
	인프라 펀드	국내외 인프라 시설에 투자하는 상장 펀드	O	X	X
자산 배분 상품	자산 배분 펀드	자산 배분 비율을 자동으로 조정해주는 펀드. 세부 운용 방식에 따라 일반 자산 배분 펀드·TDF·TIF 등으로 구분 가능하다.	O		O
	MP보험	보험사가 운용하는 자산 배분 상품	X	O	X

②
퇴직급여는 어디에 넣는 것이 좋을까요?

금융회사를 정하고, 연금저축 혹은 IRP 계좌에 이체하면 된다. 계좌 유형을 정할 때는 연금 수령 방식, 수수료, 상품을 고려해야 한다. 일단 연금을 종신형으로 수령하고 싶다면 생명보험회사의 IRP로 이체해야 한다. 종신형 연금 수령은 생명보험사에서만 가능하기 때문이다. 일부 자금을 목돈으로 인출할 생각이라면 연금저축이 나을 수 있다. IRP는 부분 인출이 불가능하기 때문에 자금이 일부만 필요한 경우에도 전액을 해지할 수밖에 없다.

다만 IRP도 일부 금융기관에서 제공하는 '비정기 연금'을 활용하면 보완 가능하다. 일반적인 연금은 특정 기간 동안 특정 금액을 수령하게 되지만, 비정기 연금은 수시로 필요한 만큼 찾아 쓸 수 있다. 그러나 비정기 연금 수령 방식을 모든 금융회사가 제공하는 것은 아니므로 금융회사 선택 전에 확인해야 한다. 연금저축과 IRP에서 투자 가능한 상품과 수수료도 따져봐야 한다. DC형 퇴직연금 가입자의 경우 보유 상품을 해지하지 않고 그대로 IRP 계좌로 옮길 수도 있다.

③ 흩어진 연금계좌를 하나로 합쳐서 관리할 수 있나요?

만 55세 이상이고 연금 가입 5년 경과 후에는 연금저축과 IRP를 통합할 수 있다. 어떤 계좌로 합칠지는 상품 및 운용 제한, 수수료 등을 고려해서 결정한다. 한 가지 더 생각해볼 수 있는 것은 금융기관은 한곳으로 합쳐서 통합 관리하되, 연금계좌는 연금저축과 IRP를 각각 유지할 수도 있다는 것이다. 원리금 보장 상품이나 IRP에서만 가능한 투자 상품(리츠·랩어카운트·ETN 등)은 IRP를 통해 가입하고, 다른 투자상품은 연금저축에서 운용하는 식이다. 이렇게 하면 두 연금 계좌의 장점을 모두 누릴 수 있다.

구분	IRP	연금저축
장점	가입할 수 있는 상품 다양	가입 가능 상품 제한적
단점	전체 자산의 70%까지만 위험자산에 투자 가능	주식형펀드 등 위험자산에 대한 투자 한도 제한 없음
수수료	운용 관리 및 자산 관리 수수료 있음. 단, 금융사마다 세부 조건에 따라 수수료 면제 가능	계좌 자체에 수수료는 없음

④ 개인연금을 ETF나 리츠에 투자하고 싶습니다. 방법이 있나요?

연금계좌에서의 ETF, 리츠 매매는 일부 증권회사만 가능하다. 가입한 금융회사에서 시스템 지원이 안 된다면, 가능한 회사로 이체해야 한다. 그런데 만약 ETF 투자만 하려고 한다면 연금저축과 IRP 중 어느 연금계좌를 개설해야 할까? 투자 가능한 ETF의 세부 종류와 투자 한도 등이 다르기 때문에 잘 따져봐야 한다. 연금저축은 인버스와 레버리지 ETF를 제외하면 다 투자가 가능하다. 그러나 IRP는 인버스와 레버리지 ETF는 물론 파생상품 위험평가액이 40%를 넘는 ETF에는 투자가 불가능하고, 전체 자산 중 70% 이하만 위험자산으로 운용할 수 있다.

한 가지 더 생각해봐야 할 것은 ETF 관리 시스템이다. 연금저축 전용 시스템과 IRP 전용 시스템은 차이가 있다. 연금저축은 실시간으로 본인의 ETF 잔고를 확인할 수 있다. 그러나 IRP 전용 시스템은 다음 날이 돼야만 잔고 확인이 가능하다.

⑤ 내년이 ISA 계좌 가입 5년째입니다. 의무가입기간이 지난 ISA 적립금 어떻게 해야 하나요?

ISA 만기 자금을 연금저축이나 IRP로 이체하면 이체 금액의 10%(300만원 한도)를 세액공제 해준다. 또한 연금계좌에서 발생한 운용수익은 이를 인출할 때까지 과세하지 않는다. 운용수익을 연금으로 수령하면 일반적으로 이자와 배당에 부과되는 세율(15.4%)보다 낮은 세율(3.3~5.5%)의 연금소득세가 부과된다. 따라서 금융자산 규모가 커서 금융소득종합과세 우려가 있다면 미리 저축액을 늘려 세제 효과를 극대화하자.

SECTION 1 | 한눈에 보는 개인연금 상품

2022 연금저축 상품 수익률 비교

연금저축펀드부터 연금저축보험, 연금저축신탁 등 금융회사별로 보유하고 있는
개인연금 상품의 3년 수익률을 알아보자.

연금저축펀드 수익률 Top 20

수익률 측면에서 가장 높은 성과를 보이는 상품은 증권사에서 판매하고 있는 '연금저축펀드'다.
현재 판매 중인 상품은 총 2120개로 그 중 3년 수익률을 제공하고 있는 펀드는 1747개다.
2021년 4분기 기준 가장 높은 수익률을 보이는 상품은 미래에셋자산운용의
'미래에셋아시아그로스증권자투자신탁(H)(주식-재간접형)종류C-Pe'로 3년 수익률이 124.97%에 달한다.

상품명	운용사	납입 원금	1년 수익률	3년 수익률
미래에셋아시아그로스증권자투자신탁(H)(주식-재간접형)종류C-Pe	미래에셋자산운용	5,282	-14.54	124.97
멀티에셋글로벌클린에너지증권자투자신탁 2[주식]C-P	멀티에셋자산운용	1,448	42.86	102.84
하나UBS인Best연금유럽포커스증권자투자신탁[주식-재간접형]Class C	하나유비에스자산운용	14	366.67	94.16
멀티에셋글로벌클린에너지증권자투자신탁[주식]C-P	멀티에셋자산운용	4,615	58.18	88.47
미래에셋글로벌리츠부동산투자신탁(재간접형)종류C-P	미래에셋자산운용	249	21.39	64.15
KTB VIP밸류연금저축증권자투자신탁[주식]종류C	케이티비자산운용	777	72.1	54.74
미래에셋코어테크증권투자신탁(주식)종류C-P2e	미래에셋자산운용	30,037	91.78	54.73
미래에셋전략배분TDF2045혼합자산자투자신탁 종류C-Pe	미래에셋자산운용	37,469	67.17	49.49
미래에셋코어테크증권투자신탁(주식)종류C-Pe	미래에셋자산운용	14,980	78.87	48.67
미래에셋전략배분TDF2040혼합자산자투자신탁 종류C-Pe	미래에셋자산운용	16,246	73.52	48.6
멀티에셋퇴직연금클린에너지증권자투자신탁[주식]	멀티에셋자산운용	501	-24.32	47.99
미래에셋전략배분TDF2040혼합자산자투자신탁 종류C-P2e	미래에셋자산운용	135,673	75.89	47.81
미래에셋전략배분TDF2045혼합자산자투자신탁 종류C-P2e	미래에셋자산운용	289,709	69.14	47.67
미래에셋아시아그로스증권자투자신탁(H)(주식-재간접형)종류C-P2e	미래에셋자산운용	2,749	0.29	47.17
미래에셋전략배분TDF2040혼합자산자투자신탁 종류C-P2	미래에셋자산운용	52,160	71.15	46.51
미래에셋미국인덱스EMP증권자투자신탁(주식-재간접형)종류C-P2e	미래에셋자산운용	27,864	82.05	46.12
미래에셋글로벌코어테크EMP증권투자신탁(주식-재간접형)종류C-P2e	미래에셋자산운용	8,061	49.35	44.9
삼성픽테로보틱스증권자투자신탁UH[주식-재간접형]_C-P	삼성자산운용	2,126	52.29	44.53
미래에셋글로벌코어테크EMP증권투자신탁(주식-재간접형)종류C-Pe	미래에셋자산운용	9,228	49.31	44.23
미래에셋코어테크증권투자신탁(주식)종류C-P2	미래에셋자산운용	10,852	64.14	43.9

자료 통합연금포털, 2021년 4분기 기준 단위 100만원, %

연금저축보험(생명보험사) 수익률 Top 5

생명보험사는 586개의 상품을 운영 중이다. 대부분이 원금보장 상품이고 원금비보장 상품은 43개에 불과하다.
현재 가입이 가능한 상품은 7개가 있지만 2020~2021년에 판매를 시작한 상품으로 3년 누적수익률 순위에서는 제외했다.

상품명	금융회사	상품 유형	납입 원금	1년 수익률	3년 수익률
연금저축골드연금보험(확정이율형)	삼성생명보험	금리확정형	21,272	10.82	10.2
연금저축 하이드림연금보험	한화생명보험	금리연동형	20,301	8.67	8.21
연금저축 골드연금보험(확정이율형_일괄50)	삼성생명보험	금리확정형	265	7.6	7.31
연금저축신세기연금보험	흥국생명보험	금리연동형	952	7.52	7.04
(연금저축) 노후사랑연금보험(종신연금형)	케이디비생명보험	금리연동형	2,076	6.42	6.09

자료 통합연금포털, 2021년 4분기 기준 **단위** 100만원, %

연금저축손해보험 수익률 Top 5

손해보험사에서 운영 중인 상품은 총 444개다. 이 중 원금보장 상품은 389개, 원금비보장 상품은 53개다.
대부분의 상품이 현재 가입 중단되었으며 중도해지도 불가능하다.

상품명	금융회사	상품 유형	납입 원금	1년 수익률	3년 수익률
연금저축손해보험 미래행복보험I	DB손해보험	금리연동형	12,839	7.07	6.36
연금저축손해보험실버피아보험	롯데손해보험	금리연동형	913	6.74	6.07
연금저축손해보험 신실버플러스	엠지손해보험	금리연동형	1,093	6.77	6.01
연금저축손해보험뉴실버피아보험	롯데손해보험	금리연동형	628	6.99	5.96
연금저축손해보험 노후사랑보험	현대해상화재보험	금리연동형	933,385	6.42	5.82

자료 통합연금포털, 2021년 3분기 기준 **단위** 100만원, %

연금저축신탁 수익률 Top 5

2021년 4분기 기준으로 운영 중인 상품은 총 36개로 2018년 이후 신규 판매가 중단되었다.
금융당국은 원금은 보장하지만 저조한 수익률로 노후 생활을 책임지기 위한 재산 증식이라는 취지에 부합하지 않는다고 판단했기 때문이다. KB국민은행의 '연금신탁(안정형)제1호(주택)'는 2.57%로 연금저축신탁 상품 중 가장 높은 누적수익률을 기록하고 있다.

상품명	금융회사	상품 유형	납입 원금	1년 수익률	3년 수익률
연금신탁(안정형)제1호(주택)	KB국민은행	안정형	51,392	0.34	2.57
연금저축신탁안정1호(구 하나)	하나은행	안정형	89,134	0.02	2.42
KB실버웰빙연금신탁(안정형)	KB국민은행	안정형	531,778	0.57	2.41
연금저축신탁안정1호	하나은행	안정형	366,025	−0.05	2.29
연금저축 채권형 1호	DGB대구은행	안정형	127,600	1.19	2.23

자료 통합연금포털, 2021년 4분기 기준 **단위** 100만원, %

SECTION 1 | 연금 운용 GUIDE

자산관리의 승부처 40대를 위한 노후 전략

40대는 가정 경제의 주축인 핵심 연령대다. 아직 은퇴가 피부에 와닿지 않지만 준비는 필요하다.
40대부터 시작하면 얼마든지 풍요로운 노후를 맞이할 수 있다.

40대, 그들의 현실은?

생애 자산관리 관점에서 40대는 매우 중요한 승부처다. 노후 준비를 위한 연금을 포함해 주택 마련, 자녀 사교육까지 어느 하나 소홀할 수가 없다. 노후를 위한 준비를 지금부터 한다면 자산에 시간이 더해져 충분히 원하는 노후 자금을 마련할 수 있다. 또 하나의 특징은 사교육비 지출이 만만치 않다는 것이다. 30~50대 중 가장 소득이 많으면서도 다른 세대에 비해 여유롭지 못한 이유가 여기에 있다. 노후 준비와 자녀 교육 어느 것도 놓치지 않는 노후 전략이 필요하다.

연금계좌 관리 팁
1. 절대 해약하지 말 것
2. 되도록 하나 또는 두 개의 계좌로 모을 것
3. 수익성에도 꾸준히 신경 쓸 것

전략 1 | 연금 자산 만들기

40대는 목돈을 들여 부동산이나 주식 등에 투자하는 일이 많을 것이다. 그렇다고 해도 각자의 상황에 맞게 연금저축, IRP 등을 선택해 차근차근 연금을 모아야 한다. 일반 기업이나 금융회사 등에 재직하는 직장인은 임금피크제와 희망퇴직, 연금저축계좌나 IRP의 연금 수령 나이를 고려할 경우 40대부터 시작하면 15년 정도 연금계좌에 투자하는 것을 목표로 삼을 수 있다. 15년이면 연금 투자로 노후 자금을 불리기에 충분한 시간이다.

전략 2 | 합리적인 사교육비 지출 방안

40대가 자녀 교육과 노후 준비 모두 잘하려면 사교육비를 절약할 수 있는 방법을 찾아 실천하는 것이 중요하다. 이렇게 절약한 사교육비로 연금저축과 IRP에 투자하면 노후를 대비할 수 있다.

먼저 사교육비 지출 한도를 정한다. 지출 예산을 정한 후 과목별 중요도에 따라 우선순위를 두어 무리한 사교육비 지출을 방지한다. 자녀 1인당 사교육비가 소득의 10%를 넘는다면 평균보다 많이 지출하는 것이다. 사교육비도 미리 마련하는 것이 효과적이다.

자녀 출생부터 성장 시기에 따른 교육 비용을 염두에 두고 여유자금이 생길 때마다 일정 부분을 모으면 효율적으로 대응할 수 있다. 또 자신을 위한 준비도 함께 한다. 자녀 1인당 사교육비가 월 40만원 든다면 노후연금으로 월 40만원 정도는 저축할 수 있도록 하는 것이다. 연 4% 수익률로 25년간 적립한다면 노후 자산을 2억원가량 마련할 수 있다.

40대부터 연금 투자를 시작하면 최소 15년의 시간 여유가 있다. 연금계좌에 매년 400만원을 넣으면 절세 효과 외에도 운용 방법에 따라 15년 후 6708만원에서 7723만원의 연금 자산이 쌓인다.

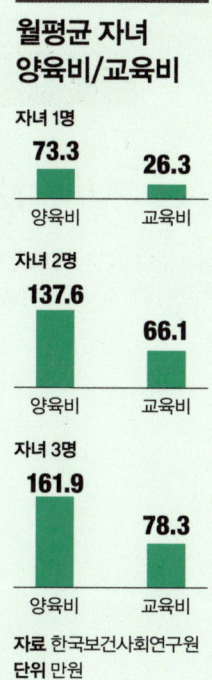

월평균 자녀 양육비/교육비

자녀 1명
양육비 73.3
교육비 26.3

자녀 2명
양육비 137.6
교육비 66.1

자녀 3명
양육비 161.9
교육비 78.3

자료 한국보건사회연구원
단위 만원

전략 3 | 주식투자 시 고려 사항

실패하지 않을 투자를 위해서는 투자 대상 종목 선택 기준, 매수·매도 기준과 시점, 자금관리 기준 등 나만의 투자 원칙을 세우고 충분한 학습 기간을 가지기 바란다. 주식은 여유자금으로 투자해야 하며 인내심이 필요하다. 큰 기대수익을 목표로 최소 1년은 투자한다는 마음가짐으로 꾸준히 투자하는 자세가 필요하다. 그다음은 분산투자와 장기투자다. 주식처럼 변동성이 높은 투자자산은 선택이 아닌 필수다. 주식투자에 성공하기 위해서는 피터 린치가 주장한 것처럼 '시간을 보유'하는 전략이 필요하다. 또 꾸준한 공부를 통해 나만의 투자 원칙을 보완하고 개선해나가야 성공률을 높일 수 있다.

나의 노후 준비 지수는?

금융감독원 통합연금포털 및 금융회사에서 제공하는 노후 준비 진단 프로그램을 활용하면 쉽게 노후 자산 준비 현황을 점검해볼 수 있다. 점검 결과 노후 준비가 부족하다면 대응 방안을 찾아 노후 준비 수준을 높여가면 된다.

금융감독원 통합연금포털 100lifeplan.fss.or.kr, 국민연금 노후준비서비스 내연금 csa.nps.or.kr
NH투자증권 100세시대연구소 www.nhqv.com/the100

SECTION 1 | 연금 운용 GUIDE

노후 준비 마지노선 50대를 위한 노후 전략

퇴직 후 가장 당황스러울 때는 생각보다 수중에 돈이 없다는 것이다. 50대는 그런 상황을 만회할 수 있는 마지막 기회다.
지금부터라도 퇴직 이후를 생각해 자산관리 전략을 짜보자. 아직 늦지 않았다.

50대 가구의 여유 자산은?

가구주 연령대별로는 50대 가구가 평균 5억6741만원으로 가장 많은 자산을 보유하고 있다. 하지만 실물자산이 4억3258만원으로 자산 중 76.2%를 차지해 비중이 너무 높다. 그에 비해 금융자산은 1억3483만원에 불과하다. 부채 상황 역시 좋지 않다. 50대 가구의 부채는 1억74만원으로 총자산에서 부채를 차감한 순자산은 4억6666만원이다.

은퇴 후 30년을 더 산다고 가정했을 때 필요한 금액은 최소 9억원이 넘는다. 50대 가구 평균 순자산으로 감당하기 어렵다는 말이다. 그렇다고 낙담하기는 이르다. 50대에겐 국민연금과 퇴직금이 있다.

전략 1 연금을 기본으로 노후 소득을 만들자

가장 좋은 노후 준비 방법은 연금으로 노후 소득을 만드는 것이다. 계획한 노후 생활비를 연금으로 충당할 수 있다면 은퇴 기간에 안정적인 생활을 유지할 수 있다. 2021년 9월 국민연금 수급자 평균 수령액은 월 55만원이다. 30년 수령 기준으로 총액을 단순 환산해보면 1억9800만원이다. 가입 기간이 20년 넘는 이들은 월평균 약

95만원을 받는다. 총액을 계산하면 3억 4200만원으로 노후 생활에 대한 부담을 크게 덜어준다. 가입 기간이 30년 이상이면 수령액도 그만큼 늘어난다.

은퇴를 앞두었거나 은퇴한 50대라도 반환일시금 반납, 보험료 추후납부, 임의계속가입, 연기연금제도를 적극 활용해 국민연금 수령액을 늘릴 필요가 있다. 은퇴 전 소득이 있을 때 연금계좌 납입액을 최대한 늘리는 것이 좋다. 특히 50대 이상은 2020년부터 3년 동안 연금저축 세액공제 한도가 200만원 추가 적용되므로 적극 활용하는 것이 유리하다. 노후 자산의 일부를 즉시연금 등 연금 상품으로 옮기거나 주택연금 및 **농지연금**을 활용하는 것도 고려해야 한다.

농지연금
보유한 농지를 농지은행에 맡기고 받는 연금

50대는 기대수명의 증가로 늘어나는 노후 자산을 대비할 수 있는 마지막 세대라 할 수 있다. 그동안 쌓은 국민연금과 개인연금을 잘 활용해 걱정 없는 노후를 만들 수 있다. 단, 부채는 없어야 한다.

전략 2 | 노후 자산의 패러다임을 바꿔라

기대수명의 증가로 '은퇴까지 얼마를 모아야 한다'가 아니라 '은퇴 후 매달 얼마만큼 현금 흐름을 창출할 수 있느냐'가 중요해지고 있다. 이에 따라 노후 자산의 패러다임을 바꿀 필요가 있다. 고령화, 저금리 시대에는 노후 자산의 규모보다 소득을 목표로 계획을 세워야 한다. 은퇴 기간에 안정적인 생활을 유지하기 위해서는 규칙적이

내 연금 어디에 있나?

연금 이체 실행 전 해야 할 일은 내 연금이 어디에 있는지 파악하는 것이다. 연금은 초장기 상품이므로 가입 후 시간이 지나면 현재 어느 금융회사의 어느 연금 상품에 투자돼 있는지 잘 모르는 경우가 많다. 가장 손쉽게 알아보는 방법은 금융감독원의 '통합연금포털'을 활용하는 것이다.

Step 1 통합연금포털에 로그인한다.
공인인증서를 통해 금융감독원의 통합연금포털(100lifeplan.fss.or.kr)에 로그인한다.

Step 2 '내 연금 조회'를 누른다.
'내 연금 조회'를 누르면 자신이 가입한 모든 연금을 조회할 수 있는 화면으로 바뀐다. 관심을 갖고 봐야 하는 것은 DC형 퇴직연금, IRP 그리고 연금저축이다. 연금저축보험이 아닌 일반 연금보험은 타 금융회사로 이체가 불가능하다는 점에 주의하자.

Step 3 계약 상세 내용을 파악한다.
마지막으로 해야 할 것은 계약 상세 내용을 파악하는 것이다. '내 연금 조회' 화면 세부 연금 항목의 오른쪽 옆을 보면 비고란에 '계약 상세'라는 아이콘이 있다. 이 부분을 클릭하면 팝업창이 뜨고 계약 상세 내용을 확인할 수 있다. 추가 정보가 필요하면 해당 회사 홈페이지에 직접 접속해서 알아보면 된다.

고 꾸준하게 발생하는 소득, 즉 현금 흐름을 마련해두어야 한다. 투자 방식 역시 달라져야 한다. 안전자산만으로는 자산을 불리기가 쉽지 않다. 가격변동 위험은 있지만 투자자산을 통해 일정 수준 이상의 수익을 추구해야 자산 증대를 꾀할 수 있다. 연금 등 노후 자산이 너무 안전자산에 치우쳐 있다면 투자자산의 비중을 늘려 기대수익을 높이는 방안을 제고할 필요가 있다.

전략 3 │ 인컴형 자산을 더해 노후 소득을 늘려라

인컴형 자산이란 이자나 배당, 부동산 임대료 등 정기적인 소득이나 수입, 즉 현금 흐름이 창출되는 자산을 말한다. 각종 채권과 고배당주, 리츠 등이 이에 해당한다. 인컴형 자산은 일반적으로 은행 금리보다 조금 더 높은 연 3~5% 수익률을 추구하는 중위험 중수익 금융상품이다. 금융투자 상품이므로 가격 변동에 따른 손실 위험이 있지만 안전자산과 더불어 인컴형 자산을 조합하면 은퇴 후에도 현금 흐름을 월급처럼 만들어낼 수 있다. 투자 경험이 부족하다면 인컴형 자산에 분산투자하는 '인컴펀드' 또는 '인컴형 ETF'에 간접투자하는 것도 좋은 대안이다.

전략 4 │ 부채를 줄여 노후 소득을 지켜라

은퇴 이후에 부채는 적을수록 좋다. 부채로 인한 대출이자는 매월 고정비용으로 작용해 은퇴 후 현금 흐름을 악화하기 때문이다. 대출 조건도 우호적이지 않다. 직업이 없는 은퇴자는 신용도가 낮아져 인상된 금리를 적용하거나 대출한도를 줄이며 대출 상환을 요구할 수도 있다. 은퇴 전 자산과 부채 규모, 대출금리, 상환기간 등을 점검하고 은퇴 전까지 부채를 어떻게 갚아나갈지 구체적으로 계획하고 실행하는 것이 중요하다. 물론 대출금리보다 높은 수익의 투자처가 있다면 일정 부분 대출을 활용할 수도 있다. 그러나 대출이자가 노후 생활에 부담이 된다면 투자보다 부채를 줄이는 것이 우선이다.

임금피크 전 DC형 전환은 필수!

DB형(Defined Benefit, 확정급여형 퇴직연금)은 근로자가 퇴직 시 받을 퇴직연금이 근무 기간과 평균임금에 따라 사전에 확정되는 제도로, 보통 퇴직 직전 3개월 평균임금에 근속연수를 곱한 금액이 지급된다. DC형(Defined Contribution, 확정기여형 퇴직연금)은 매년 회사가 납입할 부담금(연간 임금 총액의 1/12 이상)이 사전에 확정되어 근로자에게 정기적으로 지급되는 제도다. 근로자는 자신의 퇴직연금을 직접 운용하고 그에 따른 손익이 퇴직연금 지급액에 반영된다. 따라서 임금피크를 앞두고 퇴직연금이 DB형인 근로자는 DC형으로 전환하는 것이 더 유리하다. 임금피크 이후 급여가 삭감되면 퇴직연금 원금이 줄어들 가능성이 있기 때문이다. DC형으로 전환해 원금을 지키며 직접 운용하는 것이 퇴직연금 적립금 측면에서 도움이 된다.

체크리스트

은퇴 전 국민연금 체크포인트

☐ 퇴직 후 소득이 없더라도 만 60세 이전까지 소액이라도 계속 납부하는 것이 연금액 산정 시 유리함
☐ 국민연금 최소 가입 기간 120개월(10년)을 채우고, 수급 개시 연령이 되면 노령연금을 매월 평생 수령
☐ 최소 가입 기간을 못 채우고 만 60세에 도달했거나 가입 기간을 늘려 연금액을 더 많이 받고 싶은 경우, 임의계속가입을 신청하면 수급개시 연령(1969년생 이후 만65세) 이전까지 납부 가능
☐ 과거에 지급받은 반환일시금에 이자를 더해 반납하면 해당 가입 기간이 복원되어 연금액 산정에 유리
☐ 과거에 납부예외 기간 또는 적용예외 기간이 있는 경우, 만 60세 이전에 추후 납부를 신청하면 가입 기간으로 되살릴 수 있음
☐ 국민연금은 개인에 대한 제도이므로 부부가 모두 국민연금에 가입하면 각각 노령연금을 받을 수 있음
☐ 소득이 없는 배우자는 의무가입 대상이 아니나, 임의가입제도를 활용하면 국민연금 가입 가능
☐ 연금 개시 연령부터 5년간 일정 규모 소득 활동이 있는 경우, 연금액이 감액 지급될 수 있음
☐ 소득 활동을 하거나 경제적으로 여유가 있는 경우, 연기연금제도를 통해 연금 수령을 연기하면 1년에 7.2%씩 연금액을 더 많이 받을 수 있음(최대 5년 연기 시 36% 가산 지급)

SECTION 1 | 연금 운용 GUIDE

안전한 연금자산 관리 위한 TDF

지금 같은 초저금리 시대에서는 원리금 보장 상품만을 고집할 수도, 그렇다고 아무런 안전장치 없는
고수익만을 추구할 수도 없는 노릇이다. 그래서 최근 인기를 끌고 있는 상품이 바로 TDF다.

늘어난 수명과 낮은 금리에 대응하려면 저축에서 투자로 은퇴자산의 서식지를 옮겨야 한다. 이 말에는 동의하지만, 그게 말처럼 쉽지 않다. 투자 역량이 뛰어나고 경험도 필요하다. 투자 경험과 역량을 갖췄다고 해도 바쁜 직장인들이 연금자산 관리에 얼마나 시간을 쏟을 수 있을지도 의문이다.

하지만 투자 경험이 없다 해서 투자 관리할 역량이 안 되고, 시간이 모자라다고 해서 은퇴자산을 모두 원리금 보장형 상품에 맡겨둬야 하는 건 아니다. 그리고 연금 가입자가 투자 과정에 일일이 개입한다고 해서 투자 성과가 더 좋아진다는 보장도 없다. 오히려 분위기에 휩쓸려 투자를 망칠 때도 많다. 그보다는 투자 과정을 단순하게 할 수 있도록 도와주는 금융상품을 찾는 게 낫지 않을까. 이 같은 금융상품으로 TDF가 있다.

생애주기에 맞춰 자율주행하는 TDF

TDF는 우리말로 '목표 시점 펀드'라고 할 수 있지만, 이 말보다는 영문 머리글자를 따서 TDF라고 부른다. TDF는 투자자의 목표 시점(Target Date)에 맞춰 펀드 내 자산 비중을 자동으로 조정해주는 금융상품이다. 최근 2년 사이 TDF 순자산이 빠르게 늘어나고 있다. 금융투자협회에 따르면, 2018년만 해도 1조3730억원이던 TDF 순자산이 2020년에 5조2314억원으로 증가했다. 2년 사이 순자산은 4배 가까이, 펀드 수는 53개에서 107개로 2배 늘어났다.

> 연금의 머니 무브가 시작되고 있다. 머니 무브의 중심에는 TDF가 있다. 그 인기 비결은 원하는 목표 시점에 맞춰 가입해두면 알아서 자산 비중을 조정하는 편리함이다.

TDF로 퇴직연금 관리하기

좋은 금융상품이라고 해서 모든 사람에게 안성맞춤일 수는 없다. 그러면 TDF는 누구에게 적합할까. 퇴직연금 가입자가 금융상품을 선택할 때 살펴야 할 사항을 알아보자. 먼저 원리금 보장형 상품에 투자했을 때 얻을 수 있는 수익이 얼마나 되는지 살펴본다. 은행 정기예금, 보험사의 이율보증보험(GIC), 증권사의 주가연계파생결합사채(ELB)가 여기에 해당한다. 지금 금리 수준에 만족하는가. 그렇다면 원리금 보장형 상품에 적립금을 맡기면 된다. 그렇지 않다면 스스로 포트폴리오를 구성해 자산 배분을 하고, 정기적으로 자산 비중을 재조정할 수 있는 능력이 되는지 살펴야 한다. 포트폴리오 관리 경험과 역량만 충분하다고 되는 일은 아니다. 연금자산을 관리할 만한 시간 여유도 있어야 한다. 그렇지 않다면 이를 대신해줄 수 있는 금융상품을 골라야 한다.

TDF의 4가지 특징

첫째, TDF는 연금 가입자를 위한 생애 설계 금융상품이다. 연금 가입자가 예상하는 은퇴 연도까지 노후 자금을 축적하고, 은퇴 후에 이를 인출해 생활할 수 있도록 도와준다.

둘째, TDF는 장기 투자상품이다. 노후 자금 축적부터 인출까지는 상당히 긴 기간이다. TDF는 이렇게 긴 기간에 연금 자산을 맡아 운용한다는 점에서 초장기 금융상품이다.

셋째, TDF는 글로벌 자산 배분을 한다. 연금 자산을 다양한 국가와 자산에 분산투자 해 호황기에는 수익을 창출하고, 조정기에는 리스크를 관리한다.

넷째, TDF는 자동으로 펀드 내 자산 편입 비중을 조정한다. 펀드에서 미리 정해둔 자산 비중 조절 계획에 따른다. 가입자가 예상 은퇴 시기에 맞춰 목표 시점을 선택하면 펀드가 알아서 자산 비중을 조절해준다. 시간의 흐름에 따라 주식 비중을 낮춰가는 자산 배분 곡선이 비행기가 착륙하는 경로를 닮았다고 해서 글라이드 패스(Glide Path)라고 한다.

알아서 관리하는 금융상품

자산 배분과 리밸런싱을 대신해주는 금융상품을 자산배분형 펀드라고 한다. 증권사의 랩어카운트와 보험사의 MP 보험도 여기에 해당한다.

자산배분형 금융상품은 투자 기간 내내 위험자산과 안전자산의 비중을 일정하게 유지하는 밸런스 펀드도 있지만, 시장 상황에 따라 자산 비중을 변경하는 상품도 있다. 만약 퇴직연금 가입자가 초기에는 주식 등 위험자산의 비중을 높게 가져가다 은퇴 시점이 다가올수록 줄이고 싶다면 TDF를 선택하면 된다.

TDF로 관리해야 하는 이유

연금 운용도 마찬가지다. 투자 경험도 많고, 역량이 충분하고 시간 여유도 있다면, 연금 가입자가 직접 시장 상황에 맞춰 연금 자산을 적재적소에 배분할 수 있을 것이다. 하지만 연금 가입자 중에는 경험도, 역량도, 시간도 부족한 이들이 적지 않다. 이들은 비행기의 자동항법장치처럼 연금 자산을 운용하도록 도와주는 TDF를 주목할 필요가 있다.

내게 맞는 TDF는?

TDF도 종류가 많다. 국내 운용사가 자체적으로 운용하는 경우도 있고, 해외 운용사에 위탁하는 경우도 있다. 회사별로 수수료, 환헤지 정도, 투자 대상 자산의 종류 등에서도 차이가 나며, 당연히 이런 부분이 수익률에도 영향을 미친다. 먼저 상품의 이름에 4자리 숫자가 들어가 있는데, 이게 바로 투자자가 목표로 하는 은퇴 시점을 나타낸다. 예를 들어 'XXX 전략배분 TDF 2030'이라는 이름은 2030년 전후에 은퇴할 예정인 투자자를 위한 것이다.

투자 성향에 따라 TDF를 선택할 수 있다

다음으로는 투자 성향에 따른 상품을 골라야 한다. TDF는 기본적으로 액티브 펀드다. 고객의 위험을 정의하고, 장기적 관점에서 전략적 자산 배분에서 어떤 자산에 투자할 것인지 선택할 때 펀드매니저가 적극적으로 개입한다. 다만 펀드 평가사에서는 TDF를 다시 액티브형과 패시브형으로 구분한다. 투자자가 자신에게 적합

TDF 펀드 수와 순자산 규모

연도	펀드 수	순자산
2013	2개	2억원
2014	8개	18억원
2015	8개	31억원
2016	15개	664억원
2017	43개	6780억원
2018	53개	1조3730억원
2019	68개	3조3356억원
2020	107개	5조2314억원

자료 금융투자협회

한 펀드를 보다 쉽게 선택할 수 있도록 돕기 위해서다. 기준은 TDF가 액티브 펀드에 투자하고 있느냐, 패시브 펀드에 투자하고 있느냐다. 패시브 TDF라고 하면 인덱스 펀드와 인덱스 ETF로 포트폴리오를 구성해서 운용하는 것이라고 이해하면 된다. 반면 액티브 TDF는 포트폴리오에 액티브 펀드를 담아 투자한다.

TDF, 장기 수익률과 보수를 비교해라

다음으로 펀드의 장기 수익률을 비교해볼 필요도 있다. 연금과 같은 장기 투자상품은 3년 이상 장기 수익률을 비교하는 것이 좋다. TDF처럼 장기 투자상품을 선택할 때 수익률과 변동성만 볼 것이 아니라 보수도 꼼꼼히 살펴야 한다.

단기투자에서는 보수 차이가 큰 영향을

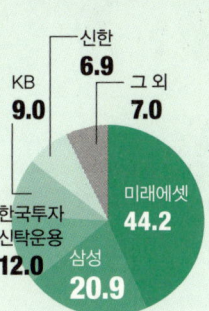

*2022년 2월 23일 순자산 기준
자료 한국펀드평가

주지 않을 수도 있지만, 연금 같은 장기 투자에서는 그렇지 않다. 작은 보수 차이라도 장기간 누적되면 복리 효과를 일으켜 수익률에 적지 않은 영향을 미친다. 이 때문에 퇴직연금과 개인연금 가입자에게는 다른 가입자보다 낮은 수준의 판매수수료를 적용한다.

TDF는 재간접 펀드이거나 모자 펀드다. 이처럼 펀드가 또 다른 펀드에 투자하는 구조를 가지고 있기 때문에, 투자 대상이 되는 하위 펀드에 숨어 있는 보수도 함께 살펴야 한다. 이를 '합성 총보수'라고 한다. 투자자가 합성 총보수를 확인하려면 펀드의 투자 설명서를 살펴야 한다. 수익률이나 변동성과 마찬가지로 합성 총보수를 비교할 때는 동일한 목표 시점을 가진 TDF끼리 비교해야 한다.

TDF의 맞춤 전략 3

❶ **올인원 전략** TDF 하나에 연금 자산을 모두 담는 '올인원(All in One)' 전략이 있다. 연금 가입자가 자신의 은퇴 연령에 맞는 TDF를 하나 고른 다음 여기에 연금 적립금을 전부 투자하는 방식이다. 이미 TDF 자체에서 국내외 주식과 채권에 분산 투자하고 있는 데다 은퇴 시점에 맞춰 주식 비중을 자동으로 줄여주기 때문에 연금 가입자가 신경 쓸 게 별로 없다.

❷ **핵심-위성 전략** 투자자금을 크고 작은 두 덩어리로 나눈 다음, 큰 자금은 주가지수를 추종하는 패시브 펀드에 투자하고, 작은 자금은 별동대처럼 액티브 펀드에 투자하는 것이다. 위성 전략으로 투입된 자금이 예상외의 큰 수익을 내면 전반적으로 수익을 끌어올릴 수 있고, 손실을 보더라도 핵심 자산이 안정적으로 운영되기 때문에 큰 타격을 입지 않을 수 있다. 퇴직연금을 운용할 때도 이 같은 전략을 활용할 수 있다.

❸ **바벨 전략** 바벨은 역기를 뜻한다. 이처럼 어떤 선택을 할 때 중간은 제외하고 양쪽 극단의 것을 취하는 것을 바벨 전략이라고 한다. 회사가 매달 근로자의 퇴직연금 계좌에 납입해주는 돈을 부담금이라 하고, 이미 계좌에 쌓여 있는 돈을 적립금이라 한다. 이때 규모가 커진 적립금은 주식 비중이 낮은 TDF에 투자하고, 매달 납입되는 부담금은 주식 비중이 높은 TDF에 투자하는 식이다. 이렇게 하면 목돈은 안정적으로 관리하면서 부담금을 활용해 적립식 투자 효과를 얻을 수 있다.

SECTION 1 | 연금 운용 GUIDE

2022년 달라지는 연금 관련 변화 7

장기간 투자하고 혜택을 누려야 하는 연금도 상황에 따라 매년 조금씩 달라지는 부분이 있다.
2022년 연금과 관련해 알아두어야 할 변화에는 어떤 것이 있는지 짚어보자.

CHANGE 1 | 연계 연금, 최소 가입 기간 10년으로 단축

회사를 다니다 공무원으로 임용되거나 공무원을 그만두고 일반 회사에 취업하면, 공적연금은 어떻게 될까. 국민연금 가입자가 노후에 받는 연금을 '노령연금'이라 하는데, 노령연금을 받으려면 가입 기간이 최소 10년 이상 돼야 한다. 공무원, 사립학교 교직원, 별정우체국연금 등 직역연금 가입자가 노후에 받는 연금을 '퇴직연금'이라 한다. 노령연금과 마찬가지로 가입자는 최소 10년 재직해야 퇴직연금을 받을 수 있다. 하지만 군인은 20년 이상 복무해야 퇴직연금을 받을 수 있다. 최소 가입 기간을 채우지 못하면 가입 기간 납부한 보험료에 이자를 더해 일시금으로 수령해야 한다. 그렇다면 최소 가입 기간을 채우지 못한 채 국민연금에서 직역연금으로, 직역연금에서 국민연금으로 이동한 가입자는 연금을 받을 수 있을까. 국민연금과 직역연금에 가입한 기간을 합산해서 20년이 넘

구분	현재	2022년 2월 18일 이후
연금 수령 가능한 국민연금+직역연금의 총 가입 기간	20년	10년으로 단축 * 단, 군복무 기간과의 연계는 변동 없음

으면 양쪽 모두 연금으로 수령할 수 있다. 하지만 2022년 2월 18일부터는 10년으로 단축된다. 다만 군복무 기간을 연계하는 경우에는 지금처럼 20년이 넘어야 연계 신청을 할 수 있다.

올해 달라지는 제도의 변화에서 가장 주목해야 할 것은 퇴직연금의 디폴트 옵션 도입과 건강보험 피부양자 조건 강화다. 이 두 가지만 잘 알아도 은퇴 계획을 세우는 데 도움이 될 것이다.

CHANGE 2 | 중소기업퇴직연금기금 제도 도입

2022년 4월 14일부터 중소기업퇴직연금 기금제도가 도입된다. 이는 30인 이하 사업장 근로자의 안정적인 노후 생활을 지원하기 위해 사용자와 근로자가 납입한 퇴직급여 부담금을 모아서 공동 기금을 조성하고 운용해 근로자가 퇴직할 때 지급하는 제도를 말한다. 기금은 근로복지공단에서 운영하는데, 설립 초기 단계에는 외부위탁운용(OCIO) 등을 활용해 적립금을 운용할 계획이다. 그리고 중소기업의 가입을 촉진하기 위해 사용자 부담금 및 기금제도 운영에 따른 비용 일부도 지원할 예정이라고 한다.

CHANGE 3 | 퇴직금 IRP 의무 이체

사용자는 1년 이상 일한 근로자가 퇴직하는 경우 퇴직일로부터 14일 이내에 퇴직금을 지급해야 한다. 퇴직금을 지급하는 방법은 퇴직연금 가입 여부에 따라 달라진다. 기존에는 퇴직연금에 가입하지 않은 근로자는 희망하는 사람만 IRP로 이전했

90% 퇴직연금 도입률
300인 이상 사업장에서 퇴직연금 도입률은 현재 90%를 넘는 데 반해 30인 미만 사업장의 도입률은 24% 수준에 머물고 있다.

2022년 4월 14일
중소기업퇴직연금제도 도입 시행 예정

지만 2022년 4월 14일 이후부터는 퇴직연금에 가입하지 않았더라도 퇴직금을 IRP로 이전해야 한다. 다만 퇴직연금 가입자와 마찬가지로 55세 이후에 퇴직하거나, 퇴직금 담보대출을 상환해야 하거나, 퇴직금이 300만원이 넘지 않는 경우에는 반드시 이전하지 않아도 된다.

CHANGE 4 | DC형 퇴직연금 디폴트 옵션 도입

확정기여(DC)형 퇴직연금 가입자는 적립금을 어떻게 운용할지 스스로 결정하고, 그 결과에도 책임을 진다. 운용 성과에 따라 퇴직급여가 달라질 수 있다는 얘기다. 그런데 자산 운용에 대한 전문성과 관심 부족으로 DC형 퇴직연금 가입자들이 적립금 중 상당 부분을 원리금 보장 상품에 맡겨두고 있다. 그래서 디폴트 옵션으로 불리는 '사전지정운용제도'를 도입하기로 했다. 먼저 퇴직연금 사업을 하는 금융사(연금사업자)는 사전지정 운용 방법에 대해 고용노동부 장관의 승인을 받아야 한다. 이때 연금사업자는 원리금 보장형과 집합투자증권 중 타깃데이트펀드(TDF),

혼합형·자산배분형 펀드, 머니마켓펀드(MMF), 인프라 펀드 중 하나 이상을 포함해 사전지정 운용 방법을 승인받아야 한다. 그리고 연금사업자가 사전지정 운용 방법을 사용자에게 제시하면, 사용자는 근로자 대표의 동의를 받아 이를 DC형 퇴직연금 규약에 반영해야 한다.

사전지정 운용 방법으로 정해졌다고 바로 가입하는 것도 아니다. 근로자가 DC형 퇴직연금에 가입했거나, 이미 가입한 금융상품의 만기가 도래하고 4주가 지났을 때, 연금사업자는 가입자에게 적립금이 사전에 지정한 운용 방법에 따라 운용된다는 사실을 통지해야 한다. 이 같은 통지를 받고 나서도 가입자가 2주가 지날 때까지 운용 방법을 스스로 정하지 않을 때만 사전에 정한 운용 방법에 따라 가입자의 적립금을 운용한다.

가입자가 원하면 언제든지 적립금 운용 방법을 바꿀 수 있다. 따라서 사전지정운용

약 1조 700억원
2020년 한 해 동안 퇴직연금 사업자(금융회사)의 퇴직연금 수수료 수입

퇴직연금 사전지정운용 제도란?
디폴트 옵션으로 불리기도 하는데 확정기여형(DC형) 퇴직연금제도와 개인형 퇴직연금제도(IRP)에서 가입자(근로자)의 운용 지시가 없을 경우 가입자가 사전에 정해놓은 방법으로 퇴직연금을 운영하는 제도를 말한다.

제도는 가입자의 선택권을 제한하거나, 가입자에게 금융상품에 대해 제대로 설명도 하지 않고 가입시키는 것은 아니다. 이 법은 하반기에 본격적으로 시행되는데, 이 법이 시행되기 전에 DC형 퇴직연금을 도입한 사업장은 시행일 이후 1년 이내 DC형 퇴직연금 규약에 개정된 내용을 반영해야 한다.

CHANGE 5 | 공적연금 소득의 지역건강보험료 반영 비율 확대

2022년 하반기에는 건강보험료 부과체계 개편이 예정돼 있다. 연금과 관련한 변화로 지역가입자의 공적연금 소득의 소득 반영 비율을 상향하는 것이 눈에 띈다. 지역가입자는 소득과 재산을 점수화해서 건강보험료를 산정한다. 건강보험료를 부과하는 소득으로는 근로·이자·배당·사업·연금·기타소득이 있다. 여기서 연금소득은 국민연금 등 공적연금 소득만을 말한다. 다른 소득과 달리 근로소득과 연금소득은 30%만 반영한다. 공적연금으로 100만원을 수령했으면 소득은 30만원만 있는 것으로 보고 보험료를 산정하는 것이다. 하지만 2022년 하반기부터 공적연금 소득 반영 비율이 50%로 인상될 예정이다. 급여 외에 다른 소득이 많은 직장가입자의 건강보험료 부담도 늘어날 전망이다. 현재는 급여 이외 소득이 연간 3400만원이 넘을 때에만 초과 소득에 건강보험료를

퇴직연금 디폴트 옵션 진행 과정

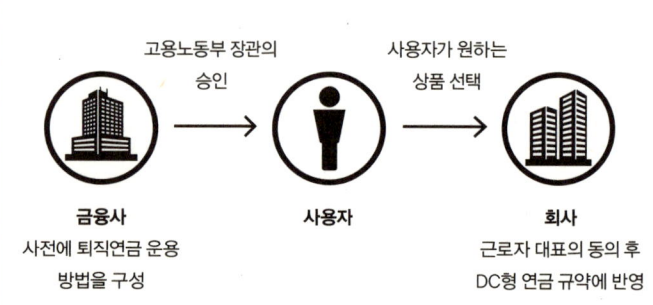

금융사 — 사전에 퇴직연금 운용 방법을 구성
사용자 (고용노동부 장관의 승인) — 사용자가 원하는 상품 선택
회사 — 근로자 대표의 동의 후 DC형 연금 규약에 반영

별도로 부과하는데, 2022년 하반기부터는 그 기준이 2000만원으로 낮아진다.

CHANGE 6 | 건강보험 피부양자 자격 조건 강화

퇴직자 중에는 건강보험료 부담을 덜기 위해 직장 다니는 자녀의 건강보험에 피부양자로 등재하는 이들이 적지 않다. 피부양자로 등재하면 보험료는 내지 않고, 보험의 혜택은 누릴 수 있기 때문이다. 그러나 피부양자가 되기 위해서는 조건이 있다. 피부양자의 연소득이 3400만원을 넘지 않아야 한다. 사업소득은 사업자등록증이 없어야 하며 500만원 이하여야 한다. 그리고 재산세 과세표준이 9억원을 넘는 경우에도 피부양자 자격이 박탈된다. 재산세 과세표준이 5억4000만원을 넘고 9억원 이하면 연소득이 1000만원을 넘지 않아야 피부양자가 될 수 있다.

2022년 하반기부터는 이 같은 피부양자 자격 기준이 훨씬 강화될 예정이다. 먼저 연소득 기준은 3400만원에서 2000만원으로 낮춰진다. 그리고 재산세 과세표준이 3억6000만원을 넘고 9억원보다 적은 경우에는 연소득이 1000만원을 넘지 않아야 한다. 지금과 마찬가지로 재산세 과세표준이 9억원이 넘을 때는 소득과 관계없이 피부양자가 될 수 없다.

CHANGE 7 | 50세 이상 연금계좌 추가 세액공제 혜택 일몰

연금저축과 IRP 등 연금계좌 가입자는 저축 금액을 세액공제 받으면서 노후 자금을 적립할 수 있다. 연금저축에만 가입한 사람은 한 해 최대 400만원까지, IRP까지 가입한 사람은 최대 700만원까지 세액공제를 받을 수 있다. 여기에 50세 이상자에게는 추가 세액공제 혜택이 주어진다. 종합소득이 1억원(근로소득만 있는 경우 총급여가 1억2000만원)이 넘지 않고, 금융소득종합과세에 해당하지 않는 50세 이상 연금계좌 가입자는 200만원을 추가로 세액공제 받을 수 있다. 이렇게 되면 연금저축에만 가입했으면 한 해 최대 600만원, IRP까지 가입했다면 최대 900만원을 세액공제 받을 수 있다.

이 같은 세액공제 혜택은 2020년부터 2022년까지 3년 동안만 적용하기로 했다. 따라서 세법을 개정해 일몰 기한을 연장하지 않는다면 2022년까지만 추가 세액공제 혜택을 받을 수 있다.

건강보험료 부과체계 개편안

구분	현재	2022년 하반기 이후
직장가입자	직장 보수 이외 소득이 3400만원 초과 시 추가 부담	직장 보수 이외 소득이 2000만원 초과 시 추가 부담
지역가입자	공적연금 소득 반영률 30%	공적연금 소득 반영률 50%
피부양자 자격 조건	• 연소득 3400만원 초과 시 탈락 • 재산세 과세표준이 5억4000만원 초과 및 소득 1000만원 초과 시 탈락	• 연소득 2000만원 초과 시 탈락 • 재산세 과세표준이 3억6000만원 초과 및 소득 1000만원 초과 시 탈락

SECTION 1 | 연금 운용 GUIDE

대한민국 직장인 연금 이해력 테스트

출처 미래에셋투자와연금센터 '2021 미래에셋 연금 서베이'

퇴직연금

<Q1> 다음 중 근로자가 자신의 퇴직 계좌를 어떻게 운용하느냐에 따라 퇴직 급여액이 달라질 수 있는 제도는?
① 퇴직금제도　② 확정급여형(DB형) 퇴직연금
③ 확정기여형(DC형) 퇴직연금　④ 모르겠다

<Q2> 다음은 퇴직금제도 및 확정급여형(DB형) 퇴직연금 제도에서 퇴직급여를 산출하는 식입니다. 빈칸에 들어갈 적합한 개월 수를 선택해주세요.

퇴직급여 = 퇴직 전 [　] 개월 평균임금의 30일 치 X 근속연수

① 1개월　② 3개월　③ 12개월　④ 모르겠다

<Q3> 퇴직금을 운용해 임금상승률 이상의 수익을 올릴 수 있다면, 확정급여형(DB형) 제도보다 확정기여형(DC형) 제도에 가입하는 것이 낫다.
① 그렇다　② 아니다　③ 모르겠다

<Q4> 퇴직 후 받은 퇴직급여를 일시금으로 찾지 않고, IRP 계좌에서 연금 형태로 받으면 퇴직소득세를 줄일 수 있다.
① 그렇다　② 아니다　③ 모르겠다

<Q5> 근로자는 원하면 언제든 퇴직금 및 퇴직연금을 중도 인출(중간 정산)할 수 있다.
① 그렇다　② 아니다　③ 모르겠다

Q1 정답 ③ 확정기여형(DC형) 퇴직연금
해설 DC형 제도는 근로자의 연간 급여액의 1/12을 퇴직급여로 이체해준다. 근무 기간에 적립된 금액을 가입자가 어떻게 운용하는지에 따라 퇴직 시점의 퇴직급여액이 달라진다.

Q2 정답 ② 3개월
해설 퇴직급여 산출 방식이 동일하다. 퇴직급여는 퇴직 이전 30일분 평균임금에 계속근로기간을 곱해 산정한다. 이때 평균임금은 퇴직 직전 3개월 치 급여를 기초로 해서 산출한다.

Q3 정답 ① 그렇다
해설 DB형에서 퇴직급여는 퇴직 이전 3개월의 평균임금을 기준으로 정해진다. 하지만 DC형은 자신의 퇴직급여 계좌에 이체된 퇴직급여액을 어떻게 운용하느냐에 따라 퇴직 시점에 수령하는 퇴직급여액이 달라진다. 따라서 근로자가 직접 퇴직급여를 운용해 임금상승률보다 높은 수익률을 거둘 수 있다면 최종 퇴직급여액이 DB형보다 커지며, 이 경우 DC형 제도가 근로자에게 더 유리하다.

Q4 정답 ① 그렇다
해설 퇴직급여를 IRP 등 연금계좌로 이체한 후 만 55세 이후에 연금으로 수령할 수 있다. 이 경우 퇴직소득세율의 60~70%에 해당하는 세율로 연금소득세를 납부한다. 따라서 일시금으로 찾을 때보다 퇴직소득세를 30~40% 절감할 수 있다.

Q5 정답 ② 아니다
해설 퇴직연금 미가입자는 법에서 정한 사유에 해당되면 퇴직금을 중간 정산할 수 있다. DC형 가입자도 법정 사유에 해당되면 적립금을 중도 인출할 수 있다. 하지만 DB형 퇴직연금 가입자는 중간 정산이나 중도 인출을 할 수 없다.

IRP

<Q1> 다음 중 IRP에 가입할 수 없는 사람은?
① 소득이 없는 대학생　② 공기업 근로자 또는 공무원
③ 자영업자　　　　　　④ 모르겠다

<Q2> 금융회사별로 IRP 계좌에서 투자할 수 있는 상품군(예금, 펀드, ETF, 보험 등)이 다르다.
① 그렇다　② 아니다　③ 모르겠다

<Q3> IRP 계좌 적립금은 세제상 불이익 없이 자유롭게 중도 인출할 수 있다.
① 그렇다　② 아니다　③ 모르겠다

<Q4> IRP 계좌에서 발생한 이자와 배당수익은 계좌 밖으로 인출하지 않는 한 세금이 부과되지 않는다.
① 그렇다　② 아니다　③ 모르겠다

<Q5> 65세인 김철수 씨는 지난해 IRP에서 총 1500만원의 연금을 받았다. * 김철수 씨가 수령한 1500만원의 연금은 사업소득 등 다른 소득에 합산해 세금이 부과된다.
(* IRP 자금은 김철수 씨가 개인적으로 납입해 세액공제 받은 금액과 그 수익금이며, 연금 수령액은 연금 수령 한도 이내다.)
① 그렇다　② 아니다　③ 모르겠다

<Q6> IRP 계좌에서 연금 형태로 자금을 인출하기 위한 최소 연령은?
① 만 50세　② 만 55세　③ 만 60세　④ 모르겠다

Q1 정답 ① 소득이 없는 대학생
해설 근로자, 자영업자, 공무원, 군인, 사립학교 교직원 등 소득이 있는 개인이라면 대부분 IRP에 가입할 수 있다. 하지만 소득이 없는 경우 IRP에 가입할 수 없다.

Q2 정답 ① 그렇다
해설 IRP는 어느 금융회사에서 가입하는지에 따라 투자 가능한 상품군이 조금씩 다르다. 예·적금과 펀드 등은 3개 금융업권 모두 가능하지만 실적배당보험은 보험사에서만 가능하다. ETF와 ETN, 리츠 등은 증권사에서만 투자할 수 있다.

Q3 정답 ② 아니다
해설 IRP에 추가로 적립한 금액과 운용수익은 법정 중도인출 사유에 해당될 경우에만 인출할 수 있다. 그렇지 않고 중도 해지할 때는 세액공제 받은 적립금과 그 수익에 대해 기타소득세(16.5%)가 부과된다.

Q4 정답 ① 그렇다
해설 IRP에서 발생한 운용수익은 IRP를 인출할 때까지 과세하지 않는다. 적립금은 만 55세 이후 연금으로 수령할 수 있고 이때는 낮은 세율의 연금소득세를 부과한다. 중도 인출할 경우에는 기타소득세를 부과한다.

Q5 정답 ① 그렇다
해설 IRP의 적립금은 만 55세 이후에 연금으로 수령할 수 있다. 이때 세액공제를 받고 저축한 적립금과 운용수익을 재원으로 수령한 연금액이 한 해 1200만원을 초과할 경우 연금 수령액 전액을 다른 소득과 합산해 종합과세한다.

Q6 정답 ② 만 55세
해설 IRP 적립금은 만 55세 이후에 연금으로 수령할 수 있다.

연금저축

\<Q1\> 자영업자도 연금저축에 가입해 세액공제 혜택을 받을 수 있다.
① 그렇다 ② 아니다 ③ 모르겠다

\<Q2\> 연금저축 적립액을 연금으로 인출하려면 가입 후 일정 기간이 지나야 한다.
① 그렇다 ② 아니다 ③ 모르겠다

\<Q3\> 연금저축을 중도해지하면, 세제 혜택을 받은 원금과 그 수익에 대해 16.5%의 기타소득세가 과세된다.
① 그렇다 ② 아니다 ③ 모르겠다

\<Q4\> 다음 중 연금저축펀드에 대한 설명으로 옳은 것은?
① 펀드 운용 결과에 따라 수익 또는 손실이 날 수 있다
② 예금자 보호를 받을 수 있다
③ 적립금을 종신형 연금으로 수령할 수 있다(종신형 연금이란 연금 개시 후 사망 시까지 연금을 지급하는 상품을 말함)
④ 모르겠다

\<Q5\> 연금저축은 적립액을 인출할 때 일시금으로 받는지, 연금으로 받는지에 관계없이 동일한 세금을 낸다.
① 그렇다 ② 아니다 ③ 모르겠다

\<Q6\> 보험사에서 가입한 연금저축보험을 증권사로 옮겨 연금저축펀드로 전환할 수 있다.
① 그렇다 ② 아니다 ③ 모르겠다

\<Q7\> 총급여가 6000만원인 만 40세 직장인 홍길동 씨는 올해 연금저축에 700만원을 납입했습니다. 이 중 세액공제의 대상이 되는 금액은 얼마라고 생각합니까?
① 300만원 ② 400만원
③ 700만원 ④ 모르겠다

Q1 정답 ① 그렇다
해설 연금저축 가입 대상은 제한이 없다. 종합소득이 있는 직장인과 자영업자는 연금저축 세액공제 혜택이 있다.

Q2 정답 ① 그렇다
해설 연금저축을 연금으로 수령하기 위해서는 가입 후 5년이 지나고 만 55세 이상이어야 한다.

Q3 정답 ① 그렇다
해설 연금저축을 중도해지하면, 세액공제를 받고 저축한 원금과 운용수익에 대해 16.5%의 기타소득세가 부과된다.

Q4 정답 ① 펀드 운용에 따라 수익 또는 손실이 날 수 있다.
해설 연금저축에는 펀드·신탁(판매 중지)·보험의 3가지 종류가 있으며 각기 특성이 다르다. 연금저축펀드는 본인의 투자 결정에 따라 손익이 달라지며, 예금자 보호를 받을 수 없다. 또한 종신형 연금으로 수령할 수 없다.

Q5 정답 ② 아니다
해설 연금저축 적립금은 만 55세 이후에 연금으로 수령할 수 있다. 이때 비교적 낮은 연금소득세(3.3~5.5%)가 적용된다. 반면 55세 이전에 연금저축계좌를 중도해지하거나, 연금 이외의 형태로 인출하면 기타소득세(16.5%)가 과세된다.

Q6 정답 ① 그렇다
해설 연금저축에는 보험, 신탁, 펀드 3가지 종류가 있는데, 각 상품은 가입자의 필요에 따라 세제상 불이익 없이 다른 금융회사로 이전할 수 있다.

Q7 정답 ② 400만원
해설 연금저축의 세액공제 한도는 소득, 연령에 따라 달라진다. 종합소득이 1억원 이하(근로소득만 있을 경우 총급여액 1억2000만원 이하)인 경우 한도는 400만원, 소득이 이보다 많은 경우 한도는 300만원이다.

공적연금 등 기타

<Q1> 현재 개인이 공적연금(국민연금, 공무원연금 등)에 납입하는 연금보험료는 소득공제 받을 수 있다.
① 그렇다 ② 아니다 ③ 모르겠다

<Q2> 직장인의 경우 국민연금 보험료를 회사와 근로자가 나누어 부담한다. 다음 중 근로자가 내는 연금보험료는 기준소득월액의 몇 %일까?
① 4.5% ② 7.0% ③ 9.0% ④ 모르겠다

<Q3> 노후에 근로소득이나 사업소득이 많으면 국민연금 수령액이 감액될 수 있다.
① 그렇다 ② 아니다 ③ 모르겠다

<Q4> 변액연금보험은 일정 기간 계약을 유지하면 연금을 받을 때 수익이 비과세된다.
① 그렇다 ② 아니다 ③ 모르겠다

<Q5> 기초연금은 65세 이상 고령자 전원에게 지급된다.
① 그렇다 ② 아니다 ③ 모르겠다

<Q6> 다음 중 납입 시 세액공제 혜택이 제공되지 않는 연금상품은 무엇이라고 생각합니까?
① 연금저축펀드 ② 연금저축보험
③ 변액연금보험 ④ 모르겠다

<Q7> 국가가 국민연금 운영과 지급을 책임지기 때문에 국민연금 노령연금에는 소득세를 부과하지 않는다.
① 그렇다 ② 아니다 ③ 모르겠다

Q1 정답 ① 그렇다
해설 종합소득이 있는 거주자가 공적연금에 납부한 연금보험료 전액은 소득공제 받을 수 있다.

Q2 정답 ① 4.5%
해설 국민연금 보험료율은 9%인데 사업장가입자(직장인)는 기업과 근로자가 절반(4.5%)씩 부담한다.

Q3 정답 ① 그렇다
해설 국민연금 가입 기간이 10년 이상, 만 60세 이후면 노령연금을 수급할 수 있다. 이때 노령연금 수급자의 소득이 국민연금 A값(2021년 월 253만9734원)보다 많은 경우 수급 개시 연령부터 5년간은 연금 수급액이 감액될 수 있다.

Q4 정답 ① 그렇다
해설 변액연금보험은 저축성보험에 관한 세제 적용을 받는다. 저축성보험은 10년 이상 유지 시 보험차익(보험금-납입한 보험료)에 대해 비과세 혜택을 받을 수 있다.

Q5 정답 ② 아니다
해설 기초연금은 지급 대상은 만 65세 이상, 가구 소득인정액이 선정 기준액(소득 하위 70%) 이하인 경우로 제한된다.

Q6 정답 ③ 변액연금보험
해설 개인연금은 납입 시 세액공제를 해주는 대신, 수령 시 연금소득세를 과세하는 '연금저축'과 납입 시 세제 혜택이 없는 '연금보험'으로 나눌 수 있다. 연금저축에는 연금저축보험, 연금저축신탁, 연금저축펀드가 있고, 연금보험에는 변액연금보험과 일반연금보험(금리형)이 있다.

Q7 정답 ② 아니다
해설 국민연금 보험료 소득공제가 없던 2001년까지는 국민연금 수령 시 세금을 내지 않았다. 그러나 2002년 1월부터 연금보험료가 소득공제되면서 2002년 이후 납부한 연금보험료분의 연금 수령액에 대해서는 소득세가 부과된다.

SECTION 2

은퇴 후 인생 이모작, 유형별로 나눠본 10인의 인터뷰

은퇴 후 저마다의 가치 있는 목표를 그리는 10인을 직업 유형별로 살펴봤다.

1. 경력이 없어도 지원 가능한 파트타임 JOB
택시 기사 양완수

제1·2종 보통면허 이상의 운전면허 소지자라면 누구나 택시운전 자격시험에 응시할 수 있다. 합격률이 90% 이상이다.

2. 지자체를 통한 안정적인 취업 및 창업
복합문화공간 대표 김명희

예비 창업자를 대상으로 사업화 자금, 창업 교육, 멘토링 등을 지원하는 예비창업 패키지 사업에 2020년 기준 예산 1113억원이 책정됐다.

3. 걱정 없는 자유로운 영혼, 금퇴족
방송통신대학 학부생 박명숙

한국방송통신대학은 대한민국 교육부 소속 4년제 국립 원격 대학교로 2020년 26세 이상 입학자 비율이 74%다.

4. 취미와 경험을 살린 프리랜서 활동
유튜버 PD 지성현

자신이 즐기며 할 수 있는 취미를 전문가 수준으로 높여 아티스트의 꿈을 실현하다.

5. 숨겨진 재능 발견, 크리에이터
유튜버 유세미

5060 파워 유튜버가 대세다. 10~20대와 달리 직업 경험과 노하우를 바탕으로 하는 콘텐츠가 인기를 끌고 있다.

6. 관심 분야의 자격증 취득 후 전문직
공인중개사 김기택

국가 자격시험인 공인중개사시험은 1, 2차 모두 합격해야 한다. 2021년 제32회 2차 합격률은 29%다.

7. 전직의 전문성 살려 재취업
감사 이상철

동종 업종 취업의 만족도는 60%에 이른다. 직무 전문성이 높을수록 만족도가 크다.

8. 번뜩이는 아이디어맨의 벤처 창업
벤처기업 대표 이정건

근무하던 기업에서 사내 벤처로 창업. 기업 경험 살리고 성공률을 높여 벤처기업 오너가 되는 길도 있다.

9. 새로운 도전, 소자본 & 프랜차이즈 창업
편의점주 김민규

은퇴 후 인기 창업 아이템 중 하나인 편의점. 축산·채소 등 제품군이 다양화되면서 남녀노소 두루 찾는 슈퍼마켓이다.

10. 꿈꿔오던 로망의 실현 귀촌·귀농
농부 윤용진

도시 주민 10명 중 3명이 은퇴 후 귀농·귀촌을 희망한다. 자연 속에서 건강하게 생활하기 위해 누구나 한 번쯤 꿈꿔본 로망이다.

SECTION 2 | RESTART

은퇴, 인생의 새로운 행복이 되다

퇴직 이후 삶은 철저히 자신의 뜻대로 만들고 계획할 수 있는 인생 최고의 선물이다.
충분히 상상하고 준비해서 자신이 정말 원하는 새로운 인생을 만들어보는 것은 어떨까.

은퇴 후의 삶은 은퇴자금만 충분하다고 해서 행복한 생활이 보장되는 게 아니다. 반대로 여유자금이 없다고 불행한 노년을 보내는 것도 아니다. 돈에 앞서 우리의 제2 인생인 노년이 행복해지려면 각자 주어진 상황에서 최선을 다하는 것이 중요하다. 경제적 여유를 떠나 자신이 하고 싶은 일을 찾고 즐기는 사람들이 오히려 더 행복하기 때문이다.

행복은 매우 주관적인 개념이다. 행복의 정도는 주어진 현상에 대해 스스로 어떻게 평가하느냐에 따라 달라진다. 행복의 개념이 이렇게 주관적인데도 행복한 은퇴 준비는 금액에 비례해 결정되리라고 생각하는 것이다. 심지어 은퇴 준비를 최소 수준과 표준 생활,

여유로운 생활 등으로 구분하고 각 모델에 필요한 적정 자금을 제시하기도 한다.

이러한 기준 때문에 은퇴가 다가오면 어느 정도 금전적 준비가 된 이들은 은퇴 준비가 끝났다고 생각하고, 반대로 자금 준비가 부족한 이들은 공포심에 빠져버린다. 하지만 우리는 행복한 은퇴 생활을 보내는 많은 이들의 다양성에 대해 주목할 필요가 있다.

여가와 경제·사회 활동 등의 균형을 맞춰라

미래 사회는 다양성의 사회다. 미래 사회는 아날로그가 아닌 디지털의 사회인데, 이런 디지털 사회에 적응하기 위한 방법은 다양성이 필수적이다. 그렇다면 은

퇴 준비의 다양성은 무엇인가. 투자에서 기본 중의 기본 원칙이 있다. '달걀을 한 바구니에 담지 말라'는 것. 이 원칙은 은퇴 준비에서도 적용된다. 돈이나 일, 취미 활동 등 어느 한 가지에 올인하지 말고 이를 적절히 분산하는 포트폴리오 구성이 중요하다.

행복한 은퇴의 조건

미국에서는 1960년대에 만들어진 은퇴 타운 '선 시티(Sun City)'가 행복한 은퇴 생활의 모델을 형성하는 데 큰 역할을 했다. 당시 미국에서는 전후 경제성장에 힘입어 기업들이 직원을 조기 퇴직시키고 많은 연금을 지급했다. 평생 일만 하다 일생을 마쳐야 한다고 생각하던 그들은 이전 세대에 비해 풍족한 퇴직금으로 수영장이 있고 골프장과 쇼핑 타운이 있는 은퇴자 전용 타운에 입주할 수 있었다. 이 때문에 많은 은퇴자는 열광했다. 행복한 은퇴란 퇴직 후 하루 종일 여가를 즐기는 삶이라는 새로운 개념을 만들어낸 것이다. 하지만 평균수명이 80대 중반인 우리나라에서 퇴직 후 30년 가까운 은퇴 생활 기간을 이렇게 여가만 즐기며 사는 삶은 매우 위험하다.

수입은 적을지라도 명함에 새길 정도의 일과 그 일을 마치고 즐길 수 있는 여가가 있는 인생 설계가 필요하다. 또한 일도 시간을 하루 종일 투자하지 않더라도 스트레스가 적으면서 다양한 분야에 참여할 수 있는 일을 찾아보는 것이 좋다.

아울러 여가도 한두 가지 취미 활동에 그치지 말고 평

퇴직 후, 어떻게 해야 할까?

한국고용정보원이 발간한 〈신중년(5060) 경력설계 안내서〉에 나온 활기찬 신중년을 위한 5가지 준비 사항을 소개한다.

❶ 은퇴 후 변화에 대비하기
퇴직 후 신(新)중년은 지위, 생활 리듬, 소비수준, 가정 내 역할, 체력의 5가지 변화를 겪는다. 명함, 직함 같은 직위가 없어지므로 퇴직 후 봉사 단체 등 사회 연결고리를 만드는 노력이 필요하며, 하루 일정표 등 새로운 생활 리듬을 만들어야 한다. 정기적인 소득이 없어지므로 소비수준도 바꿔야 하며 100세 시대를 대비한 새로운 가정 내 역할 분담, 규칙적인 운동 등 체력 관리도 필요하다.

❷ '나'다운 삶을 위한 직업 선택하기
중·후반기 삶의 직업은 생계 수단, 사회 공헌 등 여러 가지로 신중년에게 중요한 의미를 지니므로 신중하게 직업을 선택해야 한다. 청년과 달리 여러 직업을 경험하기 쉽지 않으므로 자기 탐색과 역량, 흥미, 적성 등을 분석해야 한다.

❸ 경제적으로 준비하기
가정 지출 중 낭비 요인을 제거해야 하며, 증여·상속 등 중장기적 자산 변화에 대한 계획 수립, 가족과 함께 재무 관련 대화를 나누는 등 재정적 준비가 필요하다.

❹ 주변과 풍요로운 관계 맺기
고독과 우울감에 빠지지 않도록 긍정적이고 적극적인 대인관계를 맺는 것이 중요하다. 대인관계를 형성하기 위해 친목 모임이나 취미 활동에 적극 참여할 필요가 있다.

❺ 여가와 건강 알차게 챙기기
여가 활동은 중후반기 삶의 만족도와 행복감에 상당한 영향을 미치므로 자원봉사, 취미, 학습, 관계 지향, 건강관리, 문화, 여행 등 다양한 여가 생활이 권장된다. 건강해야 무엇이든 할 수 있기 때문에 실손보험 가입도 고려해야 하며 건강한 식습관과 꾸준한 운동, 정기 건강검진 등도 필요하다.

소 관심 있던 다양한 분야에 참여하는 것이 중요하다. 자신의 기호가 변하고 취미 활동 구성원의 상황도 변할 수 있다는 것을 감안해야 하기 때문이다.

배우자와 즐겁게 보내는 삶

은퇴 후 삶에서 가장 큰 변화를 보이는 요소가 같이 지내는 사람들이다. 직장 생활을 하며 자주 만나지 못했던 동창이나 새로운 이웃, 아니면 동호회 회원과 같이 다양한 사람들과 시간을 보내야 한다.

하지만 이 가운데 가장 신경 써야하는 이들이 있는데 바로 가족이다. 가족들은 모두가 잘 지낼 것 같지만 막상 은퇴해서 보면 그렇지 못한 경우가 많다. 우선 배우자와의 관계가 중요하다. 은퇴 후 삶에서는 경우에 따라 하루 종일 배우자와 함께해야 한다. 이를 잘 활용하면 아주 좋은 관계가 될 수도 있지만 잘못된 경우 큰 화(?)를 부르기도 한다.

행복한 은퇴 생활을 하는 많은 사례를 보면 부부가 같이 활동하는 이들이 아주 많다는 것을 참고해볼 필요가 있다. 자녀들도 자신이 생각하던 어린아이들이 아니라는 사실을 인지해야 한다. 평소 시간을 같이 보내지 못해 아쉬워하던 자녀는 이미 성장했다. 아빠의 큰 도움 없이 스스로 성장했다는 생각으로 가득 찬 자녀들에게 '라떼(나 때는 말이야)'를 강요하며 아재 개그에 반응해주기 바라는 은퇴한 가련한 아빠의 모습이 되지는 말아야 한다.

새로운 친구를 사귀어라

친구 역시 평소 연락하지 못한 친구들과의 관계를 복원하는 것도 중요하지만 새로운 친구를 만드는 것도 중요하다. 옛 친구들도 오랫만에 만나면 알고 있던 그때의 친구가 아닐 경우가 많고, 은퇴를 했다고 해서 그들이 나와 함께할 시간을 내줄지도 문제다. 오히려 만난 지 오래되지는 않았지만 취미와 환경이 비슷한 새로운 친구를 사귀는 것이 더 좋은 방법일 수도 있다. 은퇴 이후의 삶은 구성원 각자에게 찾아오는 변화가 생각보다 심하다. 우선 건강상의 변화가 있을 수 있고 경제적 변화, 거주지 변화 등 다양한 변화가 일어나기 때문이다. 은퇴 후의 행복한 삶은 단순해 보이지만 보이지 않는 본인의 노력과 인내, 가족의 사랑이 함께 해야만 이루어낼 수 있다.

외국 사람들은 은퇴하고 뭐 하지?
은퇴자를 위한 해외 지원 프로그램

미국_ 세대 간 교류를 만들어내는 홈스테이 프로그램
뉴욕, 시카고 등 미국 몇몇 대도시에서는 자녀가 분가한 도시 거주 어른들과 대학생을 매칭해주고 대학생이 그들의 집에서 홈스테이 형식으로 지낼 수 있게 하는 프로그램을 운영 중이다. 미국 사회의 특성상 자녀들이 대학교에 진학하면 모두 독립한다. 가정 내 비어 있는 방을 활용해 가족처럼 함께 지내면서 세대 간 교류를 가능하게 하고, 대학생들은 비싼 주거 비용을 아낄 수 있는 것은 물론 타지에서도 집처럼 안정감을 느낄 수 있어 만족도가 높다. 이 프로그램을 이용하는 조건은 지역에 따라 다르다. 시카고의 경우 학생들은 호스트가 사전에 정해놓은 일을 해결하거나 여러 봉사활동에 일정 시간 참여해야 한다.

독일_ 온·오프라인으로 활발한 활동 펼치는 아이겐레벤 클럽
유럽에는 자유롭고 창의적으로 활동하는 시니어 그룹이 많다. 시니어들의 협동조합을 꾸리는 단체가 있는가 하면, 노인 대상 모금 활동을 펼치는 그룹도 있다. 독일의 마를리 보제르트 재단(Marli Bossert Stiftung)은 양쪽의 특성을 모두 갖춘 곳으로 시니어들의 활동을 후원하고 있다. 독일 각 지역에 살고 있는 회원들은 '자신의 삶'이라는 뜻의 '아이겐레벤 클럽(Eigenleben Club)'을 통해 창의적·진취적 활동에 자발적으로 참여한다. 온라인 매거진을 발행하며 온라인 네트워크를 다지고 오프라인에서는 작은 이벤트, 강연 등 다양한 문화 활동을 펼친다. 재단은 이를 적극적으로 지원한다.

타이완_ 시니어들의 새로운 일자리 창출, 타이중시 125호
'타이중시 125호'는 역사 자료 전시관의 이름이다. 정식 명칭은 '늙지 않는 꿈, 125호(125호는 건물이 위치한 주소의 호수)'다. 이곳에는 집밥과 도시락으로 유명한 식당이 있다. 식당 이름은 바로 '늙지 않는 시간', 그리고 '125호 도시락 배달' 서비스다. 평균 나이 63세의 요리사와 서빙 직원들이 일하는 이 식당은 시니어의 오랜 경험과 청년의 창의성, 관리 능력을 바탕으로 그들에게 다시 일자리를 찾아주기 위한 취지에서 시작했다. 시작은 밖에서 끼니를 해결해야 하는 직장인과 학생을 위해 시니어들의 장기인 '집밥'을 콘셉트로 도시락을 선보였다. 비싸지 않은 가격에 시니어들의 따뜻한 손맛을 느낄 수 있어 아주 인기가 좋다. '늙지 않는 꿈, 125호'는 시니어들의 풍부한 인생 경험을 바탕으로 전통과 현대가 어우러지는 미식의 공간이자 어르신들의 취업을 활성화하는 참신한 아이디어 공간으로 자리매김하고 있다.

SECTION 2 | TYPE TEST

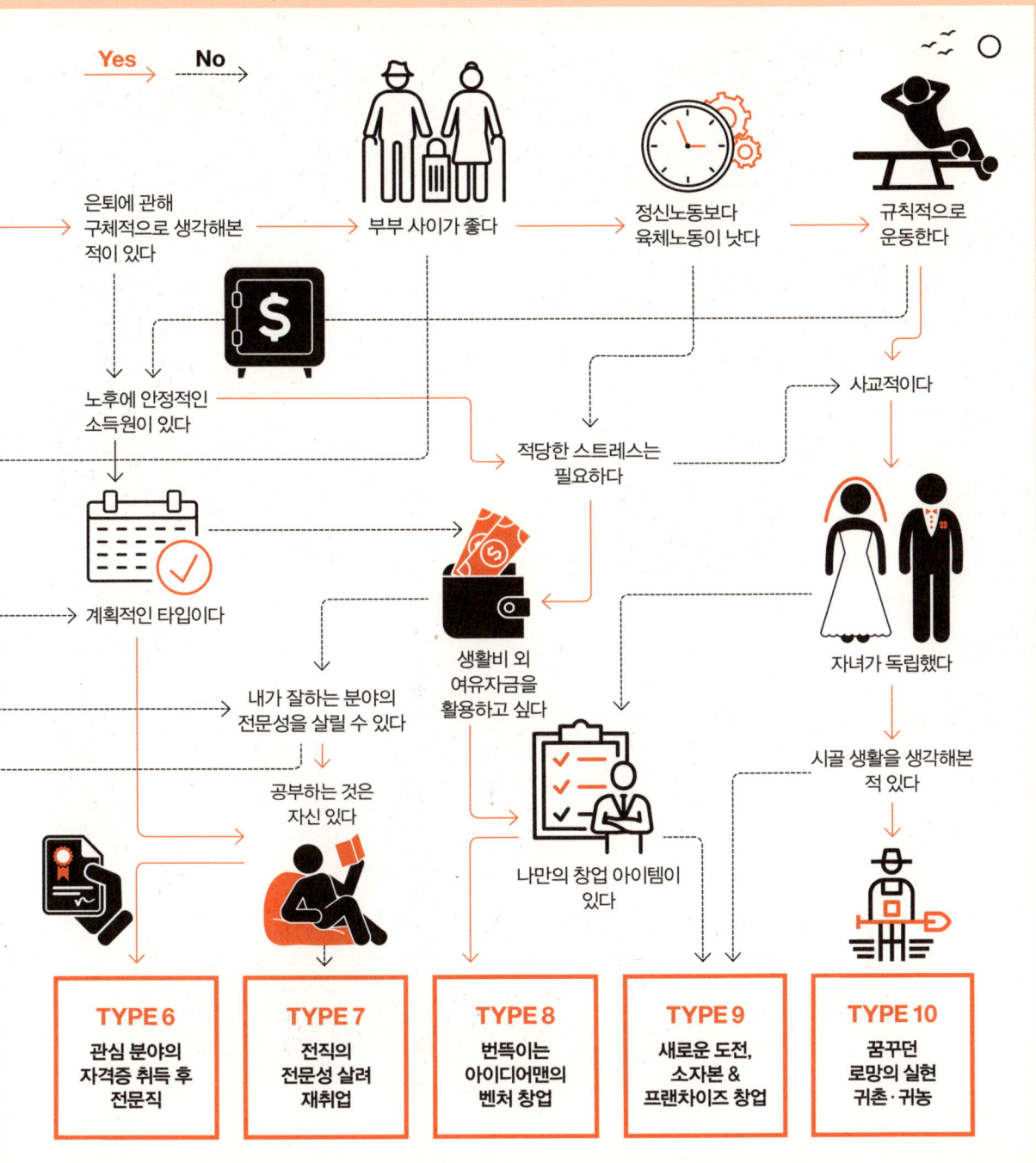

SECTION 2 | TYPE 1

택시 기사 양완수

35년간 서울시 교통 분야 택시물류과장으로 근무한 양완수 씨는 2018년 퇴직 후 택시 기사가 되었다. 주중에는 택시 기사로, 여가에는 시니어 모델로 제2의 삶을 살고 있다.

양완수 씨의 연금가계부	
나이	1960년생
제2의 직업	택시 기사
제2의 직업 수입	220만원
공적연금	300만원
개인연금	90만원
기타	-

*수입은 월평균 소득

택시 기사가 된 계기는?

공직에서 오랜 시간 근무했기 때문에 은퇴 후 연금을 받으며 안정적으로 생활할 수 있지만, 인생을 좀 더 즐기며 살려면 근로 수입이 필요하리라고 판단했습니다. 무슨 일을 할까 고민하던 중, 은퇴 전 서울시 교통국에서 근무하며 현장의 목소리를 듣기 위해 직접 택시를 몰아본 경험을 살려 택시 기사에 도전하기로 결심했습니다. 실제로 택시를 몰아보니 장시간 고강도의 근로 환경에 몸은 고되지만 스스로 몸과 마음을 잘 관리하면 해볼 만하다고 생각했습니다. 택시 운행으로 연금에 수입을 더해 여유로운 노후를 보내는 상상을 상상하며 즐거운 미래를 그렸습니다.

당시 노후 대비 방법은?

35년 동안 공직 생활을 했기 때문에 월 300여 만원의 공무원연금이 지급됩니다. 이와 별도로 재직 당시 2006년에 월 25만원을 납입하는 예금 상품 1개, 2011년 월 40만원을 납입하는 예금 상품 1개 등 총 2개의 연금 상품에 가입했습니다. 첫 연금을 들었을 당시의 나이가 45세였고 연금상품을 가입할 계획도 없었지만 은행 직원이

추천하기에 얼떨결에 가입했죠. 낼 때는 무척 어려웠지만, 중도 해지하지 않고 끝까지 가져갔습니다. 연금 덕분에 의료비나 공과세 납부에 대한 부담을 줄였습니다. 현재 첫 번째 연금은 2017년에 만기돼 한 달에 40만원씩 받고 두 번째 연금은 2021년 만기됐는데, 제가 65세 되는 시점부터 한 달에 50만원 정도 받을 예정입니다.

택시 기사가 되기까지 과정은?

법인택시, 개인택시 모두 운전면허는 물론 택시 운전 자격시험을 통과해야 택시 기사 자격이 주어집니다. 시험 합격 후 신규 교육을 받은 뒤 택시회사에 취직하면 법인택시 기사가 되는 것이죠. 포털 사이트 검색창에 '서울시 택시회사'라고 검색하면 254개의 회사가 나옵니다. 그중 본인 거주지와 가까

조언 포인트3

① **개인연금 가입은 필수**
의료비 등 기타 비용을 충당하기에 개인연금만 한 효자가 없다.

② **택시회사는 거주지와 가까운 곳으로**
주·야간 교대로 운전하기 때문이다.

③ **적절한 근로소득 필요**
자기계발에 아낌없는 투자가 가능하다.

운 곳에 지원하세요. 법인택시는 한 차로 두 사람이 주·야간 교대 근무를 하는데 회사와 집이 멀면 체력적으로 무척 힘듭니다. 개인택시는 법인택시 운전 자격 취득 후 무사고 3년 경력이 있어야 인수가 가능한데, 2021년부터는 택시 운전 자격만 있으면 법인택시 경력 없이도 누구나 개인택시를 운행할 수 있다고 합니다.

택시 기사의 수입은?

하루 8시간에서 10시간 일하면 월 300만원 정도의 소득이 생기지만 각종 보험비와 주류비 등을 제외하면 평균 220만원의 수입을 예상할 수 있습니다. 게다가 장시간 앉아서 운전하는 데 많은 체력이 소모되기 때문에 결코 쉽지 않습니다. 택시 기사라는 직업이 저임금의 고강도 노동이라 하지만 이 일 덕분에 단순히 생활하는 데 그치지 않고 자기계발에 투자할 수 있었습니다. 별도로 준비한 연금이 있다면 택시 기사의 수입은 여가를 즐기기에 충분할 것입니다. 여가에는 색소폰을 배우거나 모델 아카데미 스튜디오에서 프로필 촬영을 하며 시니어 모델로 활동하고 있습니다.

은퇴 후 삶에 만족하시는가?

만족합니다. 은퇴 후에도 적절한 근로소득과 여가 활동으로 자신감이 높아져 사람들과 인연을 만들어나가는 일이 즐겁습니다. 다만 종종 택시 운전사에 대한 사회적 인식이 낮다는 사실을 마주하는데 그런 날이면 고달파 집니다. 돌이켜보면 사람들이 제 직업을 존중하지 않아 상처받은 적도 많았네요. 제가 택시 기사가 되겠다고 말했을 때 주변에서 만류할 정도였거든요. 하지만 일을 하다 보니 가장 중요한 건 마음가짐이었습니다. 남들이 저를 무시한다고 섣불리 짐작하지 않고 그들을 먼저 존중하는 것이죠.

예비 은퇴자에게 조언한다면?

직장을 다니며 은퇴하기 5년 전, 최소한 3년 전에는 은퇴 후 미래 진로뿐 아니라 여가에 무엇을 할지까지 진지하고 구체적으로 준비해야 합니다. 막연한 목표가 아니라 구체적인 실행 계획을 세워보세요. 어떻게 준비할지 모르겠다면, 현재 본인의 업무 분야를 활용할 수 있는 직업군을 찾아보세요. 이때 중요한 건 남들 눈에 나를 맞추지 않는 것입니다.

INFORMATION

시니어, 내 나이가 어때서?!
시니어 일자리 지원 및 교육 사이트

서울시어르신취업지원센터
서울시에서 운영하는 고령자를 위한 취업 전문기관이다. 시니어 맞춤형 취업 상담부터 시니어가 취업할 수 있는 직종에 맞는 전문 직무교육, 실전 인턴십 기회 등을 제공하며 서울시에서 열리는 일자리 박람회나 교육생 모집, 일자리 지원사업 등의 정보를 바로 확인할 수 있다.
🌐 www.goldenjob.or.kr

서울시온라인취업교육포털
서울시어르신취업지원센터에서 별도로 운영하는 온라인 취업 교육 사이트다. 이곳에서는 구직활동을 위해 필요한 '소양교육'과 실제 직업에 대해 알 수 있는 '직업교육' 강의를 온라인 영상을 통해 자세히 소개하고 있다. 서울시 거주자라면 누구나 회원 가입 후 강의를 들을 수 있으며 수업 시 온라인 Q&A를 통해 궁금증을 즉시 해결할 수 있다. 본격적인 취업 훈련에 앞서 해당 직업에 대한 이해도를 높이는 데 도움이 된다.
🌐 lms.goldenjob.or.kr

한국노인인력개발원
노인 일자리 및 사회활동 지원사업부터 시니어 인턴십, 취업이나 자격증 취득, 자원봉사 등을 위한 교육사업, 노인을 위한 정책 연구 등을 수행하는 기관이다. 노인인력개발원에서는 시니어 관련 다양한 정책 정보, 채용 정보, 활동 내역에 관한 사항을 알아볼 수 있다.
🌐 www.kordi.or.kr

100세누리(노인일자리 여기)
만 60~65세 이상 시니어를 대상으로 한 지역별 행정복지센터나 노인 일자리 수행기관(노인복지관, 시니어클럽, 대한노인회 등)의 모집 공고를 한눈에 확인하고 원하는 일자리에 신청할 수 있다. 시니어도 잘 할 수 있는 공공근로나 재능 나눔, 보육시설 업무 지원, 단순노무직 등의 일자리를 모집한다. 공고 시기가 정해진 것은 아니지만 11월 말부터 12월에 새로운 모집 공고가 많이 나오는 편이다.
🌐 www.seniorro.or.kr

대한노인회
취업지원센터를 통해 60세 이상 시니어를 대상으로 취업 알선과 교육, 취업 후 사후관리까지 해준다. 시험 감독관부터 요양, 간병 등 보건의료 관련 서비스직, 경비원, 청소원 및 환경미화원, 단순노무직 등 다양한 분야에 취업이 가능하다.
🌐 www.koreapeople.co.kr ☎ 1577-6065

한국시니어클럽협회
보건복지부 지정 기관으로 전국 192개의 기관을 운영 중이다. 거주지역을 중심으로 다양한 노인 일자리 사업을 추진하고 있다. 택배부터 방과 후 학습 매니저, 통계조사, 시험 감독관 등 다양한 직업 활동을 지원한다. 지역마다 모집 직종이 다르니 별도로 확인해야 한다. 일자리 지원 외에도 재능 기부나 재능 나눔 활동도 수시로 모집한다.
🌐 www.silverpower.or.kr

SECTION 2 | TYPE 2

지자체를 통한 안정적인 취업 및 창업

복합문화공간 대표 김명희

업무 스트레스를 심하게 겪던 제약 회사원 김명희 씨는 퇴직 후 서울시50플러스재단에서 주최하는 '신중년 도시재생 창업 프로젝트'에 선정돼 복합문화공간 '마실'을 열었다.

김명희 씨의 연금가계부	
나이	1961년생
제2의 직업	복합문화공간 대표 오카리나 강사
제2의 직업 수입	200만원
국민연금	60만원
퇴직연금	–
개인연금	100만원
기타	–

*수입은 월평균 소득

'마실'은 어떤 곳인가?
마실은 문화 활동을 할 수 있는 공간입니다. 이곳에서 오카리나 클래스나 뜨개질 같은 수공예 강좌를 열거나 공연을 올립니다. 동아리·소모임도 할 수 있습니다. 은평구 동네 주민분들이 활발하게 문화 활동을 즐길 수 있는 공간입니다. 저는 이곳에서 공간을 운영하며 오카리나 강사로도 활동하고 있어요.

창업을 생각하게 된 계기는?
회사를 그만두고 우연히 오카리나의 매력에 빠졌습니다. 오카리나 강사로 7년을 일했지요. 강사로 지내다 보니 저만의 연습실을 만들고 싶다는 생각이 들었습니다. 빈 사무실을 임대하려고 알아보았는데, 서울은 임차료가 너무 비싸더라고요. 그래서 개인 작업실을 포기하려던 때, 자주 방문하던 서울시50플러스포털 홈페이지에서 창업비를 최대 2000만원 지원해주는 창업 지원 프로그램 '점프업 5060'을 알게 됐어요.

창업 지원 선발 과정은?
우선 사업계획서를 작성해 제출합니다. 1차가 통과되면 창업 교육을 받을 수 있어요. 실습하면서 약 10개월 동안 창업에 관한 교육을 받습니다. 이후 2차 PPT 발표를 합니다. 그리고 최종 선정을 해요. 선정된 사람은 최대 2000만원까지 지원받을 수 있고, 인테리어 비용이나 리모델링비, 홍보비로 사용할 수 있습니다. 교육 프로그램 커리큘럼이 전반적인 창업에 대한 교육 뿐만 아니라 실용적 스킬을 배울 수 있기 때문에 최종 선정이 안 되더라도 좋을 만큼 도움이 많이 되었습니다.

최종 선정되는 팁이 있다면?
사업계획서에 5060세대의 경험과 역량으로 사회 변화를 만들어간다는 기업가 정신이 녹아 있어야 합니다. 사업 아이템이 어느 정도 계획되어 있고 시행 기관에서 조금만 도와주면 창업이 가능하겠

조언 포인트3

① 서울시50플러스포털 홈페이지 즐겨찾기
지원사업·수강 소식을 발빠르게 알 수 있다.

② 사업계획서는 구체적으로
선발 확률을 높이려면 5060세대의 경험을 녹여 구체적인 사업계획서를 작성해라.

③ 재테크는 몰라도 저축은 필수
저축과 함께 친구의 권유로 가입한 변액연금보험이 도움이 되었다.

다고 여겨지는 경우 선발에 유리해요. 전국에서 지원하기 때문에 경쟁률이 낮지 않거든요. 당시 1차에서는 40명 정도 선별했고 최종 선정된 팀은 12팀이었습니다. 본인의 콘텐츠를 어떻게 담아낼 수 있을지 미리 고민해본다면 많은 도움이 될 거예요.

은퇴 준비는 어떻게 했는지?

재테크는 하지 않았지만 급여의 반 이상은 저축하는 습관을 들였고 연금을 꾸준히 준비해왔습니다. 연금은 국민연금과 개인연금이 있는데 국민연금은 회사 퇴직 후에도 임의가입으로 계속 부었어요. 개인연금은 재직 당시 보험회사에 다니는 친구의 권유로 가입한 상품입니다. 한 달에 100만원씩 5년 동안 납입하는 변액연금보험 상품을 2개 들었죠. 당시엔 친구에게 힘을 실어주고 싶은 마음으로 들었는데, 지금은 든든한 노후자금이 돼 그 친구에게 고마워요.

현재의 삶에 만족하는지?

좋아하는 일을 하면서 돈 버는 삶이 이렇게 행복한 줄 몰랐어요. 생각해보니 특히 우리 세대는 본인이 정말 좋아하는 것, 잘하는 것이 무엇인지 돌아볼 겨를 없이 일만 하며 사는 것 같아요. 정말 내가 좋아하는 게 뭔지, 이런 걸 심각하게 고민하는 시간을 많이 가졌으면 좋겠어요. 고민했으면 망설이지 말고 과감하게 도전하세요. 시작이 반입니다. 저도 처음에는 익숙한 것만 하려는 사람이었어요.

또래 시니어에게 조언한다면?

대부분의 사람들이 서울시50플러스포털을 잘 모르는 것 같아서 아쉬워요. 우리 시니어들에게 정말 필요한 곳이에요. 무언가 해볼 수 있는 게 많거든요. 또래 사람들이 모여 있는 곳이니 편안하게 정보를 공유할 수 있어요. 50플러스재단을 알기 전 인터넷 카페에도 가입해봤는데 젊은 사람이 많으니 위축되더라고요. 그런데 50플러스재단은 다 제 또래예요. 수준 높은 강의가 우리 눈높이에 맞춰 진행되고요. 강습료도 만원대로 저렴하답니다.

'점프업 5060'이란?
서울시50플러스재단이 신중년 세대의 도시재생 창업을 지원하기 위해 교육, 실습, 멘토링, 사업화 자금까지 창업 전반의 과정을 촘촘히 지원하는 원스톱 창업 프로그램

INFORMATION

지금은 평생 현역 시대
도움 될 취업 사이트

장년워크넷
50세 이상 고령자를 위한 일자리 정보와 취업 노하우가 모여 있다. 고용노동부 장년워크넷에 개인 회원으로 가입한 뒤 회원 정보를 입력하면 개인별 맞춤형 일자리 정보를 제공받을 수 있다. 특히 6개월 이상 실직 경험이 있거나 취업 의욕을 상실해 자신감이 없는 고령자, 취업에 나섰지만 면접에서 번번이 탈락한 경험이 있는 고령자들이 도움을 받을 수 있다. ⊕ www.work.go.k

서울시50플러스포털 ▶ 일+
50+재단 중심으로 약 110개 기관이 참여하고 학교 안전 어르신 복지 등 사회 이슈 분야의 일자리를 발굴하고 있다. 경험과 경륜을 갖춘 50대 이상 퇴직자들이 소액의 활동비를 지원받고 사회 활동에 참여하는 사회공헌형 일자리를 제공한다.
⊕ 50plus.or.kr

고령자인재은행
한 달간 직장 매너나 자기소개법, 고령자의 취업 가능성이 높은 직종의 직무능력 향상 교육 등을 받는다. 또 이 기간 중 10명 내외의 구직자와 동아리 활동을 할 수 있게 지원한다. 고령자 중 비자발적 퇴직(예정)자는 전직 지원 서비스를 받을 수 있다. 다만 고용보험 가입 기간이 모두 10년 이상이고 이직한 지 6개월 이내인 근로자여야 한다.
☎ 고용노동부 고객상담센터 1577-6065

잡알리오
정부의 출연·출자 또는 재정 지원으로 설립된 공공기관의 채용 정보를 모아 제공하는 사이트다. 직종별, 근무지별, 고용 형태별로 원하는 공공기관 채용 정보를 검색할 수 있다. ⊕ job.alio.go.kr

나라일터
공공기관에서 제공하는 채용 정보를 손쉽게 볼 수 있는 인사혁신처의 웹사이트다. 국가기관뿐 아니라 지방자치단체 등에서 시행하는 공개경쟁 채용시험 및 경력경쟁 채용 시험에 대한 정보를 모두 확인할 수 있다. ⊕ www.gojobs.go.kr

각종 중장년 일자리 박람회
정부나 지자체, 기업이나 단체 등에서 우수 기업을 중심으로 홍보하고 현장에서 인재를 확보할 수 있는 취업박람회를 비정기적으로 진행하고 있다. 서울시, 경기도, 부산, 고양시 등 각 지자체에서 운영하는 중장년 일자리 박람회는 취업을 위한 특강, 인적성 검사, 자기소개서 컨설팅 등 실질적인 도움을 주는 프로그램으로 중장년 구직자를 위한 다양한 기회를 제공한다.

노사발전재단
서울, 부산, 광주 등 전국 광역 단위에 13개의 센터와 업종별 센터 1개를 운영하고 있다. 기업 맞춤형 인재 추천부터 중장년을 위한 생애경력설계 서비스, 전직 스쿨 프로그램, 퇴직자를 위한 재도약 프로그램, 구직자 재취업 지원 서비스 등을 무료로 제공한다. ⊕ www.nosa.or.kr

SECTION 2 | TYPE 3

걱정 없는 자유로운 영혼, 금퇴족

방송통신대학 학부생 박명숙

2023년 은퇴를 앞둔 박명숙 시니어는 낮에는 초등학교에서 급식 조리사로 근무하며 저녁에는 방송통신대학교 수업을 듣는다. 방통대 영양학과 졸업 후 다시 문화교양학과로 편입한 열혈 학도다.

박명숙 씨의 연금가계부

나이	1962년생
은퇴 후 계획	영양사 위생 단속 아르바이트
은퇴 후 예상 수입	150만원
국민연금	50만원
퇴직연금	–
개인연금	–
기타	주택연금제도 활용

*수입은 월평균 소득

방통대에 입학하게 된 계기는?

학생들 급식 조리하는 일을 하다 보니 어떻게 하면 과학적으로 영양 손실을 줄이면서 맛있는 급식을 만들어줄 수 있을까 고민했어요. 조리할 때 맛과 모양도 중요하지만 위생이 아주 중요한데, 눈에 보이지 않는 세균을 공부할 수 있다면 단체 급식에서 종종 일어나는 식중독을 예방하는 데 도움이 되지 않을까 생각했어요.

방통대를 다니는 방법은?

학구열이 있는 사람이라면 누구든지 다닐 수 있어요. 학비는 한 학기 34만원에서 37만원이에요. 국가장학금이나 성적장학금을 받아 무료로 다닐 수도 있죠. 다만 방통대는 성적장학금 기준이 높아요. 과마다 다르기는 하지만 영양학과는 4.5점 만점에 4.3점은 받아야 성적장학금을 받을 수 있는 자격이 됐어요. 전 성적장학금 받으려고 죽기 살기로 노력했어요. 머리가 좋지 않아 한 번 볼 것을 두 번 세 번 봐야 했고 5분, 10분 이상을 책상에 앉아 있지 못했죠. 5분마다 나가서 물을 마시거나, 제가 키우는 고양이 쓰다듬어보고, 벌떡 일어나 청소도 했어요. 어떤 날에는 하

루 종일 공부만 할 때도 있었고요. 잘되는 날이 있고 안 되는 날이 있죠. 그래도 매일 공부했어요.

방통대는 졸업하기 어렵다던데.

공부가 어렵지, 졸업이 어려운 건 아니에요. 방통대는 과제가 많은데, 교수님이 내주시는 과제를 착실히 하면 됩니다. 어디서 소문이 잘못 났는지 졸업하기 어렵다고 하더라고요. 과제를 열심히 하다 보면 졸업 논문 정도는 거뜬히 쓸 수 있어요. 온라인 강의 특성상 혼자 공부해야 하고, 잡아줄 사람이 없다는 단점이 있는데 이건 걱정하지 않아도 돼요. 학교에서 스터디 활동을 매우 적극적으로 추진해요. 요즘은 코로나19 때문에 모임을 못 하지만 그전에는 학교에서 만들어준 스터디를 하며 좋은 인연도 많이 만들었습니다.

조언 포인트3

❶ **필요한 것은 오직 학구열뿐**
비교적 저렴한 학비와 장학금 지원제도로 경제적 부담이 적다.

❷ **다양한 전공에 도전**
졸업 후 제한 없이 다른 전공으로 편입할 수 있다.

❸ **전공을 활용해 세컨드 잡 찾기**
은퇴 후 구직을 하는 데 자격증과 졸업장을 활용할 수 있다.

문화교양학과로 재편입한 이유는?

취미가 동네에 있는 도서관에 가서 책을 읽는 거예요. 꾸준히 책을 읽으며 여생을 보내고 싶어요. 책을 좋아하니 자연스럽게 고전문학에 관심이 생겨 인문학을 탐독하려 했지만 이해하기 어렵더군요. 그래서 문화교양학 편입을 결심했습니다. 문화교양학과 수업을 들으며 〈동서양 문화 고전〉, 〈신화의 세계〉, 〈생태적 삶을 찾아서〉 등을 배우고 나니 신화나 서양 고전이 조금이나마 눈에 익어요. 그 덕분에 사는 재미가 더해졌어요.

재편입을 계획하고 있다고?

문화교양학을 수료하고 나면 관광학과에 편입할 계획이에요. 관광학을 배우려는 계기는 여행 때문입니다. 제가 여행을 즐기는데, 지난 방콕 배낭여행에서 계원 6명 중 5명이 현지 음식을 먹고 배탈이 난 경험이 있습니다. 그 뒤로 배움 없이 떠난 여행에서는 낭패를 본다는 교훈을 얻었어요. 관광학을 공부하면서 얻은 지식으로 제가 좋아하는 사람들과 안전하고 즐겁게 여행을 다녀오고 싶어요. 네 번째 편입도 계획하고 있어요. 배움의 길은 끝이 없답니다.

일과 공부를 병행한다는 것은?

굉장히 어렵습니다. 하지만 준비해 둬야 은퇴 후의 삶이 되지, 은퇴 후에 0부터 시작한다면 막막해서 아무것도 할 수 없을 거예요. 100세까지 사는데 30~40년 아무것도 안 할 수 있잖아요. 어떤 일이든 배워봐야 제대로 할 수 있다고 생각해요. 여러 가지를 배우는 게 당장은 쓸모없어 보여도 언젠가는 도움이 될 거예요. 아무것도 하지 않아도 세월은 지나가고 10가지를 도전해도 세월은 가거든요. 안 하는 것보다 하는 게 낫다는 거죠.

은퇴를 앞두고 계획은?

식품영양학 졸업장과 영양사·조리사 자격증으로 병원의 영양사나 지방자치 구에서 실시하는 식약청 위생검열 단속 파트타임 아르바이트 등 방통대에서 배운 지식을 활용할 수 있는 분야로 일을 구할 생각입니다. 관광학과를 졸업한 후에는 지역문화 해설가에도 도전하고 싶고, 가정 형편이 어려운 학생을 위해 사회복지관에서 무료로 조리사 자격증 강의를 하고 싶습니다. 그동안 살면서 받은 것이 많아, 사회에 도움이 되는 삶을 살며 보람을 느끼고 싶어요.

삶의 지혜와 노하우 나누는 재능 기부법

기억해둘 재능기부 플랫폼 6

한국시니어클럽협회
거주 지역에서 의미 있는 일을 하고 싶은 만 65세 이상의 은퇴자라면 전국 192개 시니어클럽에서 재능 나눔 형태의 일자리를 찾아보자. 한국시니어클럽협회가 진행하는 노인 일자리 지원사업은 재능 나눔, 창업, 취업 지원 등 다양한 형태의 맞춤형 일자리를 제공한다.
🌐 www.silverpower.or.kr

한국재능기부협회
재능 기부는 엄청난 능력이 있거나 전문성을 띤 사람만 하는 것이라 여겼다면 한국재능기부협회의 문을 두드리자. 노래 부르기, 벽화, 글쓰기 교육, 영어 회화, 회계 교육 등 어떠한 재능도 귀한 재산이 되어 연결 대상을 찾아준다. 홈페이지 양식에 맞게 가진 재능에 대해 써서 올리면 된다.
🌐 www.talentdonation.kr

KDB시니어 브리지 아카데미
실무 기술을 알려주는 아카데미, 도움이 필요한 곳에서 사회 공헌을 할 수 있게 돕는 인턴십 등의 프로그램을 통해 배우면서 나의 재능을 사회에 필요한 형태로 가꿀 수 있다. 과정 모두 수료 후 자체적으로 사회적 기업이나 동아리 등을 만들고 싶다면 심사를 거쳐 일정 금액을 지원해준다. 만 45~65세면 지원 가능하다.
🌐 www.seniorbridge.or.kr

지역지식재산센터
지식재산을 가진 사람이 재능 기부자로 신청하면 지식재산과 관련해 어려움을 겪는 소기업, 사회적 기업, 예비 창업주 등 재능수혜자와 연결해준다. 변리사, 디자이너, 지식재산 서비스업계 등에 몸담았다면 재능 기부를 신청할 수 있다.
🌐 www.ripc.org

사단법인 의료지도자협의체
의료뿐만 아니라 회계, HR, 홍보, 공보 등의 경력을 살려 다양하게 봉사활동을 할 수 있는 곳이다. 의료지도자협의체 운영 업무에 재능 기부로 참여할 수 있다. 각각 의료진 보조와 의료봉사 프로그램 계획, SNS 홍보자료 만들기 등의 업무를 진행하게 된다. 의료봉사를 제외하고는 재택근무라 부담도 적다.
🌐 www.medicaleaders.org

서울시50플러스포털 ▶ 보람 일자리
만 50~67세의 서울시 거주자라면 서울시50플러스포털에서 모집하는 재능 기부 일자리에 지원할 수 있다. 장애인, 어르신 돕기 동네돌봄단, 방문교사, 다문화 학습지원, 건강 코디네이터, 예술교육단 등 사회문화 전반에 걸친 다양한 일자리를 찾아주는 것이 특징. 선정되면 1년간 월 57시간 이내로 일할 수 있다.
🌐 50plus.or.kr

SECTION 2 | TYPE 4

취미와 경험을 살린 프리랜서 활동

유튜버 PD
지성현

30년 이상 CF 감독으로 활동한 지성현 씨는 은퇴 후 시니어 유튜버 PD가 됐다. 은퇴 전 부족했던 재테크 개념을 주식 공부로 채우고 있다.

지성현 씨의 연금가계부

나이	1958년생
제2의 직업	유튜버 PD
제2의 직업 수입	200만원
국민연금	60만원
퇴직연금	-
개인연금	-
기타	주식투자, 맞벌이 부부

*수입은 월평균 소득

유튜브를 시작하게 된 계기는?

시니어를 위한 콘텐츠를 만들어보고 싶었습니다. CF 감독으로 일한 경험으로 기획과 촬영에는 자신 있었어요. 영상 콘텐츠 아이템은 주변 사람들로부터 찾았습니다. 처음으로 유튜브에 입성할 수 있었던 계기는 화가인 제 지인 덕분이었습니다. 지인이 화실을 열었는데 회원이 별로 없는 겁니다. 그래서 제가 유튜브를 해보라고 권유했어요. 유튜브를 하다 보면 회원도 늘어날 거고, 유명해지면 그림 값도 오르지 않겠습니까? 그렇게 지인을 설득해서 유튜브 채널을 만들었습니다.

유튜브 첫 영상 반응은 어땠는지?

조회수가 5일만에 1000회가 넘었습니다. 그 뒤로 8개월이 지나자 영상에 광고가 붙었습니다. 광고

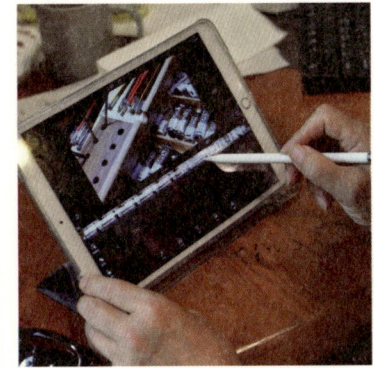

를 달 수 있는 조건이 구독자 1000명, 전체 시청 시간 4000시간 이상이거든요. 지금은 '윤제린 갤러리'라는 채널의 PD를 맡고 있어요. 리넨 소재로 옷을 만드는 천연염색 작가 윤제린의 작품 세계와 일상을 소개하는 채널입니다. 한번 경험해보니 구독자를 끌어당기는 매력이란 무엇인지 알게 되었습니다. 처음 기획한 콘텐츠보다 구독자가 훨씬 빠르게 늘어났어요. 첫 영상이 나가고 3주 만에 구독자 1000명이 넘었습니다. 일반인 시니어에게는 파격적인 반응이었죠. 정보를 공유하는 동시에 유튜버 개인의 스토리를 함께 비춰준 것이 구독자들의 마음을 움직이지 않았나 하는 생각입니다.

유튜버 PD가 되기 위한 준비물은?

장비는 카메라와 카메라를 받치는 삼각대, 아이패드가 끝이에요. 영상 편집은 딸에게 배웠습니다. 거창하게 준비할 필요가 없어요. 콘텐츠가 좋으면 됩니다. 먼저 주변에서 스토리를 찾아보세요. 아내가 요리를 잘하면 요리하는 모습을 카메라로 찍어보세요. 시골에서 유기농 농사를 하는 친구가 있다면 농장에 가서 농사짓는 친

조언 포인트3
❶ **유튜브 콘텐츠는 주변 관찰에서 시작**
특별한 스토리가 아니더라도 자신만의 경험치를 공유하자.

❷ **유튜버 PD는 커뮤니케이션이 핵심**
채널의 콘셉트를 확실하게 이끌어주는 역할을 해야 한다.

❸ **경제에 관심을 가지고 주식투자 하기**
단기보다는 장기투자로 산업의 흐름에 투자하자.

구를 담아보세요. 거창한 기획이나 스토리가 없더라도 좋습니다. 시니어 콘텐츠는 그간 살아온 자기만의 경험치들을 공유하는 일이거든요.

유튜버 PD가 유의해야 할 점은?
커뮤니케이션을 얼마나 잘하느냐가 관건입니다. 유튜버와 유튜버 PD가 필요한 역량은 달라요. 유튜버는 제게 클라이언트나 마찬가지죠. 유연하게 대처하되 채널의 콘셉트는 확실하게 이끌어주는 역할을 해야 합니다. 그리고 유튜브 채널을 운영하면서 사업적으로 성공시켜주는 부분이 있지만 영상 조회수로 수익을 보기는 어려워 수익 나누기가 쉽지 않습니다. 영상 한 편당 금액을 정해 계약하는 것이 관계 유지에 이롭습니다.

이전에 은퇴 준비를 했는지?
현장에서 일할 때는 경제 개념이 부족했어요. 은퇴 후의 계획을 생각해보지 않았습니다. 우리 세대는 노후를 체계적으로 준비하는 세대가 아니었어요. 물론 잘하는 사람도 있겠지만 저는 영화 제작을 하면서 재테크까지 공부할 여력이 없었어요. 지금은 주식 공부를 열심히 하고 있어요. 유튜버 중에서는 '힐링 여행자'라는 채널을 참고했습니다. 현재는 원금의 50% 이상 수익률을 얻고 있어요. 한 1년 공부하다 보니 나름대로 원칙 같은 게 생기더라고요.

PD님만의 주식투자 방법은?
제가 공부하면서 배운 점은 장기투자를 해야 한다는 것과 우량주에 분산 투자를 해야 한다는 점입니다. 세계적인 경제 흐름에 맞춰 투자하라는 이야기는 많이들 하잖아요. 산업의 흐름을 알고 투자하는 게 관건이죠. 개인적으로 2차 전지, 배터리 관련 ETF와 우주산업 관련된 기업에 투자하고 있습니다.

PD님이 생각하는 은퇴란?
돈을 핑계로 지금까지 하지 못한 일, 하고 싶던 일을 할 수 있는 기회라고 생각합니다. 꼭 돈이 들어가는 것이 아니더라도 할 수 있는 건 많다고 생각해요. 인사동 거리를 거닐 수도 있고요. 문화생활을 향유해야 한다는 이야기입니다. 돈을 걱정하기보다는 현재의 상태에서 인생을 즐기며 산다면 더욱 행복하지 않을까요.

창업, 정부에서 지원해준다고?

창업 시 활용할 만한 정부의 지원제도

신사업창업사관학교
소상공인시장진흥공단에서 예비 창업자를 대상으로 진행하는 프로그램이다. 점포 운영 시 필요한 기본적 교육은 물론 가지고 있는 사업 아이디어의 사업성 검증, 미리 사업을 해보는 '점포 경영 체험' 등의 특화 프로그램이 강점이다. 교육을 수료하면 마케팅, 시제품 제작, 매장 리모델링 등의 창업 비용을 최대 2000만원까지 지원한다. 매년 상·하반기 1회씩 연 2회 모집하며, 전국 7개의 사관학교에서 진행한다.
🌐 sbiz.or.kr/nbs/main.do

실전창업교육(창업진흥원)
(예비) 창업자를 대상으로 창업에 필요한 창업 기본 교육, 현장실습 교육, 투자유치 교육 등을 지원해준다. 우선 온라인 수업으로 창업 성공 스토리, 창업 시 리스크, 재무회계, 자금조달, 아이디어 개발 및 비즈니스 모델 수립 등 구체적이고 실질적으로 도움 될 내용을 들을 수 있다. 그다음 심화 과정으로 시제품도 제작하고 고객 반응을 조사하며 실제 창업 아이템으로서 가능성을 확인해볼 기회를 가질 수 있다.
🌐 www.kised.or.kr

여성창업경진대회(여성기업종합정보포털)
아이디어가 뛰어난 예비 창업자 및 창업 후 5년 미만 여성 사업자를 대상으로 개최하는 창업경진대회다. 혁신적인 기술 기반 아이템과 교육, 상담 등 지식 서비스, 뷰티, 푸드, 생활재의 제조·유통 등에 관한 내용이면 신청할 수 있다. 수상 시 도전 K-스타트업 본선에 진출할 수 있는 자격이 주어지며 후원 은행에서 투자 유치, 언론 홍보 및 홍보영상 제작, 판로 등을 지원받을 수 있다.
🌐 www.wbiz.or.kr

창업보육센터
기술과 아이디어는 있으나 제반 창업 여건이 취약한 초기 창업자(예비 창업자)를 일정기간 입주시켜 기반을 다질 수 있도록 도와주는 곳이다. 기술개발에 필요한 범용 기기 및 사업장을 제공하고 기술 및 경영지도, 자금 지원 등 창업에 필요한 종합적인 지원을 해준다. 입주 기간은 보통 6개월~3년 이내이고 생명공학, 나노공학 등 장기 보육이 필요한 첨단기술 업종의 경우 7년까지도 입주할 수 있다.
🌐 www.smes.go.kr/binet

생애경력설계서비스
노사발전재단이 지원하는 중장년일자리희망센터에서 진행한다. 생애 경력 설계 서비스를 통해 경력을 상세하게 점검해 이후 창업이나 전직, 귀농·귀촌 등 나에게 맞는 형태의 미래 설계를 찾는 데 도움을 준다. 나에게 맞는 결과에 맞춘 교육 프로그램 연계, 활용하면 좋을 지원제도나 기관 등을 찾아줘 창업을 막연하게 꿈꾸고 있다면 도움받아 볼 만하다.
🌐 www.work.go.kr/lifeplan

> 준비되지 않은 창업은 이른 폐업을 부를 수 있다. 이런 불상사를 막기 위해 정부와 각 지자체 등 공공기관에서 창업 지원에 앞장서고 있다. 예비 창업자 교육 및 육성 프로그램을 운영하고 실질적인 창업에 도움을 주고자 정부기금 대출도 지원한다.

SECTION 2 | TYPE 5

숨겨진 재능발견, 크리에이터

유튜버 유세미

삼성물산과 애경에서 25년간 근무하다 임원으로 퇴직한 유세미 씨는 2년여의 공백기를 거쳐 '유세미의 직장수업'을 운영하는 유튜버가 됐다. 현재 기업을 대상으로 리더십, 비즈니스 커뮤니케이션, 소통법을 강의하는 전문 강연가이며, 〈성공이 전부인 줄 알았다〉 〈오늘도 출근하는 김대리에게〉 〈관계의 내공〉 저자다.

유세미 씨의 연금가계부

나이	1969년생
제2의 직업	유튜버·작가
제2의 직업 수입	1200만원
국민연금	150만원
퇴직연금	70만원
개인연금	100만원
기타	주식 투자

*수입은 월평균 소득

유튜버를 하게 된 계기는?

아주 우연히 유튜버가 된 케이스예요. 퇴직 직후에는 평생 직장생활을 했으니 또 다른 회사를 다녀야겠다는 생각을 했는데 은퇴 후 직장을 구하기가 쉽지 않더군요. 그래서 내 회사를 운영해보자는 결심을 안고 콘텐츠를 판매하는 개인 회사를 기획했죠. 유세미라는 브랜딩을 위해 가장 적극적인 방법으로 유튜브를 떠올렸고, 제가 판매하고 싶고 자신 있는 콘텐츠, 직장 생활의 모든 것을 담아내는 유튜브 채널 '직장수업'을 시작하게 되었습니다.

유튜버 초기 당시 어려움은?

극소수의 유튜버 이외에 공통적으로 겪는 난관이 있습니다. 구독자가 늘지 않는 것이죠. 저도 마찬가지였어요. 야심 차게 시작했으나 구독자가 하루에 한두 명 정도 늘거나 오히려 줄어드는 거예요. 초기 3개월간 100명 수준이었어요. 채널을 알리기 위해 인스타그램에 카드뉴스와 링크 등으로 홍보도 해봤지만 그리 효과를 보지 못했어요. 그러다 보니 어떻게 해도 안 되는 걸까 하고 낙담했죠.

난관을 어떻게 이겨냈는지?

힘들더라도 초심을 잃지 않으려고 노력했어요. 유튜브를 시작한 목적을 떠올렸습니다. 바로 내가 가장 잘할 수 있는 것, 자신 있는 것, 그동안 성공적인 직장 생활에 대한 노하우, 진실하고 공감되는 콘텐츠를 공유하는 일이었죠. 저만의 콘텐츠를 일관되게 밀고 나가면 성공한다는 믿음이 있었어요. 가장 위험한 것은 운영자가 채널에 대한 확신이 없는 경우예요. 시청자들에게 어필할 수 있는 양질의 콘텐츠라면 지치지 말고 성실하게 견뎌내는 거죠.

유튜버 초기 비용은?

처음 유튜브를 시작했을 때 휴대폰으로 영상을 촬영했어요. 장비를 사고 싶은데 어디서 무엇을 사야하는지 몰라, 일단 휴대폰으로

조언 포인트 3
1. **촬영 장비 준비는 천천히**
   고급 카메라나 조명이 아닌 양질의 콘텐츠로 승부하자.
2. **적극적인 시장 조사는 필수**
   콘텐츠를 개발하고 구독자의 피드백을 단 하나도 놓치지 않겠다는 마음가짐은 필수다.
3. **개인 브랜딩을 전략적으로**
   누구나 자신만의 콘텐츠로 1인 기업인이 될 수 있다.

시작했죠. 1만5000원짜리 마이크를 구입해 혼자 촬영하며 편집했습니다. 새로 유튜브를 시작하시는 분들에게 꼭 말씀드리고 싶어요. 우선 시작하세요. 준비하는 비용이 부담스러워 시작을 미루게 되면 손해잖아요.

유튜버로서 마음가짐은?

끊임없이 공부하며 새로운 콘텐츠를 개발하려고 합니다. 영상을 업로드하면 피드백이 바로바로 오거든요. 전 그중 하나라도 놓치지 않으려고 노력해요. 과연 시청자들이 원하는 것은 무엇인지, 어느 대목에 반응하는지를 꾸준히 체크해서 영상 제작에 반영하죠. 공감을 하는 구체적이고 실용적인 내용으로 발전시키겠다는 의지로 채널을 운영합니다.

아이디어는 어디서 얻는지?

책에서 80% 정도를 얻습니다. 영상에 사용할 원고를 쓰기 위해 하루에 평균 두세 권의 책을 읽고 자료를 조사합니다. 신문 기사나 논문도 참고하지요. 여기에 제 경험과 실제 사례를 녹여 넣습니다. 가장 신경 쓰는 부분은 실용적인 팁을 담는 것이죠. 시청자들이 삶의 현장에서 바로 응용할 수 있는 구체적인 도움, 매우 실용적인 조언이 핵심입니다.

유튜버 활동으로 얻은 변화는?

직장에 다닐 때보다 훨씬 왕성하고 폭넓게 일하는 인생으로 변하고 있습니다. 유튜브 채널이 성장하면서 다른 비즈니스 아이템도 생겼어요. 1인 기업이지만 사업을 다각화할 수 있는 발판이 되었죠. 최근에는 은퇴 예정 직장인을 대상으로 개인 브랜딩 전략에 대한 컨설팅도 시작했습니다. 은퇴 후 크리에이터가 되기 위해 어떻게 해야 하는지 효율적으로 준비하는 과정이지요.

요즘 시대의 노후 자금이란?

가장 큰 노후 자금은 저 '유세미'라는 브랜드라고 생각해요. 비대면, 디지털 시대가 가속화할수록 개인 브랜딩의 시대로 가는 속도도 빨라질 것으로 예상합니다. 누구나 자신만의 콘텐츠로 자유롭게 일하는 사회 분위기가 조성되고 있죠. 내가 가장 잘할 수 있는 콘텐츠, 경쟁력 있는 콘텐츠로 오랫동안 경제활동을 할 수 있는 것, 바로 이것이 노후 자금이 아닐까요?

노련미로 새로운 시장 만드는 창직

창직 시 도움받을 수 있는 곳 5

1 한국창직협회
새로운 직업을 만드는 창직에 대해 정확히 알리고, 그것을 계기로 새로운 창직이 등장할 수 있도록 교육하고 지원하는 곳이다. 창직이 무엇인지, 어떻게 해야 하는지 궁금한 사람들이 방문해보면 좋다. 원데이 클래스도 있어 부담 없이 참여해볼 수 있다.
🌐 jobcreation.or.kr

2 서울특별시 중부기술교육원
5개월 과정으로 진행하는 동영상 크리에이터 강의부터 빅데이터 분석, 3D 주얼리 프린팅 등 다양한 분야에서 전문가 수준으로 마스터할 수 있는 강의를 들을 수 있다. 15세 이상 서울시 거주자라면 누구나 신청할 수 있다.
🌐 www.jbedu.or.kr

3 서울시50플러스포털 ▶일+ ▶창업·창직
크리에이터, 시니어 모델, SNS 전문가 등 시니어가 할 수 있는 다양한 교육 강좌를 보유하고 있으며, 본인이 강의를 만들어서 직접 제안할 수도 있다. 또한 창직자를 위한 공유 사무실도 운영한다. 공유 사무실 입주 시 책상, 복합기, 회의실 등 다양한 집기를 지원한다. 이 외에도 전문가 멘토링을 통해 초기 창직 시 어려움을 해결해주고 있다.
🌐 50plus.or.kr

4 한국중장년고용협회
창직과 관련한 컨설팅 교육을 지원하고 있다. 창직의 개념과 창직을 기획하는 법, 창직 컨설턴트의 역량 교육 등이 있다. 창직을 하려는 사람보다는 창직을 할 수 있도록 도움을 주는 창직 컨설팅에 관심 있는 사람에게 더 적합하다.
🌐 www.kapae.or.kr

5 상상우리
신중년을 위한 취창업 전문 민간 기관이다. 중장년의 경험과 지혜를 나눌 수 있는 커뮤니티를 함께 운영하고 있는 것이 특징이다. 이와 함께 인생 2막을 위한 설계와 전직·취업·창업·창직을 위한 교육 등도 진행한다.
🌐 sangsangwoori.com

최근 인기 있는 대표 창직 3

액티브 시니어의 대명사, 시니어 모델
요즘 시니어 모델에 대한 관심이 높다. 시니어 모델이 되는 방법은 크게 3가지다. 시니어 모델 선발 대회에서 수상을 하거나 아카데미, 평생교육원, 문화센터 등을 이용해 훈련한 후 데뷔하는 것이다. 최근에는 전문 시니어모델을 양성하기 위해 4년제 학과도 개설됐다. 서울문화예술대학교에서 모델학과 시니어전공학부로 학교를 졸업하면 학위가 수여되고 전문적인 모델로 활동할 수 있다.

콘텐츠 크리에이터, 시니어 유튜버
유튜버로 활동하기에는 시니어가 더 유리한 조건이라고 한다. 그동안에 쌓아온 풍부한 인생 경험을 바탕으로 만들 수 있는 양질의 콘텐츠를 이미 보유하고 있기 때문이다. 우선 본인이 좋아하고 흥미 있어 하는 소재를 찾아본다. 어렵게 생각할 필요 없이 주변에서 쉽게 접할 수 있는 소재를 선택하는 것이 좋다. 그다음은 촬영이다. 처음은 대개 스마트폰으로 시작한다. 1인 크리에이터에 대한 관심이 높아지면서 서울시50플러스재단이나 각지방 자지단체에서 운영하는 교육 프로그램이 많이 있다. 그런 강좌를 이용하거나 온라인 교육 플랫폼, 유튜브 등을 통해서 촬영하는 법, 편집 프로그램 사용법 등을 알 수 있다. 앞서 활동하고 있는 시니어 유튜버들이 공통적으로 하는 말이 있다. 두려움을 버리고 무조건 먼저 찍어보라는 것이다.

지금보다 미래가 더 유망한, 노년 플래너
중고령자들이 건강하고 행복한 노후를 보낼 수 있도록 건강관리법, 자손과의 관계, 노후 설계 등에 대해 상담과 관련 정보를 제공한다. 고객의 건강 상태, 향후 계획, 가족 상황 등을 종합적으로 고려해 건강, 일, 경제 관리, 정서 관리, 죽음 관리, 자살 예방 등의 업무를 돕는다. 대학의 평생교육원, 한국생애설계협회 등 관련 협회, 여성인력개발원에서 교육받은 후 민간 자격증을 취득할 수 있다.

SECTION 2 | TYPE 6

관심 분야의 자격증 취득 후 전문직

공인중개사 김기택

은퇴 후 여가를 즐기는 것도 좋지만 힘닿는 데까지 일하고 싶었다는 김기택 씨는 퇴직 후 2년간의 공부 끝에 공인중개사가 되어 2021년 2월 개업했다.

공인중개사가 된 계기는?

퇴직 후 공인중개사가 되기 전에 관세사 시험 공부를 2년 정도 했어요. 그런데 관세청에서 근무하는 지인이 만류하더라고요. 입찰 경쟁도 심하고, 수수료도 건당 0.3% 정도라고요. 지인의 이야기를 들어보니 은퇴 후의 직업으로 삼기에는 마땅하지 않다고 판단해서 관세사 공부를 접고 공인중개사인 아내를 따라 자격증 취득에 도전했습니다.

평균 자격증 취득 기간은?

2년 만에 취득한 저는 빨리 합격한 편이고, 일반적으로 4년 정도 걸린다고 생각하시면 됩니다. 저는 경제학과를 졸업했고 이전에 은행에서 근무해 자격증 취득에 수월한 부분이 있었습니다. 은행에서 주택담보대출 업무를 한 덕에 공인중개사 관련 용어가 쉽게 이해됐거든요.

학원은 어디로 다녔는지?

장기간으로 공부해야 하기 때문에 비교적 수월하게 다닐 수 있도록 집 근처 학원을 위주로 찾아봤어요. 요즘에는 많은 사람이 온라인 강의를 듣는데, 학원에 가서 직접 듣는 것을 추천합니다. 집중도 잘 되고 강사님께 질문도 바로바로 할 수 있거든요. 무엇보다 함께 공부하는 사람들과 정보도 나누면서 서로 격려해주니까 쉽게 포기하지 않게 되더라고요. 월 수강료는 과정마다 다르지만 1·2차 종합했을 때 월 30만~50만원 정도입니다.

무조건 가까운 곳이 좋은지?

학원과 집 사이의 거리를 확인했다면 중요하게 봐야할 것은 강사진이에요. 강사진의 수준과 수강생의 후기를 읽으며 나와 맞는 학원을 찾아야합니다. 가장 좋은 것은 주변에서 합격한 사람을 찾는 겁니다. 주변에 합격한 사람이 없다면 이것저것 따져가며 찾아봐야 하겠죠. 인터넷으로 검색했다면 반드시 직접 학원에 방문해 현장의 분위기를 느끼세요.

김기택 씨의 연금가계부

나이	1957년생
제2의 직업	공인중개사
제2의 직업 수입	200만원
국민연금	100만원
퇴직연금	-
개인연금	190만원
기타	맞벌이 부부

*수입은 월평균 소득

조언 포인트 3

❶ 오프라인 학원 등록 추천
학원 수강생들과 정보도 나누고 조언을 얻을 수 있다.

❷ 공인중개사 취득 후에도 꾸준한 공부를
권리 분석, 상가 중계, 재개발·재건축 등 나만의 차별점을 키우자.

❸ 월 수령액 200만원을 목표로 연금 계획을 세우자
연금 신탁을 들어둔 것이 은퇴 후 도움이 됐다. 은퇴 준비 중이라면 계획을 세워 월 수령 목표액을 정하는 것이 좋다.

공인중개사가 되어 알게 된 점은?

중개사가 부동산 가격을 마음대로 올리고 내리고 할 수는 없어요. 매도·매수인이 얼마에 팔아달라, 얼마에 사고 싶다 하면 중개사는 두 사람 사이에서 가격을 조정하는 거예요. 양쪽을 조정해 합의에 이르도록 하죠. 그런데 공인중개사 무소가 워낙 많고 경쟁이 치열하다 보니 집을 찾는 사람과 내놓는 사람을 동시에 만나기가 어려워요. 그러니까 다른 부동산과 공동중개를 해야죠. 저는 일주일에 한 번 이상 중개사들과 식사하면서 관계를 쌓아요. 어느 부동산과 공동 중개를 하더라도 어색하지 않도록 동네에 있는 부동산 중개사들과 모두 인사를 나누죠.

자격증 취득 후 개업 과정은?

창업금은 보증금과 권리금 포함해 1억원 조금 넘게 들었어요. 하지만 1년은 투자한다고 생각하며 일하고 있습니다. 공인중개사 자격증 취득도 중요하지만 그 외에도 배울 것들이 많아요. 경매 자격증을 취득하세요. 공인중개업을 준비하는 데도 꼭 필요하고, 권리 분석에 대해 자세히 알 수 있어요. 중요하지만 남들은 놓칠 수 있는 부분입니다. 경매자격증은 꼭 따야 할 공인 자격증이 아닙니다. 그러니까 다른 사람들은 안 배워요. 안 배우고도 변호사나 세무사에게 물어가면서 할 수 있습니다. 저는 경매도 배우고 상가 중계 특강도 들었어요. 경제 실무 법률 특강, 재개발·재건축 관련 강의도 수강했고요. 이렇게 여러 과목을 다양하게 다 공부한 것이 저만의 차별점이 된 거죠. 1년간 학원비, 책값이 1000만원 정도 들었어요. 아깝다고 생각하면 안 돼요. 급하게 공인중개사 자격증만 따고 일을 하다가 사고 나면 배상금이 더 나올 거예요. 공인중개사 하려는 분들은 필히 추가로 배우셔야 합니다.

개인적인 노후 대비법은?

퇴직 직후 돈이 필요해 국민연금을 4년 앞당겨 수령했습니다. 24% 줄어든 금액을 받았어요. 당시 연금신탁에 가입한 게 도움이 됐습니다. 제가 당시에는 수입이 연금밖에 없었는데, 월 연금 수령액이 200만원 정도 되니까 생활하면서 학원 다닐 수 있었지요. 한 달에 200만원 수입을 목표로 하고 연금 계획을 세워보는 것을 추천드립니다.

INFORMATION

공부에 자신이 있다고?
인생 제2라운드를 위한 자격증 트렌드

중장년 선호 자격증 1위
지게차운전기능사
2020년 우리나라 50세 이상 남성들이 가장 많이 취득한 국가기술자격증이 지게차운전기능사다. 다른 중장비에 비해 장비 조작이 쉽고 운전기능자 자격증을 소지만으로도 쉽게 취업할 수 있다는 장점이 있다. 자격증 취득 후 각종 건설업체, 제조업체, 물품의 상하자가 필요한 배송·운송·항만업체 등에서 일할 수 있다. 인천항만공사(IPA), 한국폴리텍대학, 경기도생활기술학교에서는 전액 국비로 교육받을 수 있다. 그 외에도 국민내일배움카드가 있으면 일반 중장비 학원에서도 교육을 받은후 자격증을 취득할 수 있다.

2021년 인기를 끌고 있는
건축도장기능사
건축도장기능사는 건물의 외부와 내부, 장식물에 페인트나 바니시 등으로 마감하는 작업을 할 수 있는 전문 인력이다. 최근 50대 이상 여성들에게 인기 있는 자격증으로 급부상하고 있다. 도료의 조색감각과 페인팅 기법이 중요해 여성들이 도전하기에도 무리가 없다. 실기로만 평가가 이루어지며 일할 때는 보통 15만원~25만원 정도 받는다.

50대 이상이 취득한 자격증 톱 3

남성
- (1만616명)
- (6205명)
- (4624명)

1위 지게차운전기능사
2위 굴삭기운전기능사
3위 방수기능사

여성
- (5494명)
- (1928명)
- (1455명)

1위 한식조리기능사
2위 건축도장기능사
3위 떡제조기능사

자료 고용노동부, 한국산업인력공단, '2021 국가기술자격통계연보'

정년 없는 고소득 보장
감정평가사
토지나 부동산 등의 가치를 감정하는 전문가를 말한다. 자격증 취득 후 법인에 취직해 경력을 쌓을 수 있다. 최종 합격율이 13.2% 정도일 만큼 난이도가 높다. 그럼에도 정년 없이 고소득이 보장되어 금융권, 고위 공무원 출신 중에 도전하는 사람이 꾸준히 늘고 있다.

사회적 트렌드에 맞춰 탄생한
소셜미디어 전문가(SNS 전문가)
중장년을 대상으로 SNS 활용에 대한 강좌 개설이 늘어나고 있다. 소셜미디어 전문가는 실시간으로 소셜미디어를 분석, 점검해 고객에게 피드백을 전달한다. 기업 및 소상공인, 개인을 대상으로 SNS를 통한 고객 관리, 마케팅 등의 강의나 일대일 컨설팅을 진행하기도 한다.

남녀노소 누구나 도전 가능한
바리스타
카페 창업 또는 해당 분야 취업으로 많이 도전하는 자격증 중 하나다. 한국커피협회 또는 한국직업능력진흥원 등에서 국비지원을 받아 취득할 수 있다.

국민내일배움카드를 아시나요?

국민 누구나 신청이 가능하다. 실업, 재직, 자영업 여부과 상관없이 국민내일배움카드를 발급받을 수 있고 발급일로부터 5년간 사용이 가능하다. 국민내일배움카드는 개인당 300~500만원의 직업 훈련 비용을 지원해준다. 듣고자 하는 훈련 내용이나 실시 기관에 따라 훈련비의 일부 혹은 재료비를 부담해야 한다. 중장비 관련 직종, 직업 상담, 조리 관련, 바리스타, 요양보호사, 정리 수납 전문가 등 선택할 수 있는 직종이 매우 다양하다.

* **지원 제외 대상** 공무원, 사립학교 교직원, 월급여 300만원 이상 45세 미만 대규모 기업 근로자, 연매출 1억5000만원 이상인 영세 자영업자, 월소득 300만원 이상 특수 형태 근로 종사자, 졸업 예정 학년이 아닌 고등학생, 대학생
신청 방법 고용노동부 ☎ 1350, 직업훈련포털 www.hrd.go.kr

SECTION 2 | TYPE 7

감사 이상철

이상철 씨는 외환은행에서 부행장으로 퇴직(만 57세) 후 연세대, 중앙대, 아주대에서 통계학 교수로 학생들을 가르치다 두 번째 퇴직(만 65세)을 했다. 현재 티머니와 로드시스템의 감사, 금융연수원 강사로 일하고 있으며 예수마을교회와 하나금융기독선교회 지도목사로도 활동하고 있다.

이상철 씨의 연금가계부

나이	1955년생
제2의 직업	중소기업 감사
제2의 직업 수입	500만원
국민연금	150만원
퇴직연금	-
개인연금	-
기타	-

*수입은 월평균 소득

기업의 감사로 일하게 된 계기는?
티머니는 제가 은행에 있을 때 LG와 진행한 프로젝트가 인연이 되었고, 로드시스템은 외환은행 후배의 소개로 알게된 뒤에 기업의 성장 가능성을 보고 함께 일하게 됐어요. 비즈니스 관계로 지내다 은퇴 후 함께 일하자고 제안받는 사례가 종종 있습니다.

기업을 선택할 때 유의할 점은?
퇴직 후에도 여러 면에서 계속 성장해야 하죠. 작지만 함께 성장할 수 있는 파트너로 적합한 기업을 찾는 것을 추천합니다. 이때 이미 사회적으로 인정된 기업의 경우에는 조심할 점이 없지만, 작은 중소기업의 경우는 내부에 잠재해있는 문제가 없는지 신중히 살펴볼 필요가 있습니다. 특히 자신이 좋아하는 분야에서 성장성이 있는 회사라면 최고입니다.

본인만의 은퇴 준비법은?
경제적인 관점에서 봤을 때 은퇴 전에는 반드시 대출을 정리해야 한다고 판단했습니다. 그 후 개인적인 지출을 파악해 은퇴 후의 최소 생활비를 월 300만~400만원으로 예상했습니다. 기업에 20년 이상 다녔으니 국민연금이 150만원 정도 받을 것이므로 나머지 250만원의 수입이 나올 일이 있으면 되겠다고 생각했어요. 특별하게 건강에 문제가 있거나 목돈이 필요한 상황이 없으니 소득을 목적으로 계획을 세우기보다 내가 어디에 보람을 느끼는지, 삶의 의미가 무엇인지 고민했습니다. 기독교의 가치에 따르는 삶을 살고 싶어 신학대학 석사과정을 마치고 목회자로 활동하고 있습니다.

시간·체력관리 비법은?
시간의 칸막이가 만들어져 있다고 생각해보세요. 그렇다면 운동할 시간, 일을 할 시간, 가족과 놀 시간 등 일을 나눠 구분해 놓겠죠. 마치 종류별로 예산을 세운 뒤 범위 내에서만 지출하는 것과 흡사합니다. 저는 한 분야에서의 경험

조언 포인트 3
① **재취업은 작지만 성장할 수 있는 기업에 하자**
퇴직 후 재취업한 직장에서도 성장하고 싶다면 자신이 좋아하는 분야에서 성장성이 있는 회사를 선택하라.

② **시간 관리를 철저하게 하자**
시간의 칸막이를 만들어 할당한 시간에서 할당된 일을 하는 것이 효율을 높이는 데 좋다.

③ **은퇴 후 자신의 전문 지식과 경험을 이용하자**
완전히 새로운 분야에 도전하는 것보다 본인의 경험과 커리어를 활용하자.

과 지식이 다른 여러 분야에 활용되는 것과 달리 할당된 시간은 최대한 서로 침범하지 않습니다. 운동할 시간이 되면 무조건 운동하고, 잠잘 시간이 되면 무조건 잡니다. 하는 일의 성과는 투입한 시간만큼만 내면 된다고 생각합니다. 그 이상은 욕심이며, 건강을 해칠 수 있습니다. 이것이 저의 시간과 체력 관리 비법입니다.

재직 중 은퇴 준비하는 방법은?
첫째로 능동적인 마음가짐과 태도를 익혀두는 것이 중요합니다. 은퇴 후에는 스스로 일을 찾아야 하기 때문이죠. 현직에서 남의 말만 듣고 주어진 일만 하는 습관이 배어 있으면 은퇴 후에 무엇을 할지 찾기 힘들 수 있습니다. 둘째로 내가 잘할 수 있는 일이 무엇인지 파악해 둘 필요가 있습니다. 생각만 하면서 막연히 잘할 수 있다고 여기는 일과 실제로 잘하는 일에는 차이가 있을 수 있기 때문입니다. 현직에 있을 때 최대한 다양한 경험을 하면서 자기 자신을 객관적으로 탐구하고 장단점을 파악해두면 은퇴 후 제 2의 삶을 맞이할 시기가 왔을 때 현명한 선택을 할 수 있답니다.

제2의 직업을 정하는 방향은?
제2의 직업을 계획할 때는 자신의 전문 지식과 경험을 연결해보기를 추천합니다. 자신이 해온 일들이 고되고 지겨워 은퇴 후 완전히 새로운 분야에 도전을 하겠다고 생각할 수 있어요. 하지만 본인이 오랫동안 일하며 얻은 경험과 커리어를 활용하지 않고 모두 버리는 것은 아쉬운 일이지요. 장기적 안목으로도 전문적인 지식을 쌓아가려고 하기 때문에 자연스레 현직에서의 업무 효율도 오를 것입니다. 저의 목회 활동도 은행 업무와 무관해 보이지만 활동 대상이 대부분 직장인이에요. 그래서 은행 업무 경험이 목회 활동에 큰 도움이 되었지요.

후배들에게 조언을 해준다면?
직장생활을 할 때 우호적인 인간관계를 만드는 데 노력을 기울이세요. 진심으로 상대를 대하고 서로에게 긍정적인 시너지를 주고받으세요. 이전에 좋은 관계를 유지했다면 은퇴 후에도 현직에서 알았던 사람들을 계속 만나게 됩니다. 그들을 통해 직장도 연결될 수 있고, 동업을 하거나 시간도 함께 보내게 되죠.

INFORMATION

나의 경력을 살리는 재취업의 기술
특정 분야 경력의 소유자라면 알아두어야 할 취업 플랫폼

고스펙 재취업자를 위한 취업 플랫폼 2

탤런트뱅크
대기업 은퇴자나 세무·회계·물류·인사·금융·IT 전문가 등 한 분야에서 수십 년간 전문성을 쌓아온 경력자들을 기업과 연결해주는 고스펙 시니어를 위한 매칭 플랫폼이다. 탤런트뱅크에 등록한 전문가는 고급 인력을 들이기 어려운 중소·중견 기업과 연결돼 해결할 때까지 함께한다.
🌐 www.talentbank.co.kr

굿잡 5060
50·60대 신중년 일자리 문제를 해결하기 위해 만든 사업이다. 현대차그룹과 고용노동부, 서울시50플러스재단, 상상우리 등이 사업 성공을 위해 협력하고 있다. 단기적 일자리가 아닌 4대 보험을 보장하는 상용직 일자리를 중심으로 지속 가능한 일자리를 만드는 것에 중점을 두고 있다. 신중년들에게 재취업에 대한 교육과 멘토링을 제공하고 사회적 기업 또는 스타트업으로 취·창업할 수 있도록 지원해주고 있다.
🌐 www.goodjob5060.com

핵심 역량을 찾아내라

재취업하기로 마음먹었다면 자신의 능력을 잘 발휘할 수 있는 일이 무엇인지 객관적으로 분석하고 효율적으로 구직 활동에 임해야 한다. 마땅히 내세울 만한 특기가 없더라도 성급하게 취업 자리를 알아보지 말고 자신만의 주특기를 만들 수 있도록 재교육을 받은 것이 좋다.

전문직을 위한 일자리 매칭 플랫폼 4

건설워커
건축, 토목, 인테리어 분야의 종사자에게 특화된 매칭 플랫폼이다. 취업 공고, 연봉 정보, 취업 팁을 비롯해 건설 분야 전문 패널들에게 진로 상담까지 받을 수 있다.
🌐 www.worker.co.kr

크라우드웍스
SW 테스트 및 인공지능 데이터 수집 가공 전문 기업이다. 고용노동부에서 진행하는 데이터라벨링 전문 교육을 수료한 사람에게 고객사에서 의뢰해온 작업을 매칭해준다. 🌐 www.crowdworks.kr

일자리매칭플랫폼

중소벤처기업진흥공단에서 중소벤처기업과 구직자를 매칭해주는 플랫폼이다. 전문 상담원이 맞춤 서비스로 진행하며 AI 모의면접, 온라인 일자리 박람회 플랫폼 등 취업 지원 서비스도 제공한다.
🌐 job.kosmes.or.kr

위프
IT 프리랜서를 전문적으로 매칭하는 플랫폼이다. AI 프로그램을 통해 AI가 자동으로 일자리를 매칭하고, AI 이력서 검증 기술로 프리랜서의 경력까지 검증한다. 🌐 weep.co.kr

SECTION 2 | TYPE 8

번득이는 아이디어맨의 벤처 창업

벤처기업 대표 이정건

삼성전자 종합기술연구원 출신 이정건 씨는 삼성전자의 C랩 스핀오프 프로그램을 통해 뷰티 기업 에스스킨을 창립했다.

이정건 씨의 연금가계부

나이	1970년생
제2의 직업	중소기업 CEO
제2의 직업 수입	650만원
국민연금(예상금액)	160만원
퇴직연금	-
개인연금	-
기타	부동산·상가 투자

*수입은 월평균 소득

C랩 스핀오프란 무엇인지.

삼성전자의 'C랩 스핀오프'는 자신의 업무와 상관없이 1년간 프로젝트팀을 구성해 하고 싶은 창업 아이템을 실현할 수 있게 지원해주는 프로그램이에요. 당시 제 관심사는 바이오 칩, 미세 구조 분야였고 마이크로 기술을 화장품과 접목하고 싶었습니다. C랩 스핀오프 프로그램을 통해 심층 연구할 수 있었어요.

은퇴 준비는 어떻게 했는지?

국민연금과 함께 개인연금을 가입했습니다. 현재는 CEO를 대상으로 재무 플랜을 세워주는 연금 상품으로 설계하고 있습니다. 법인이 가입할 수 있는 CEO 대상 보험 상품이 있어요. 법인 CEO 보유 지분의 상승으로 인한 상속세 납부 부담이나 은퇴 이후 개인 자산

에 대한 상속세 등 여러 가지 리스크를 보험 상품으로 해결할 수 있습니다. 다만 연금이나 종신보험, 정기보험 등을 활용해 CEO 플랜을 세울 때는 회사나 개인의 조건을 고려해서 적합한 상품을 선택해야 합니다.

아이디어는 어디서 찾았는지?

제가 아내에게 화장품을 정말 많이 사줍니다. 그런데 고급 성분이 들어가 비싼 화장품도 효과가 별로 없다고 하더라고요. 마이크로니들 기술을 화장품에 적용하면 유효 성분이 피부에 더 잘 전달되지 않을까 하는 생각으로 시작하게 되었습니다.

론칭 후 반응은 어땠는지?

최근 와디즈에서 새롭게 진행한 마이프로니들패치 펀딩은 이틀 만에 목표액의 5000%를 돌파했습니다. 마이크로니들패치는 창살 모양의 마이크로니들 기술로 유효 성분을 피부 속으로 아프지 않고 빠르게 전달하는 패치예요. 조그만 니들에는 녹차EGCG, 마데카소이드, 파하(PHA)성분 등 여드름에 효과가 좋은 성분이 함유되어 있어요. 2022년에는 모공 토너

조언 포인트 3

① 법인 대상 CEO 플랜 보험을 활용하자
상속세부터 은퇴 이후 개인 자산까지 관리할 수 있다.

② 창업 전 기초적인 인사·노무 교육은 필수
아이디어와 기술만으로는 회사를 차릴 수 없다.

③ 벤처기업 관련 인맥을 쌓자
난관에 부딪혔을 때 실제적인 조언을 얻을 수 있다.

라인을 출시할 예정입니다.

창업 후 어려웠던 점은?

창업이란 하나의 기업을 세우는 일이죠. 결코 만만하게 볼 일이 아닙니다. 대기업에 다닐 때는 시스템이 갖춰진 공간에서 맡은 일만 착실히 하면 되었는데, 창업을 하니 처음부터 끝까지 오롯이 혼자 처리해야 했죠. 전표 작업부터 노무 관련까지 하나도 아는 것이 없는 채로 시작해 막막한 데다 손이 너무 많이 가더라고요.

당시 도움이 되었던 것은?

국가나 지자체에서 하는 창업 지원 프로그램에 참가했던 것이 도움이 많이 됐습니다. 컨설팅도 충분히 받고요. 올해는 대구 창조경제센터에서도 교육을 받았어요. 팀들하고 서로 소통하면서 노하우도 얻었고요. 커뮤니티 활동도 유용했어요. 사업의 어려움을 주변 지인과 논의하면 피상적인 답변을 얻기가 쉽습니다. 창업에 맞는 네트워크를 새로 구성해야 합니다. 벤처기업 모임이라든지, 창업 기관 교육에 참가해 인맥을 쌓는 식이죠. 실제로 창업 지원 프로그램에 들어가서 전문가나 관련 기관 사람들과 이야기하는 것이 문제 해결에 훨씬 도움이 됩니다.

힘들 때 멘탈 관리법은?

반나절 이상 혼자 걷습니다. 사람을 만나는 것도 중요하지만 생각을 정리하는 시간도 필요합니다. 그리고 주변 벤처기업 CEO들의 이야기를 들으면서 멘탈 관리를 해요. 나만의 시간과 사람을 만나는 시간 모두가 필요하기 때문입니다. 너무 힘이 들 때는 일시 정지 버튼을 누른 것처럼 아무것도 안 하고 멈추죠. 큰 고비가 오면 주변 사람들과 연락을 끊고 혼자만의 시간을 보냈습니다.

예비 창업가에게 조언한다면?

'나는 대기업에 다녔으니까' 하며 자신감에만 차 있으면 안 돼요. '삼성전자' 같은 타이틀은 그 회사의 일원으로 있을 때에만 효력이 있지요. 퇴직 후에는 대기업이라는 보호막이 해제되는 거잖아요. 많이 좌절할 수 있고 고비도 와요. 그때 버틸 수 있을 만한 신념이나 아이디어, 동기를 만드는 것이 중요합니다. 나를 지탱해주는 것들이 없다면 힘든 시기가 닥쳤을 때 모래성처럼 무너집니다.

INFORMATION

창업 지원 제도 100% 활용팁
창업 시 활용할 만한 지원제도들

1. 스마트 영농인을 꿈꾼다면, 농식품벤처육성지원사업

농림축산식품부가 농식품이나 농산업 기술 분야의 창업을 계획하는 개인·팀을 지원해주는 제도. 2022년에는 스마트 농업 관련 기업에 대한 지원이 확대된 만큼 스마트팜 등의 창업을 계획 중이라면 관심을 가져볼 만하다. 예비 창업자 50팀을 선발해 사업화 자금 1000만원을 지원하며, 권역별 농식품벤처창업센터에서 제공하는 맞춤형 상담, 기술 사업화 및 투자 교육, 전문가 자문 등을 제공한다.
🌐 www.a-startups.or.kr

2. 사회적기업을 창업하려면, 사회적기업가육성사업

혁신적이고 창의적인 사회적기업 창업 아이디어를 보유하고 있다면 지원해보자. 창업 준비 중이거나 창업 2년 이내의 3인 이상 팀이면 지원 가능하다. 1년에 총 28개의 팀을 뽑아 창업을 위한 공간 및 운영 경비, 사업 개발비, 홍보·마케팅 비용 등 1000만원에서 최대 5000만원까지 지원해준다. 또 팀별 담임 멘토를 배정해 창업 전 과정을 도와준다. 1월에 정식 모집, 5월에는 상황에 따라 예비 모집이 이루어지기도 한다.
🌐 www.socialenterprise.or.kr

준비 없는 창업은 실패로 이어지기 쉽다. 실제 국내 창업자의 5년 이상 생존율은 29%에 불과하다. 그러나 정부나 각종 단체에서 지원하는 시니어를 위한 창업 지원 제도를 적극적으로 활용한다면 시행착오를 줄일 수 있다. 금전적 지원부터 창업 노하우까지 유·무형 자원을 지원받아 창업 성공률을 높여보자.

3. 1인 창업을 희망한다면, 창업진흥원▶창업인프라▶중장년기술창업센터

중소벤처기업부에서 진행하는 만 40세 이상 1인 창업 희망자 지원 제도다. 이전에 창업한 적이 없거나 창업 3년 이내의 사람이면 지원할 수 있다. 창의적 아이디어와 아이템, 기술과 전문 지식을 갖춘 사람을 선발해 전국 각 33개의 협력 기관에서 창업 교육, 정보, 세무·경영 등의 컨설팅, 마케팅 비용은 물론 창업 공간까지 지원한다. 협력 기관에 따라 모집 일정과 규모 등이 다르니 사전 확인은 필수.
🌐 www.kised.or.kr

4. 혁신 기술 스타트업을 창업하려면, 팁스(TIPS) 창업기업지원

중소벤처기업부와 민간 투자사가 세계시장을 선도할 기술 아이템을 보유한 창업팀을 지원하는 제도다. 확실한 기술 아이템이 있으나 자금, 인프라가 부족하다면 도전해볼 만하다. 2022년에는 소재·부품·장비, 디지털·비대면 관련 기술 및 아이디어에 가산점을 준다. 선정되면 팁스 운영사의 엔젤투자금 외에 정부가 연구 개발 자금 등을 지원하고, 사업화, 마케팅 비용 등도 지원해준다. 또 운영사의 보육 시설에 입주해 멘토링 등 성장 프로그램에 참여할 수 있다.
🌐 www.jointips.or.kr

5. 두 번째 기회를 찾는다면, 재도전성공패키지

창업에 실패한 경험이 있다면 중소벤처기업부의 재도전성공패키지를 주목하자. 재창업을 꿈꾸는 이를 위한 솔루션을 제공한다. 사업계획서를 제출해 심사에 통과하면 재창업 교육, 멘토링, 최대 6000만원의 사업화 자금 및 입주 공간 지원 등의 재창업 풀 패키지를 제공한다.
🌐 www.k-startup.go.kr

SECTION 2 | TYPE 9

새로운 도전,
소자본 &
프랜차이즈
창업

편의점주 김민규

현대그룹에 입사 후 2014년에 명예퇴직한 김민규 씨는 창업에 대한 로망을 이루기 위해 은퇴 후 편의점주가 되었다.

김민규 씨의 연금가계부

나이	1966년생
제2의 직업	편의점주
제2의 직업 수입	500만원
국민연금	130만원
퇴직연금	-
개인연금	-
기타	부동산 투자

*수입은 월평균 소득

편의점을 창업하는 사람이 많다.

체력적으로 힘이 드는 음식점에 비해 편의점은 운영하기 쉽고 편하다고 생각하시는 분들이 창업을 계획하세요. 하지만 편의점으로 큰돈을 벌기는 어렵다는 사실을 알아두셔야 합니다. 판매 제품의 단가 자체가 낮다 보니까 5000원 이상 구입하는 손님이 적거든요. 그리고 매출이 높더라도 실질적으로 손해가 나서 폐업하는 경우도 있습니다. 매출 대비 월세와 인건비로 나가는 비용이 더 크기 때문이죠.

편의점 창업 과정은?

먼저 로컬브랜드로 창업 할 것이냐 프랜차이즈로 창업 할 것이냐를 선택하세요. 로컬브랜드보다 시스템이 안정적인 프랜차이즈로 시작하기를 추천합니다. 프랜차이즈는 메이저 브랜드 TOP 3 중에서 고릅니다. 브랜드 파워를 무시할 수 없거든요. 초기 투자 비용은 1억원 미만으로 추천하지만 창업 투자비용에 따라 수익률이 달라진다는 점을 고려해야 합니다. 창업 자금의 예산을 정했다면 어떤 타입의 편의점을 창업할 것인지 선택합니다. 대부분의 편의점 창업 기준은 본사 지원 정도에 따라 A타입·B타입·C타입으로 나눌 수 있어요. 어떤 타입을 선택하느냐에 따라 일장일단이 있죠. 수수료는 보통 A타입이 6 대 4나 7 대 3으로 나눕니다. B타입은 반대로 4 대 6, 3 대 7입니다. C타입은 5 대 5를 예상하면 돼요. 저는 처음에 A타입으로 창업했다가 가게를 정리하고 지금은 B타입

	임대료 지원	창업 자금	장점	단점
A타입	지원 X	최대 2억원	영업 호황 시 권리금 상승	높은 위험 부담
B타입	지원 O	최소 5000만원	창업금 부담 감소	낮은 수익
C타입	일부 지원	5000만~1억원	안정적인 운영	낮은 수익

조언 포인트 3

① **프랜차이즈 창업은 메이저 브랜드로**
브랜드 파워를 무시할 수 없다.

② **창업 전 담배권 확인하기**
담배권이 없다면 편의점에서 담배를 팔지 못한다.

③ **창업 교육 프로그램 활용하기**
국가나 자치구에서 지원하는 창업 프로그램을 적극 활용한다.

편의점을 운영하고 있어요. 수익성보다 안정성을 우선으로 둔 선택이죠.

창업 후 알게 된 것이 있다면.

담배권 유무를 반드시 확인해야 합니다. 자칫 편의점에서 담배를 판매하지 못할 수도 있거든요. 지자체별로 다를 수 있지만, 소매인 영업소를 기준으로 50m당 한 곳만 판매할 수 있어요. 편의점을 제외한 타 업종도 담배권 신청이 가능합니다. 부동산이나 도장집도요. 만약 주변에 담배를 파는 가게가 있다면 해당 업소와 협의해서 담배권을 사와야 하겠죠.

창업 교육 프로그램이 있는지?

거주지인 서울시 은평구 평생학습관의 창업 지도사 과정을 수료했어요. 한국프랜차이즈산업협회의 창업&프랜차이즈 교육도 들었습니다. 프랜차이즈, 창업 등 관련 협회에서 주관하는 교육도 찾아 들었고요. 프로그램을 수강하며 배울 점이 상당히 많았습니다. 저는 국가 지원을 받아서 들었지만, 본인이 속한 자치구 홈페이지를 찾아보면 유용한 프로그램이 많을 거예요.

편의점도 코로나19 타격이 심한지?

코로나19의 직격탄을 맞았죠. 편의점은 24시간 영업이 원칙인데, 거리두기 제한으로 주변 상가들이 10시 이후 문을 닫다 보니 자연스럽게 편의점에도 손님이 줄었습니다. A타입이면 지점장이 유동적으로 영업시간을 조정할 수 있어요. 밤 11시부터 새벽 6시까지만 문을 닫아도 200만원 이상 절약할 수 있습니다. 그렇지만 B타입으로 창업했다면 24시간 영업을 준수해야 하거든요. 매출에 악영향을 받을 수밖에 없습니다. 안정적으로 운영하려고 B타입으로 시작했는데 코로나19로 매출 압박을 받는 상황인 거죠. 반대로 주택가에 있는 편의점들은 밤 10시 이후 사람들이 귀가하면서 물건을 구매하니 자연스럽게 호황을 이루고요.

예비 창업자에게 조언을 해준다면?

만약 지금 새롭게 창업한다면 2억원으로 오피스 상권에 A타입으로 창업할 거예요. 은퇴 직후에는 창업을 생각하면 불안하기만 했어요. 그래서 안정적인 선택을 했다는 아쉬움이 있거든요. 일하다보니 저는 예상보다 더 열심히 하고, 잘할 수 있는 사람인 걸 알았죠.

INFORMATION

사장님 하실래요?
프랜차이즈 창업 시 도움받을 수 있는 곳

소상공인마당

소상공인시장진흥공단에서 운영하고 있는 자영업 지원 포털이다. 초기 창업자와 예비 창업자를 위한 맞춤 창업 지원 서비스, 소상공인 경쟁력 강화를 위한 교육 지원 사업, 폐업자의 재기를 위한 지원 사업 등 다양한 서비스가 있다. 특히 소상공인 상권 분석 서비스를 활용하면 창업을 원하는 지역의 상권 분석 내용을 볼 수 있다. 전통시장부터 푸드트럭, 프랜차이즈 창업 관련 정보도 이곳에서 확인할 수 있다.

🌐 www.sbiz.or.kr

소상공인시장진흥공단

소상공인정책자금부터 교육, 백년가게육성사업, 온라인판로지원사업, 불공정거래피해상담까지 다양한 정책 지원 등에 대한 정보를 얻을 수 있다. 소상공인의 능력 개발 및 강화를 위해 전문 인력을 활용한 컨설팅 지원도 있어 안정적인 영업 기반 확보와 업종 전환에 대한 도움도 받을 수 있다. 지역별로 운영하는 소상공인지원센터에서 대출, 점포 철수, 피해 상담, 경영 개선 교육 등 필요한 상담을 받을 수 있다.

🌐 www.semas.or.kr

공정거래위원회 가맹사업누리집

리스트에 올려둔 프랜차이즈 업체에 대해서 객관적인 자료가 궁금하다면 공정거래위원회의 가맹사업누리집에서 찾아볼 수 있다. 해당 프랜차이즈 브랜드에 관한 정보를 정확한 데이터를 통해 확인해볼 수 있다.

🌐 franchise.ftc.go.kr

소상공인시장진흥공단 선정
2021, 3년 연속 우수 프랜차이즈 브랜드

족발 전문점, 깐깐한 족발

유치·초등 전문 공부방, 아소비

치킨 전문점, 푸라닭 치킨

자기주도학습 전문 교육 브랜드 에듀플렉스

커피 전문점, 커피베이

프랜차이즈 박람회

다양한 프랜차이즈 박람회가 있다. 프랜차이즈 창업박람회, IFS 프랜차이즈 창업박람회, 제일창업박람회 등이 대표적이다. 전국 주요 도시에서도 개별적으로 개최되며 상·하반기에 한 번씩 진행된다. 프랜차이즈 브랜드를 한 장소에서 두루 살펴볼 수 있다는 장점이 있으며 마케팅 강의, 창업 관련 클래스 등 다양한 부대 행사도 함께 열려 창업에 관한 실전 정보를 다양하게 얻을 수 있다.

- 프랜차이즈 창업박람회
🌐 www.franchisecoex.co.kr

- IFS 프랜차이즈 창업박람회
🌐 www.ifskorea.co.kr

- 제일창업박람회
🌐 yesexpo.co.kr

네이버 카페 '아프니까 사장이다'

창업자(예비 창업자)를 위한 전문 커뮤니티다. 네이버 카페로 약 95만 명의 회원이 가입해 있다. 개인 점포를 운영하는 창업자부터 프랜차이즈 브랜드, 창업과 관계된 다양한 전문가들이 모여 있다. 홈페이지나 정부 지원 사이트에서 얻을 수 없는 현실적인 조언과 실용적인 정보, 사소한 궁금증까지 해결할 수 있다.

🌐 cafe.naver.com/jihosoccer123

대한가맹거래사협회

프랜차이즈 창업 또는 운영 시 본사와의 분쟁을 해결해주고 법률적인 부분에 대해 조언해주는 역할을 하는 곳이다.

🌐 www.ftaa.or.kr

SECTION 2 | TYPE 10

꿈꿔오던
로망의 실현
귀촌·귀농

농부 윤용진

외국계 IT 통신 기업에서 고액 연봉을 받으며 근무하던 윤용진 씨는 헬렌 니어링과 스콧 니어링 부부가 쓴 《조화로운 삶(Living the Good Life)》을 읽고 귀촌을 결심했다.
그는 이제 16년 차 베테랑 귀촌인이다.

윤용진 씨의 연금가계부	
나이	1959년생
제2의 직업	농부
제2의 직업 수입	50만원
국민연금	150만원
퇴직연금	–
개인연금	–
기타	저축 자금

*수입은 월평균 소득

귀촌하게 된 계기는?

귀촌한 지 만으로 16년 됐습니다. 이전에는 외국계 IT 통신장비 기업에 다녔어요. 직장 생활을 20년 정도 하니 인생에 회의감이 들더라고요. 어느 날 야근 후 집에 와서 샤워하고 자려고 거울을 봤는데 낯선 사람이 보이는 거예요. '내가 여기서 지금 뭘 하나' 이런 생각이 들면서 더 늦기 전에 원하는 걸 하며 살아봐야겠다고 결심했어요. 우연히 책을 한 권 읽었는데 바로 헬렌 니어링과 스콧 니어링 부부가 쓴 《조화로운 삶(Living the Good Life)》이라는 책이었어요. 그 당시에는 귀촌하는 사람들에게 바이블 같은 책이었죠. 이 책을 읽고 직장 다니며 사는 삶 외의 다른 방식으로도 살아갈 수 있다는 걸 처음 알게 됐어요.

귀촌 준비는 어떻게 했는지?

재테크를 어떻게 해야 하는지 잘 몰랐고 통장에 월급이 들어오면 필요할 때 뽑아 쓰며 살았습니다. 그래도 연금은 꼬박꼬박 넣었어요. 국민연금관리공단에서 근무하는 아는 동생이 연금 말고는 노후를 보장해줄 수 있는 게 없을 거라고 잘 챙기라며 당부하더군요. 시골에 내려가더라도 지역가입자로 변경해서 국민연금을 꾸준히 내라고 조언해줬어요. 그래서 제가 낼 수 있는 최대 금액으로 꾸준히 넣었습니다. 30만원 이내로요. 그때 낸 것들이 도움이 됐는지 지금은 연금을 쏠쏠하게 받고 있죠.

귀촌 이후 소득은?

시골 생활을 정말 몰랐죠. 이곳에 내려오기 전에 모아둔 자금이 있었어요. 일하면서 저축을 열심히 했던터라 이정도 금액이면 넉넉하지는 않아도 조그마한 텃밭에 농산물을 지어 팔면서 살 수 있겠다고 생각했어요. 하지만 현실은 완전히 달랐습니다.

예상과 달랐던 점은.

농사지어서 소득을 만들기가 정말

조언 포인트3

❶ **국민연금은 귀촌 후에도 지역가입자로 꾸준히 납입**
농어업인 인정기준 해당자라면 국가에서 연금보험료 일부 금액을 지원하기도 한다.

❷ **은퇴 후 예상 소비 분야를 알고 계획 세우기**
농촌에서의 생활비는 생각보다 적기 때문이다.

❸ **귀촌 시 보금자리는 마을의 중심보다 외곽에 마련**
귀촌할 지역에 지인이 있다면 금상첨화!

힘들어요. 실제로 3.3㎡(1평) 당 소득이 약 2500원 정도입니다. 그러니까 약 1만 3223㎡(4000평) 농사짓는 가구는 연간 1000만원 조금 넘는 수익이 있는 거죠. 저는 이곳에 처음 내려와 밭을 사서 고구마 농사를 지었어요. 도매로 판매를 했습니다. 그때 1년에 41만원 벌었어요. 그 뒤로 도매 장사는 안 해요. 지금은 집 앞 텃밭에 지인에게 나눠줄 정도의 사과나무만 심어놓았어요. 남으면 팔기도 하고요. 그렇게 용돈을 벌고 있어요. 이 정도면 성공한 거죠.

소득 계획을 세우는 방법.

귀촌하기 전 본인이 어떤 분야에 소비하는지 파악하고, 생활비의 종류를 생각해보세요. 농촌에서는 생활비가 생각보다 매우 적게 들기 때문에 노령연금만으로도 충분히 지낼 수도 있어요. 저는 '내가 먹을 만큼 키워서 잘 먹고 잘 살자'가 목표예요. 집 앞에 작은 텃밭이 있으니 웬만한 작물은 심어서 먹죠. 주변 농가와 재배한 농산물을 서로 바꿔 먹기도 하고요. 따라서 집을 고치거나 텃밭에 농작물이 잘 자랄 수 있게 자급자족하는 능력을 키워야 합니다.

농사하며 소득을 벌고 싶다면.

이후의 계획을 구체적으로 세워야 합니다. 시골 땅은 사고팔기가 어렵기도 하거니와 재배한 농산물을 파는 게 쉽지 않거든요. 팁을 드리자면 밭농사보다는 과수가 소득이 높습니다. 다만 나무가 자라서 열릴 때까지 시간이 4~5년 걸리기 때문에 소득은 5년 후에 나온다는 것을 염두에 두세요. 그리고 요즘에는 지역별로 농업기술센터가 있어요. 농업인을 위한 무상교육 프로그램이 잘 설계돼 있죠.

귀촌을 계획하는 이들에게.

친인척이나 지인이 있는 지역으로 귀촌을 계획하세요. 저는 할아버지 댁이 이곳 충주라 비교적 쉽게 자리잡을 수 있었죠. 집을 마련할 때는 마을의 중심에서 약간 떨어진 곳으로 집을 정하세요. 동네 한가운데 집을 구하면 적응하기 어려울 수 있어요. 시골분들은 수시로 드나들거나 이야기하는 게 애정 표현방법인데 도시 생활이 익숙한 분들은 간섭받는다고 느끼기도 하거든요. 마지막으로 귀촌 후에는 종교·단체 생활에 참여하세요. 귀촌하면 이웃과 교류하며 도움을 주고 받을 일이 많습니다.

INFORMATION

귀농·귀촌 준비 어떻게 할 수 있나요?

귀농·귀촌에 관한 종합 정보 사이트

귀농귀촌종합센터
귀농과 귀촌에 관한 모든 정보를 얻을 수 있다. 귀농 절차에 대한 상담부터 자신에게 귀농귀촌이 맞는지에 대한 자가 진단, 귀농·귀촌 생활 교육 프로그램, 귀농·귀촌 지원 정책 등 다양한 정보 획득이 이곳에서 가능하다. 단순히 귀농·귀촌에 호기심이 있는 사람은 자가 진단을 통해 귀농·귀촌 준비가 어느 정도 되어 있는지, 전원생활이 적합한지 등을 파악할 수 있어 도움이 된다. 귀농·귀촌은 지자체별로 주택 구입에 대한 지원, 정착 자금 지원, 농기계 구입 자금 지원 등 다양하게 정착 지원 사업이 있으니 관심 있는 지역별로 자세히 알아보는 것이 좋다. 또한 지역별로 특성화된 작물이나 환경이 달라서 반드시 현장을 여러 번 방문하고 많이 알아보아야 실패하지 않는다.
🌐 www.returnfarm.com

한국임업진흥원
귀산촌에 관심 있는 사람은 이곳을 방문해보면 귀산촌 시 필요한 다양한 정보를 구할 수 있다. 귀산촌 하기까지 과정과 지원 정책, 임업 관련 기술, 산림 관련 기본 통계, 임산물 수출, 수입 시 알아두어야 할 사항, 절차 등을 자세히 소개하고 있다.
🌐 www.kofpi.or.kr

귀어귀촌 종합센터
은퇴 후 바다를 보며 보내고 싶은 사람은 귀어귀촌 종합센터를 방문하면 대략적인 정보를 알 수 있다. 전국 어촌 마을에 대한 정보부터 성공적인 귀어귀촌 정착 교육, 미리 경험하는 귀어귀촌 체험학습, 나에게 맞춤 지원사업 등이 알아보기 쉽게 구성되어 있다.
🌐 www.sealife.go.kr

귀농·귀촌하기 좋은 이색 도시

강원 횡성군 도시 은퇴자가 급증하고 있다. 수도권 1시간대 접근성과 교육·문화·주거 등의 환경이 잘 갖춰진 것이 이유다.
전남 광양 '은퇴자 활력도시 프로젝트'를 시행하며 50~60세 은퇴자 지원을 강화하고 있다.
경기 가평 귀촌 인프라가 좋기로 소문났다. '가평 클린농업대학'을 통한 귀촌·귀농 교육체계가 잘 잡혀 있어 수요가 꾸준히 유입하는 추세다.
충남 청양 농촌체험 관광 같은 6차산업 메카를 꿈꾸는 지역이다. 농촌체험 관광사업 등 6차산업에 관심이 있는 귀농·귀촌인이라면 눈여겨볼만한 지역이다.

농촌에 먼저 살아보기 프로그램

팜스테이(www.farmstay.co.kr) 농협에서 운영하고 있다. 전국 각지의 팜스테이 마을을 홈페이지에서 보고 프로그램을 선택할 수 있다.
웰촌(www.welchon.com) 농촌 마을에 머물며 농촌을 체험할 수 있는 정보를 모아두었다. 지역에 따라 지자체에서 지원하는 다양한 체험 프로그램과 숙박 시설이 있어 선택의 폭이 넓다.
체류형 귀농 지원사업 서울시에서 운영 중인 지원사업으로 일정 기간 농촌에 거주하면서 다양한 영농 기술의 모든 과정을 체험할 수 있는 프로그램이다. 서울시는 최대 10개월간 거주·교육비 등 체류비 60%와 상해보험료를 지원한다. 체류형 귀농학교는 강원 홍천, 충북 제천, 전북 고창·무주, 전남 강진·구례, 경북 영주·영천, 경남 함양 등 9곳에서 운영 중이다. 자세한 내용은 서울시 도시농업과(cityfarmer.seoul.go.kr) 또는 지역의 농업기술센터로 문의하면 된다.

귀농·귀촌에 도움 되는 국가기술자격 13

작물 재배 분야 유기농업기사, 유기농업산업기사, 유기농업기능사
특용작물 분야 버섯산업기사, 버섯종균기능사
축산 분야 축산기술사, 축산기사, 축산산업기사, 축산기능사
농업기계 분야 지게차운전기능사, 굴착기운전기능사, 농기계운전기능사, 농기계정비기능사
자료 한국산업인력공단

SECTION 3

알아두면 좋은 노후 대비 알짜 정보

여유 있는 노후 생활을 위한 인컴형 자산관리 방법부터 부모님 치매 간병, 나에게 꼭 맞는 실버타운 찾는 방법까지. 노후 관련 핵심 정보를 담았다.

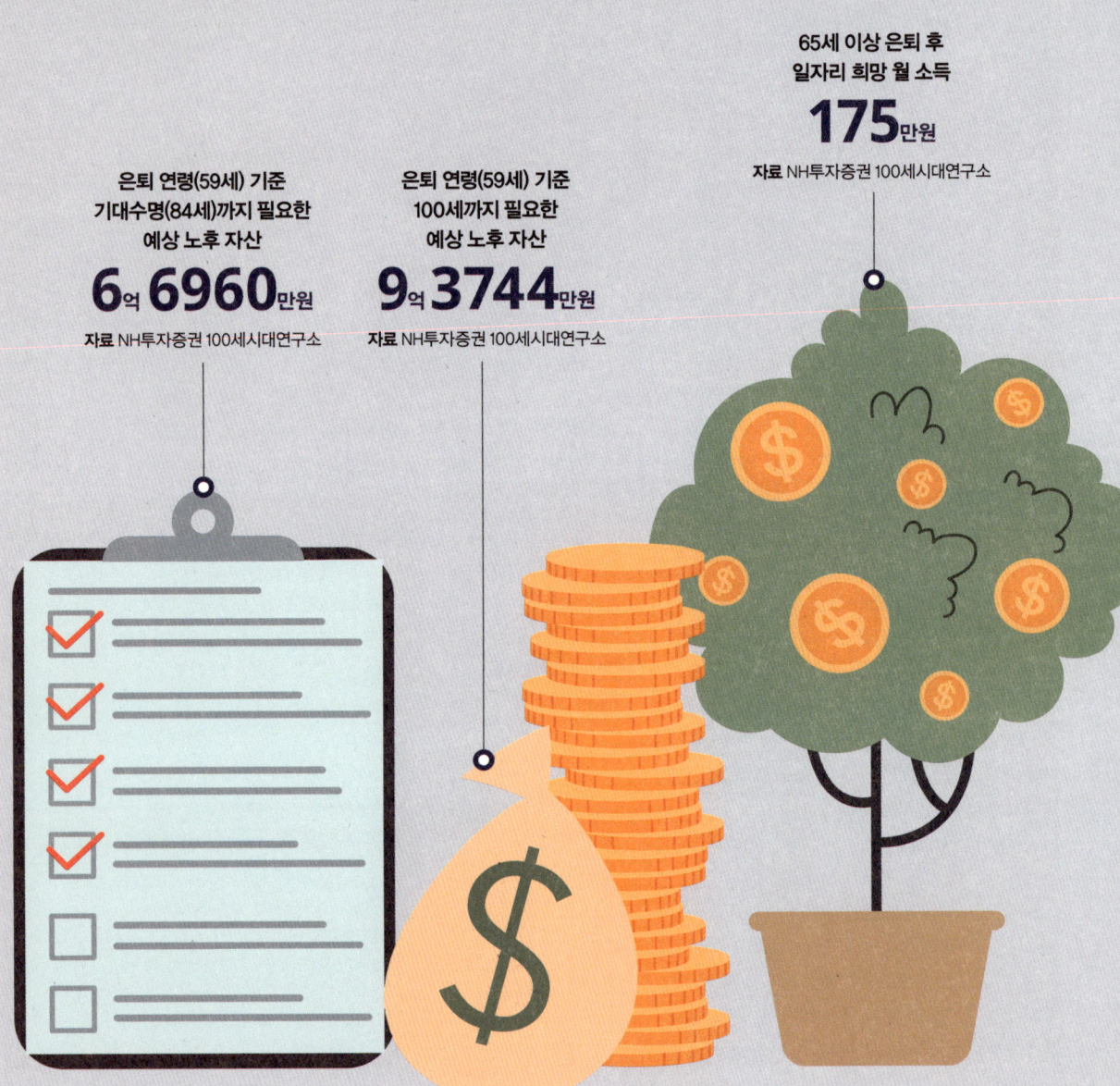

은퇴 연령(59세) 기준 기대수명(84세)까지 필요한 예상 노후 자산
6억 6960만원
자료 NH투자증권 100세시대연구소

은퇴 연령(59세) 기준 100세까지 필요한 예상 노후 자산
9억 3744만원
자료 NH투자증권 100세시대연구소

65세 이상 은퇴 후 일자리 희망 월 소득
175만원
자료 NH투자증권 100세시대연구소

치매 환자 1인당
연간 관리 비용
2072만원
자료 NH투자증권 100세시대연구소

주택연금 평균
월 지급금
107만원
자료 NH투자증권 100세시대연구소

만 65세 이상 단독가구
(독거+부부가구) 비율
78.2%
자료 2020년 보건복지부 노인실태조사

혼인 기간 20년 이상 부부의
황혼이혼율
37.2%
자료 2021년 사법연감

인컴형 자산이 뭐길래?
↳ 채권·리츠·인프라·고배당주 편

인컴형 자산은 꾸준히 현금 흐름이 발생하는 자산이다. 하지만 원금 손실의 위험을
고려하지 않을 수 없다. 원금 손실을 줄이기 위해서는 채권·배당주·부동산 등
다양한 자산 및 지역에 분산 투자해 개별 리스크를 줄여야 한다.

인컴형 자산의 대표 주자, 채권

대표적인 인컴형 자산은 채권이다. 채권은 발행 시점부터 앞으로 받게 될 이자와 원금이 확정돼 미래 현금 흐름을 쉽게 예측할 수 있기 때문이다. 실제로 글로벌 투자 시장을 대상으로 자산을 배분하는 인컴형 펀드는 전체 자산의 30% 이상은 국내외 채권에 투자한다. 그만큼 안정적이고 믿음직스러운 투자 상품이라는 뜻이다. 채권은 정부가 발행하는 '국채'부터 높은 재무 안정성을 갖춘 기업이 발행하는 '투자등급채권', 재무 건전성은 낮지만 높은 이자를 제공하는 '하이일드채권' 등이 있다.

투자자 성향에 따라 선호하는 채권의 종류는 달라질 수 있다. 기대수익률은 좀 낮더라도 안정적인 투자를 원한다면 선진국 국채나 투자등급 회사채를 선택하는 것이 좋다. 일정 수준의 위험을 부담하더라도 기대수익률을 높이고자 한다면 신흥국 국채, 하이일드채권 등을 선택할 수 있다. 실제로 글로벌 채권 운용사들은 목표수익률에 따라 다양한 채권 종류에 투자하고 있다.

채권의 종류

국채 전 세계 정부에서 발행하는 채권
회사채 전 세계 기업이 발행하는 채권
투자등급채권 신용등급 BBB-(Baa3) 이상의 상대적으로 우량한 채권
하이일드채권 신용등급 BB+(Ba1) 이하의 하위 등급 채권(투기등급채권)
확정금리부채권 확정된 금액의 이자를 지급
변동금리부채권 시장금리에 따라 변동금리 지급
* 투자적격등급은 AAA/AA·A·BBB 각 +, 0, - 순으로 구분
* 하이일드채권은 투자 원금 손실이 크게 발생 가능
자료 NH투자증권 100세시대연구소

대체투자자산을 통한 인컴, 리츠 & 인프라

채권·주식처럼 전통적인 투자자산은 아니지만 부동산이나 인프라 시설 등 대체투자자산을 통해서 인컴 수익을 기대할 수 있다. 부동산 임대 수익, 고속도로 통행료 수익 등 직접적인 투자를 통해 얻는 수익이 있고 부동산펀드·리츠 같은 간접투자상품을 활용한 소액 투자로 인컴 수익을 확보할 수 있다. 리츠는 주식시장에서 일반 주식처럼 거래할 수 있고 부동산 임대수익 등 발생 수익의 90% 이상을 배당으로 지급받을 수 있어 매력적인 인컴 자산 중 하나로 꼽힌다. 도로나 항만, 터미널 등 사회간접자본(인프라) 수익 역시 인프라펀드를 통해 나눠 가질 수 있다.

저금리·저성장 시대에 맞는 고배당주

주식은 대표적인 위험자산이지만 몇 년 사이 배당수익률이 정기예금 금리보다 높아지면서 고배당주가 저금리·저성장 시대의 안정적인 투자처로 주목받고 있다. 국내 주식의 배당수익률은 주요 국가에 비해 여전히 낮은 편이지만 글로벌 고배당주는 더 많은 인컴 수익 기회를 제공한다. 배당주기와 시점이 다양해 잘 조합하면 매달 월급처럼 배당을 받을 수 있다. 글로벌 고배당주 중에서는 미국의 상품이 가장 다양하다.

미국의 고배당주는 수어디비던트(www.suredividend.com)와 디비던트(www.dividend.com)를 이용하면 쉽게 찾을 수 있다. 수어디비던트의 경우 꾸준히 배당을 늘려온 배당 블루칩, 배당 귀족, 배당 킹 등의 리스트를 따로 모아서 볼 수 있다. 디비던트는 배당주 투자자라면 필수적으로 이용하고 있는 사이트로 최근 바뀐 배당 정책부터 배당 지급일, 주당 얼마나 배당받을 수 있는지 등 배당 종목에 대해 궁금한 점을 자세히 알아볼 수 있다.

TIP

인컴 투자란?
자본 차익보다 보유에 따른 이자나 배당처럼 정기적으로 지급되는 현금 흐름을 목적으로 하는 투자다. 안정적이면서도 최대한 많은 인컴을 가져다줄 인컴 자산을 찾는 것이 첫 번째다.

미국의 고배당주 찾는 법

1. 배당 왕, 배당 귀족을 찾아라
배당 왕은 50년 이상, 배당 귀족은 25년 이상 꾸준히 증가한 기업을 말한다. 그들을 찾아 수많은 1차 리스트로 눈여겨본다.

2. 배당 관련 지표를 확인하라
주당배당금(DPS)·배당수익률·배당성장률·배당성향 등을 확인해보자. 얼마나 많은 이익을 주주에게 나눠주는지, 얼마나 돌려주는지, 앞으로도 돌려줄 것인지 등을 확인할 수 있다.

3. 기업의 실적과 재무 상태를 분석한다
배당과 관련된 각종 재무비율이 중요하다. 인컴 수익으로서 고배당주의 가장 중요한 점은 안정성이다. 큰 기복이 없고 꾸준히 실적이 유지되거나 약간 오르는 모양이 좋다.

인컴형 자산이 뭐길래?
↳ 인컴 펀드·인컴형 ETF·TIF 편

3층 연금만으로 희망하는 노후 생활비를 충족할 수 있다면 가장 베스트다.
하지만 그렇지 못한 것이 현실이다. 노후를 대비해 모아둔 금융자산이 있다면
인컴 포트폴리오를 만들어야 한다.

쉽게 하는 분산투자, 인컴 펀드

인컴펀드는 채권이나 고배당주, 리츠 등에 투자해 정기적으로 이자와 배당, 임대소득 등의 수입이 발생할 수 있는 상품을 말한다. 인컴 펀드를 활용하면 하나의 상품으로 분산투자 효과를 기대할 수 있다. 분산투자 효과를 더 높이기 위해서는 글로벌 멀티에셋형 인컴 펀드에 관심을 가지는 것이 좋다. 인컴형 펀드 중 상당수는 주기적으로 배당을 실시하기 때문에 인컴 소득이 발생하지만, 그렇지 않을 경우 펀드 정기 지급 서비스 활용할 수 있다.

펀드 정기 지급 서비스란?
정기적으로 현금 흐름을 발생시켜 고객이 지정한 계좌로 송금하는 자동 환매 서비스를 말한다.

구분	상품명
개요	투자하고 있던 펀드를 교체 없이 약정 신청을 통해 매월 정기적으로 현금 흐름을 발생할 수 있도록 환매를 하여 고객이 지정한 계좌로 송금하는 자동 환매 서비스
서비스 대상	NH투자증권에서 판매 중인 펀드(환매 불가 펀드 등 일부 펀드는 대상에서 제외) * KB증권의 경우 머니플랜서비스
지급 주기	10만원 이상 1만원 단위(최대 1억원까지 가능)
지급일	1~28일 중 선택 가능(휴일인 경우 전 영업일 지급, 월 1회로 지급일은 제한)

자료 NH투자증권

장점이 많은 인컴형 ETF

인컴형 ETF 투자가 활성화되고 있다. 인컴형 ETF는 저금리 국면에서 상대적으로 높은 배당수익이 가능할 뿐만 아니라 거래소 상장으로 높은 환금성·실시간 매매, 일반 펀드 대비 상대적으로 낮은 운용 보수, 운용의 투명성, 자동 분산투자 등이 장점이다. 인컴 수익을 재투자하는 상품보다 수익을 투자자에게 직접 지급하는 인컴 펀드 상품이 현금 흐름 마련에 적합하다.

TIP

인컴형 ETF란
고배당주, 채권, 리츠 등에 투자해 주기적으로 투자자에게 배당을 지급해주는 상품을 말한다.

참고로 최근 12개월 기준 배당수익률이 높은 해외 ETF는 PFF, HYG가 있다. PFF(iShares Preferred and Income Securities ETF·우선주와 인컴 자산을 편입한 ETF)는 우선주 ETF 가운데 가장 규모가 크며, 배당수익률은 4.52%로 매달 배당을 지급한다. HYG(iShares iBoxx USD High Yield Corporate Bond ETF)는 글로벌 하이일드 회사채에 투자하는 ETF다. 하이일드 회사채는 신용등급이 낮은 채권이라서 부도 위험이 있긴 하지만 ETF로 투자하기 때문에 위험 분산이 가능하다. 이 상품 역시 매달 배당을 지급하고 배당수익률은 4.06%를 나타내고 있다.

국내 및 글로벌 ETF 세금 비교

구분	국내		글로벌
	국내 주식형	기타	
매매차익 과세	과세 제외	시장가격에 따른 매매차익과 과표기준에 따른 매매차익 중 적은 금액 기준 15.4%, 지방소득세 포함, 원천징수	양도소득세 22% (250만원까지 비과세)
분배금 수령 시	배당소득세 (15.4%, 지방소득세 포함, 원천징수)		
손실 상계	불가	불가	가능
종합과세	분배금만 해당	해당	분배금만 해당

주 과세기준 및 과세방법은 향후 세법개정 등에 따라 변동될 수 있습니다.
자료 NH투자증권 100세시대연구소

최신형 인컴 자산, TIF

운용과 동시에 인출할 수 있는 TIF(Target Income Fund)가 주목받고 있다. TIF는 노후 자금의 원금은 최대한 지키고, 안정적인 수익률로 매월(또는 매년) 일정한 소득을 발생시킬 수 있도록 설계한 자산 배분 펀드다. 글로벌 채권, 고배당주, 리츠 등에 주로 투자하고 있다.

은퇴 후 자산관리를 위한 인컴 포트폴리오 체크리스트

☐ 자본 수익률보다 인컴 수익률이 중요
☐ 목표 인컴수익률은 연 3~5%
☐ 인컴 수익률은 예측 가능 범위에서 꾸준히 유지되어야 한다.
☐ 채권, 배당주, 리츠 등 다양한 인컴형 자산에 투자한다.
☐ 해외 인컴형 자산은 선택이 아닌 필수다.
☐ 인컴 수익에 영향을 미치는 위험 요인에 관심을 가져야 한다.

SECTION 3 | PLUS ASSET 3

주택연금 100% 활용법

우리나라 가구주 60세 이상 가정의 자산 중 70%가 부동산이다. 부동산 자산을 활용해 주택연금에 가입하면 은퇴 후 3층 구조의 연금 수급 금액이 부족해도 안정적으로 생활비를 마련할 수 있다.

주택연금이란?

집은 있지만 소득이 부족한 고령자가 주택을 담보로 매달 연금을 받을 수 있도록 만든 상품이다. 본인 집에 거주하면서 이사 걱정 없이 평생 살 수 있어 주거 안정과 생활비 마련이라는 문제를 동시에 해결할 수 있다. 단 공시 가격 9억원 이상의 주택은 주택연금을 신청할 수 없다.

주택연금 신청 자격(부부 기준)

구분	내용
나이/국적	• 부부 중 1명이 만 55세 이상 • 부부 중 1명이 대한민국 국민
주택 보유	• 부부 기준 공시 가격 9억원 이하 주택(주거형 오피스텔 포함) 소유자 • 다주택자도 합산 가격이 공시 가격 9억원 이하면 가능 • 9억원 초과 2주택자는 3년 이내 1주택 팔면 가능 • 우대형 주택연금은 1억5000만원 미만 1주택자만 가입 가능

보금자리론
신규 주택 구입, 전세 자금 반환, 기존 주택담보대출 상환 용도로 한국주택금융공사에서 대출해주는 상품

전후후박형
신청자가 가입 초기에는 매달 많은 금액을 받고 11년째부터 처음 받던 금액의 70%만 받는 방식을 말한다.

주택연금 상품 비교

구분	일반 주택연금	내 집 연금 3종 세트		
		주택담보대출 상환용 주택연금	우대형 주택연금	사전 예약 보금자리론
주택 공시 가격	9억원 이하	9억원 이하	1억5000만원 미만	보금자리론 신청 시 주택연금 가입 사전 예약, 주택연금 가입 연령 도달 시 주택연금으로 전환
월 지급금 지급 방식	종신 지급 종신 혼합 확정 혼합	대출 상환 방식	우대 지급 우대 혼합 방식	
월 지급금 지급 유형	정액형 전후후박형	정액형	정액형	

주택연금 활용 팁

① 자신에게 맞는 지급 방식을 선택하라
주택연금 지급 방식은 '종신 지급 방식'과 '확정 기간 방식'이 있다. 국민연금 수령금액이 많지 않고 활용할 다른 자산이 없는 사람은 종신 지급 방식이 안정적인 노후생활과 장수 리스크 대비에 유리하다.

② 집값 하락 요인이 있다면 빨리 가입하라
주택연금은 가입 후 집값이 상승하더라도 가입 당시에 정해진 월 지급 금액으로 받는다. 집값 상승 요인이 있다면 주택연금 가입을 늦추는 것이 유리하고, 하락 요인이 있다면 빨리 가입하는 것이 좋다. 담보로 잡힌 주택 가격보다 수령한 연금이 더 많은 경우도 있다. 주택 가격보다 더 많은 연금을 받았더라도 차액을 상환할 필요가 없다. 사망 시 주택 처분 후 연금 수령액을 제한 금액은 유족들에게 상속이 된다.

③ 비거주 시 신탁을 이용해 임대수익까지 2배로
실거주를 하지 않으면 주택연금 지급이 종료되지만 한국주택금융공사와 주택연금 신탁 계약을 체결하면 주택연금 수급에 임대수익까지 얻을 수 있다.

④ 주택담보대출 상환용으로 활용 가능
부족한 수입 속에 주택담보대출 이자까지 내고 있다면 '대출 상환 방식 주택연금'을 활용해 이자 부담을 줄일 수 있다. 본인 집의 '인출 한도' 범위 안에서 목돈을 한번에 찾아 대출금을 갚고 남은 금액은 연금처럼 수령할 수 있다.

TIP

주택연금 이용 현황
가입자의 평균 연령
72세

평균 월 지급금
107만원

평균 주택 가격
3억 2400만원

농지연금이란?

만 60세 이상 고령 농업인이 소유한 농지를 담보로 매달 연금을 지급받는 제도다.

가입 요건
신청연도 말일 기준으로 신청인인 농지 소유자가 만60세 이상이고 영농 경력이 5년 이상일 것
대상 농지
❶ 농지법상의 농지 중 공부상 지목이 전·답·과수원으로서 사업 대상자가 소유하고 있고 실제 영농에 이용되고 있는 농지
❷ 사업 대상자가 2년 이상 보유한 농지(상속받은 농지는 피상속인의 보유 기간 포함)
❸ 사업 대상자의 주소지(주민등록상 주소지 기준)를 담보 농지가 소재하는 시·군·구 및 그와 연접한 시·군·구 내에 두거나, 주소지와 담보 농지까지의 직선거리가 30km 이내의 지역에 위치하고 있는 농지 *②와 ③의 요건은 2020년 1월 1일 이후 신규 취득한 농지부터 적용
문의 및 신청 농지은행·농지연금 1577-7770, www.fbo.or.kr

SECTION 3 | PLUS ASSET 4

4050에게도 매력적인 ISA

2021년 ISA에 대대적인 변화가 있었다. 가입 문턱은 낮아지고 세제 혜택이 늘어났으며 좀 더 자유로운 투자가 가능해졌다. 3년이라는 짧은 의무 기간만 채우면 절세 혜택을 볼 수 있어 단기적인 투자금을 운용하기에 좋다.

ISA에 가입해야 할 이유

① **의무가입기간이 지난 ISA 적립금을 연금으로 이체 시 세제혜택 UP**

연금계좌 납입 한도를 채운 사람이라도 ISA 만기 자금을 연금계좌로 이체할 수 있다. 자금 이체는 ISA 계약 기간이 만료된 날로부터 60일 이내에 시행해야 하며, 만기 자금의 일부만 이체하는 것도 가능하다. 이체된 자금은 만 55세부터 연금으로 받을 수 있다.

세액공제 혜택 연금계좌로 이체한 만기 자금 중 10%, 최대 300만원에 대해 세액공제를 받을 수 있다. 세액공제율은 소득에 따라 다르다. 연 소득이 4000만원(근로소득만 있으면 총급여 5500만원) 이하이면 세액공제율 16.5%가 적용되고, 이보다 소득이 많으면 13.2%를 공제받는다.

인출 시보다 저렴한 세율 ISA가 만기가 되어 해지할 때 운용 기간 동안 발생한 상품 간·기간 간 손익을 통산한 후 순소득에 대해 일반형은 최대 200만원, 서민형 및 농어민은 최대 400만원까지 비과세 혜택을 받게 된다. 또한 비과세 한도 초과 금액은 9.9%의 세율로 분리과세가 된다. 그러나 연금계좌로 이체한 자금은 추후 연금으로 수령 시 3.3~5.5%의 연금소득세가 부과되며 ISA보다 훨씬 낮은 세율을 적용받는다.

② **2023년, ISA 내 주식 매매차익 전부 비과세**

금융투자소득세가 도입되는 2023년 이후 ISA 내에서 발생한 금융투자소득은 전부 과세하지 않고, 손실이 발생하면 다른 이자·배당소득과 상계해주기로 했다. 이 밖에 파생결합증권에서 얻은 금융투자소득은 다른 이자와 배당소득과 합산한 다음 200만원 초과분은 9.9% 세율로 과세한다.

주식에 장기간 투자하다가 매도하는 경우에는 그해 금융투자소득이 5000만

원을 넘어갈 수도 있다. 따라서 3년 이상 주식에 투자할 계획이라면 ISA를 활용하는 것이 좋다.

③ 납입 한도 이월

투자금 규모가 크다면 서둘러 가입해야 한다. ISA에는 한 해 2000만원씩 최대 1억원을 납입할 수 있다. 그리고 그해 납입 한도를 채우지 못하면 다음 해로 이월된다. 따라서 조금이라도 일찍 ISA에 가입하고 적은 금액이나마 납입해두면 2023년에 가서 한도만큼 투자할 수 있지만, 2023년에 가서 ISA에 가입하면 그해에는 2000만원만 투자할 수 있다.

TIP

ISA란

Individual Savings Account의 줄임말로 개인종합자산관리계좌다. 예적금을 비롯해 각종 펀드, 주식 등 다양한 금융상품을 하나의 계좌에서 운용할 수 있다. ISA 계좌에서 운용 시 일정 금액 비과세 혜택이 있어서 절세 통장이라고도 말한다.

2021년에 달라진 ISA

구분	내용	구분	내용
가입 자격 및 계좌 개설	· 19세 이상 국내 거주자(소득 유무 상관없음) * 소득이 있는 경우 15세 이상 가입 가능 * 직전 3개년 금융소득종합과세 대상자 제외 · 금융기관 통틀어 1인당 1계좌만 개설 가능	유형	· 신탁형: 투자자의 구체적 운용 지시 필수 · 일임형: 일임업자에 편입 상품 교체 위임 가능 · 투자중개형: 투자자가 직접 운용하는 투자중개업자의 위탁 계좌 형태, 국내 상장 주식 투자가 가능하나 예·적금 편입은 불가능
가입 구분	· 일반형: 서민형, 농어민 가입 대상자가 아닌 자 · 서민형: 총급여 5000만원 이하 근로자 또는 종합소득 3500만원 이하 사업자 · 농어민: 종합소득 3500만원 이하 농어민	납입 한도	· 연간 2000만원, 5년간 최대 1억원 · 납입 한도 이월 적립 가능 · 기존 소득공제장기펀드 및 재형저축 계약 금액 차감 후 가입 가능 · 의무 가입 기간 종료 후 해지 및 재가입 시 납입 한도 재생성
의무 가입 기간	· 3년(유형 상관없음) · 의무 가입 기간 종료 시 해지 후 재가입 가능, 만기 연장 가능	세제 혜택	상품 간·기간 간 손익 통산 후 순소득에 대해 일반형: 200만원까지 비과세 서민형·농어민: 400만원까지 비과세 비과세 한도 초과 금액에 대해 9.9%(지방소득세 포함) 분리과세 * 국내 상장 주식에서 발생한 손익의 경우 이익은 통산하지 않으나, 손실은 통산
편입 가능 금융상품	· 펀드(ETF 포함) · 리츠(REITs) · 파생결합증권(ELS, DLS, ELB, DLB 등) · 예금성 상품(예·적금, 예탁금, 예치금, RP 등) · 국내 상장 주식		

* 빨간색 글씨는 2021년 변경 또는 추가된 내용.

SECTION 3 | PLUS TIP 1

황혼이혼을 고려할 때 생기는 궁금증들

결혼하고 살면서 한번쯤 이혼에 대한 생각을 안 해본 사람은 거의 없을 것이다.
하지만 실제로 이혼 과정에 들어가면 생각만큼 간단하지가 않다.
황혼이혼 시 가장 기본적인 궁금증을 Q&A로 풀었다.

Q1 이혼을 하면 위자료를 받을 수 있을까?

결론부터 말하자면 이혼 시 모두가 위자료를 받은 것은 아니다. 위자료의 뜻 자체가 혼인 파탄에 결정적 원인을 제공한 유책 배우자가 상대방에게 준 정신적 고통에 대한 손해배상이기 때문이다. 따라서 가정불화의 원인을 제공한 유책 배우자에게 위자료 지급 의무가 있는 것은 맞지만 현실적으로 볼 때 가정폭력과 외도를 제외하고는 위자료 청구가 어렵다.

Q2 유책 배우자에게서 위자료는 어느 정도 받을 수 있을까?

위자료는 정신적 고통에 대한 손해배상이기 때문에 물질적 손해와는 다르게 금액으로 산정하기 매우 어렵다. 하지만 가정법원에서는 내부적으로 산정 기준과 금액을 마련해놓고 있다. 200만원부터 최대 5000만원까지인데, 실제 가장 많이 선고되는 금액은 1500만원에서 2500만원 선이다. 단순한 가정폭력에 신혼이라면 1000만원, 결혼 연차가 3년이 넘고 자녀가 한 명 이상 있다면 2000만원 선에서 지급 명령이 내려진다.

외도의 경우라면 최하 1500만원에서 3000만원이 주류를 이룬다. 금액이 차이 나는 결정적 요소는 폭력의 정도, 결혼 연차, 외도 기간과 장소(특히 부부의 거주지에 상간자를 들인 경우는 거의 최대치의 위자료 판결), 성관계의 유무 등이다. 참고로 위자료 지급의 최대치는 5000만원이라고 보는 것이 보통이다. 하지만 서울가정법원에 제기되는 1년 평균 이혼소송이 수만 건에 달하는데도 5000만원 위자료 판결은 10건도 되지 않는다.

TIP
졸혼에 의한 재산 분할 시 세금은?
졸혼 시 분할 재산은 증여로 보고 증여세를 부과한다. 전체 금액이 6억원이 넘는 부동산의 경우 취득세, 지방교육세, 농어촌특별세가 부과된다.

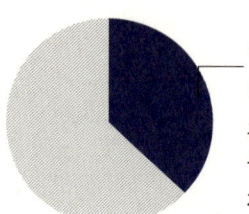

37.2%
혼인 지속 기간이 20년 이상인 부부의 이혼율

자료 통계청

Q3
재산 분할, 어디까지 가능할까?

재산 분할의 범위는 한마디로 말해 명의에 상관없이 부부가 실질적으로 지배하고 있는 모든 재산을 말한다. 이론상으로는 특유재산이라고 해서 결혼 전부터 갖고 있던 재산이거나 부부의 공동 협력 없이 일방의 부모님이 상속·증여한 재산은 재산 분할 대상이 되지 않아야 하지만(민법 제830조, 제831조), 현실적으로는 그렇지 않다. 왜냐하면 아주 폭넓게 예외를 인정하고 있기 때문이다. 따라서 실무상으로는 특유재산도 분할이 가능하다고 판단한다. 결혼 기간이 10년 이상인 경우 상속이나 증여를 받은 재산도 부부가 공동으로 협력해 증식, 보전했다고 보기 때문이다.

이혼 시 부과되는 세금

	증여세	양도소득세
이혼 시 재산 분할	비과세 *민법상 규정한 재산 분할의 취지에 부합할 경우	비과세 *부동산의 경우 취득세, 지방교육세, 농어촌특별세는 과세함
이혼 시 위자료	비과세	부동산으로 지급 시 과세 * 단, 1가구 1주택일 경우 비과세 적용 *부동산의 경우 취득세, 지방교육세, 농어촌특별세는 과세함

Q4
황혼이혼 시 연금도 재산 분할에 포함될까?

연금의 경우도 수급 대상자의 총 근무 기간 중 결혼 기간이 겹쳐진 부분만큼에서는 재산 분할 비율대로 분할이 이루어진다. 각 연금법마다 이 부분에 대한 규정을 두고 있다. 다만 예외가 있는데, 조정 이혼의 경우에는 상대의 연금에 대한 분할 청구권을 포기한다는 조항을 넣을 수 있다. 연금 분할 수급권을 포기하는 대신 일시금으로 받을 수 있는 재산 분할 비율을 좀 더 높여주는 방법으로 최근에는 많이 사용되고 있다.

Q5
배우자에게 유책 사유가 있을 경우 재산 분할에 영향이 있을까?

이론적으로만 본다면 이혼 시 유책 여부는 위자료 금액에서만 고려되는 것이 맞다. 재산 분할과 배우자의 유책 여부는 전혀 다른 소송물(재판의 목적물)이기에 상호 연관이 없다고 본다. 하지만 실제적으로 대법원의 판례를 보면 전혀 영향이 없다고 단정하기 어렵다. 재산 분할에 대해 "청산적 의미와 부양적 요소에 보상적 의미가 더해져 있다"고 판시했다. 유책자에게는 약간의 페널티, 상대방에게는 약간의 보너스를 주는 개념이다.

은퇴 전 보험 점검 매뉴얼

보험의 최대 가입 연령 평균이 65세 정도이고, 이때 가입하면 보험료가 높아진다. 따라서 4050은 자신이 가입하고 있는 보험을 점검하고 보완할 수 있는 마지막 시기라 할 수 있다.

1단계
내가 가입하고 있는 보험을 파악하라

가입 보험에서 가장 먼저 점검해야 할 사항은 노후의 삶에 가장 큰 위협이 되는 4대 질병인 암, 심혈관 질환, 치매, 치과 질환에 충분히 대비할 수 있는가다. '내보험찾아줌(cont.insure.or.kr)', '내보험다보여(www.credit4u.or.kr)'를 이용해 자신과 배우자가 가입한 보험의 종류와 상세 보장 내역을 확인할 수 있다. 가장 확실한 방법은 보험증권에 기재된 내용을 확인하는 것이다. 보험증권을 분실했다면 보험사 홈페이지나 보험설계사에게 요청해 다시 받을 수 있다.

2단계
가입한 보험에서 보장 내용 확인하라

보험증권에서 볼 것은 계약자, 피보험자 그리고 수익자다. 계약자는 보험료를 납입할 의무를 부담하는 대신 보험사고가 발생할 경우 보험금을 청구할 수 있다. 계약 변경과 해지의 권리도 있다. 피보험자는 보험의 대상이 되는 사람을 말한다. 가령 계약자는 본인이지만 피보험자가 배우자라면 본인이 아닌 배우자가 질병에 걸려야 보험금이 나온다. 수익자는 보험금을 받는 사람을 말한다. 수익자는 반드시 피보험자나 계약자가 돼야 하는 것은 아니며, 계약자는 본인, 피보험자는 배우자, 수익자는 자녀로 설정할 수도 있다. 그다음은 보험의 세부 보장 항목을 확인해야 한다.

핵심 보험 점검 사항

보장 항목	은퇴 후 발생 가능성이 높은 질병·사고(골절, 치매, 뇌경색 등)를 보장하는가
보장 금액	보장 금액은 질병·사고로 인해 발생하는 의료비를 낼 만큼 충분한가 - 질병별로 진단 보험금, 입원 보험금, 수술 보험금, 세부 지급 조건 등
보장 기간	가입 시부터 보장 기간 종료일, 납기일이 언제인가
보험료 부담	본인이 보험료 납입 종료일까지 계속 보험료를 부담할 수 있는지 여부

3단계
부족한 부분을 보완하라

가입한 보험을 분석했다면 부족한 부분을 보완할 필요가 있다. 4대 질병인 암, 심혈관 질환, 치매, 치과 질환과 관련해 가족력이나 자신의 건강 상태, 병력 등을 따져 본인에게 가장 필요한 부분의 항목과 예상 치료 비용 등을 파악해야 한다. 암에 대한 가족력이 있거나 심혈관 질환에 문제가 발생할 가능성이 있으면 그 분야의 보험금을 가능한 한 많이 받을 수 있도록 재설계하거나 신규로 가입해야 한다. 이때 보완할 금액과 납입할 보험료를 비교해 효율성을 따져보자. 추가로 보장받으려는 보험금에 비해 추가로 납부해야 할 보험료가 50% 미만이어야 한다. 그리고 총보험료 금액이 총소득의 8~10%를 넘지 않는 것이 좋다.

한 가지 더 고려할 것은 가입하려는 보험이 갱신형인지 여부다. 만기까지 보험료가 일정한 보험이 비갱신형(혹은 기본형), 일정 주기마다 보험료가 조정되는 보험이 갱신형이다. 각기 장단점이 있지만 나이가 많을수록 갱신형은 부담스럽다. 연령 위험률과 회사 위험률 상승에 따라 갱신형 보험료가 올라갈 가능성이 크기 때문이다.

4단계
보험료 부담을 줄여라

당장 보험료를 내기가 부담스럽거나 보장 내용이 현실에 맞지 않는다면 조정이 필요하다. 전체 보험 내용을 꼼꼼히 살펴보고 과하게 보장되거나 중복으로 보장하는 부분을 조정해 보험료를 줄일 수 있다. 반대로 가입한 보험의 보장 내용 중 부족한 부분은 특약 등을 이용해 추가할 수도 있다.

보장 범위나 보장 기간을 줄이면서 납입 보험료를 감액할 수도 있다. 보장 혜택을 줄여서 감액하는 것이 싫다면 여러가지 할인 제도, 할인 특약을 활용해 보험료를 줄일 수도 있다.

감액제도	보험료를 감액하는 대신 보험금(보장 내용)을 줄이는 제도
감액완납제도	해지환급금으로 새로운 보험 가입 금액을 결정해 보험료를 완납함으로써 보험 계약을 유지하는 제도.. 감액제도와 마찬가지로 보험금을 크게 줄일 수 있다.
연장정기보험제도, 특약 해지	보험금을 더 이상 내지 않은 대신 보장받는 기간을 줄이는 제도. 보험금 액수는 유지된다. 단 특약 해지의 경우 해당 특약이 보장하는 항목에 대해서 보장받을 수 없다.

※ 보험회사 및 보험상품에 따라 제도별 적용이 어려울 수 있으니 각 보험회사에 문의 필요
※ 해지환급금이 없거나 적은 보험의 경우는 위 제도를 활용하기 어려울 수 있음

실버타운에 들어갈 계획이라면
꼭 알아야 할 것들

노년의 시간을 어디서 보내느냐에 따라 삶의 질이 좌우된다.
나이가 들어서도 존엄을 지키며 즐겁고 건강하게 살아갈 공간으로 실버타운은 어떨까?

1 실버타운은 어떤 곳인가?

노인복지법에 명시된 노인복지주택과 유료 양로원을 일반적으로 이해하기 쉽게 실버타운이라고 한다. 실버타운과 요양원을 혼동하는 경우가 있는 데 이 둘은 다르다. 요양원은 노인성 질환을 앓는 분들이 노인장기요양등급을 받아서 입소하는 노인요양시설이고, 실버타운은 건강한 분들이 편안하고 활기찬 노후를 보내려고 입주하는 주거복지시설이다. 입주 보증금은 1000만원부터 9억원까지 다양하며 보증금 외 매달 별도로 30만~100만원의 임대료가 부과되는 곳도 있다.

	임대형 실버타운	분양형 실버타운
운영체계	입주 보증금과 매달 생활비를 내는 형태로, 소유권은 업체에 있고 전·월세 개념으로 입주해 생활한다.	소유권이 입주민에게 있다. 단 주택 수에 포함되고 세금 문제가 발생하므로 유의해야 한다.
장점	입주한 어르신들의 편의를 위해서 직원들이 전문적인 서비스를 제공	주택연금으로 활용하거나 소유권의 거래가 가능하다.

2 나에게 맞는 실버타운 찾기

① 입주자의 경제력

실버타운을 선택할 때 가장 먼저 고려할 상황이 바로 경제력이다. 우선 임대형 실버타운은 입주 보증금과 월 임대료를 지불해야 하고, 분양형의 경우에는 일반 주택으로 분류돼 분양가 외에 세금 등 부대 비용이 발생한다. 이게 끝이 아니다. 매달 식비, 관리비 등 기본 생활비가 평균 150만~200만원(1인 기준, 중가형, 임대료 제외)이 든다. 따라서 본인의 경제력에 따라 고급 실버타운을 갈지 비교적 저렴한 실버타운으로 갈지 먼저 결정해야 한다.

② 실버타운의 식사

실버타운은 입주하는 시니어가 식사를 거르지 않도록 의무식이라는 제도를 운영한다. 식사하지 않더라도 정해진 식비를 내야 한다. 의무적인 식비 지불은 식사를 유도하는 효과가 있고, 경영 안정성을 높인다. 하루 세끼인 월 90식을 의무식으로 하는 곳부터 월 60식, 월 45식, 월 30식, 월 20식까지 다양하다. 한 끼 식비는 2500원부터 1만2000원까지다.

③ 입주자의 건강 상태

고혈압, 당뇨, 고지혈증 등 만성 소모성 질환을 앓거나 중풍, 심장병 등의 가족력이 있는 사람은 대형 병원 가까이에 있는 실버타운에 입주해 응급 상황을 대비하는 것이 좋다.

대형 병원 근처 실버타운	병·의원이 함께 있는 실버타운	요양 시설이 있는 실버타운
더클래식500(서울), 마리스텔라(인천), 서울시니어스 분당타워(경기 분당) 등	수동시니어타운(경기 남양주), 흰돌실버타운(부산), 미리내실버타운(경기 안성) 등	삼성노블카운티(경기 용인), 서울시니어스 가양타워(서울), 더시그넘하우스(서울), 노블레스타워(대전), 흰돌실버타운(부산), 공주원로원(충남 공주) 등

실버타운에 입주하려면
❶ 미리 원하는 몇 곳을 정해 대기 신청을 해놓자.
❷ 한곳에만 머물 필요가 없다. 가능한 한 여러 곳에 살아보는 것이 만족스러운 노후 생활에 도움이 된다.

④ 실버타운의 입지와 교통

실버타운에 입주하더라도 사업이나 직장 생활을 계속할 수 있다. 따라서 교통 시설, 대중교통 접근성을 비롯해 인근 편의시설의 셔틀버스 운행 여부 등을 살펴봐야 한다.

⑤ 특별히 원하는 사항

특별히 원하는 사항이 있어서 실버타운을 선택하기도 한다. 예를 들어, 파크골프를 좋아한다면 파크골프장이 잘 준비되어 있고 동호회 활동이 활발한 가평 청심빌리지를 추천한다. 온천을 좋아하는 시니어는 동해 약천온천실버타운과 서울시니어스 고창타워에 관심이 많다. 서울시니어스 분당타워, 더클래식500, 삼성노블카운티, 서울시니어스 강서타워, 노블레스타워 등은 수영장이 있어서 시설 내에서 건강관리를 하려는 시니어들에게 인기다.

은퇴 이후 챙겨야 할 부모님 치매 간병

은퇴 이후 가장 어려움을 느끼는 상황 중 하나가 바로 부모님 간병이다.
특히 치매는 우리나라 65세 이상의 유병률이 10% 이상인 질환이다.
부모님의 치매 진단 시 대처 방법을 살펴보자.

1
부모님의 치매 판정, 남의 일이 아니다

치매는 뇌에 생기는 병이다. 만일 부모님께서 오늘 치매 판정을 받았다면 그 시작은 몇 년 전으로 거슬러 올라갈 수도 있다. 주변 사람들이 이상 징후를 감지했을 때는 이미 치매가 꽤 진행된 다음이다. 평소 규칙적인 검진으로 조기 진단이 필요하다. 치매 조기 진단 시 전문적인 약물 치료를 받으면 일상생활에 큰 무리가 없다. 그러니 너무 겁먹을 필요는 없다.

2
치매 판정 시, 장기요양보험 제도를 적극 활용하라

치매는 국민의료보험공단에서 운영하는 장기요양보험제도를 활용하면 많은 도움을 받을 수 있다. 우선 등급 판정이 필요하다. 국민의료보험공단 홈페이지에서 인정 신청을 하면 등급 판정을 위한 방문 조사를 한다. 이때 65개의 항목 조사와 25개의 욕구 조사를 진행한 후 등급 판정 위원회의 심의 판정을 통해 환자의 등급이 부여된다. 심한 정도에 따라 1~5등급으로 나뉘고 등급 외 판정이 나오기도 한다. 판정 등급에 따라 방문요양, 방문간호, 주·야간 보호, 노인요양시설 등의 도움을 받을 수 있다.

3
치매 대상자의 입장에서 이해하고 정서적인 지지가 중요

치매로 인해 일상생활과 행동의 변화가 있을 수 있다. 이럴 경우 돌봄자(보호자)의 입장에서 관리하고 반응하는 것이 아닌 치매 대상자의 입장에서 모든 것을 이해해야 한다. 환자로 대하기보다 일상생활을 하고 있는 생활인의 한 명으로 생각하고 자연스럽게 대하는 것이 매우 중요하다. 치매 대상자가 단순히 생명을 유지하는 것이 목적이 아닌 '인간답게' 생활할 수 있도록 지지하고 지원하는 것이 우선이다. 그러기 위해서는 판정 초기에 앞으로 일어날 상황에 대해 가족 모두와 공유하고 논의해 미리 계획을 세워두는 것이 좋다.

4 치매 조기 진단 및 치매 관련 도움을 받을 수 있는 곳

① 국민건강보험공단 건강검진
60세 이상의 일반 검진 시에 치매예방을 위한 정신건강검사(우울증), 인지기능장애검사, 노인신체기능검사 등을 받을 수 있다.

② 중앙치매센터(www.nid.or.kr)
치매 연구 사업 계획, 재가 치매 환자 관리 사업에 관련된 교육과 훈련 및 지원 업무, 치매 관련 정보, 치매의 예방 진단 및 치료 등에 관한 신기술 개발, 보급 업무 등을 수행하는 기관이다. 치매상담콜센터(1899-9988)를 통한 24시간 가족 상담 등을 비롯해 치매에 대한 전반적인 교육 및 정보를 알 수 있다.

③ 광역치매센터 및 치매안심케어센터
256개 시·군·구 보건소에 치매안심센터를 설치 운영 중이다. 지역 내에 거주하는 주민을 대상으로 조기 검진, 맞춤형 상담, 쉼터 운영, 1:1 사례 관리 등을 제공한다. 또 집과 가까운 센터에서 단계별 치매 진단, 치매 관련(예방 및 치료) 교육을 받을 수 있다.

검사 단계	대상	목적	치매 검진 기관 및 본인부담액
1단계	선별검사	60세 이상 어르신	인지 저하 선별	치매안심센터(무료)
2단계	진단검사	선별검사 결과 인지 저하자	치매 진단	치매안심센터(무료), 병원
3단계	감별검사	유(有)소견자	치매 원인 확인	병원, CT 및 MRI 검사

※ 병원에서 진단 및 감별검사를 받은 노인 중 중위 소득 120% 이하인 자에 대해 검사비 지원

④ 장기요양보험제도(www.longtermcare.or.kr)
65세 이상의 어르신 및 노인성 질환(치매, 뇌졸중, 파킨슨병 등)으로 인해 일상생활이 어려운 이들을 지원하는 제도로 본인부담상한제 등을 통해 의료비 부담을 낮춰준다. 국민건강보험공단 전국 지사에서만 신청이 가능하다.

⑤ 요양병원 내 치매 전문 병동 및 치매안심병원
치매 전문 병동을 갖춘 공립요양병원은 현재 전국에 49개소이며 치매안심병원으로 운영하고 있는 곳은 5개소밖에 없다.

TIP

본인부담상한제란?
국민건강보험공단이 2004년 7월 1일부터 시행 중인 제도다. 고액·중증 질환자의 과다한 의료비 지출로 인한 가계의 경제적 부담을 덜어주기 위해 본인부담금이 일정 기준을 넘으면 그 차액을 돌려주는 것이다. 본인부담 상한금액은 소득 분위에 따라 다르다. 2022년의 경우 83만(1분위)~598만원(10분위)으로 간병비나 비급여, 상급 병실 입원료, 경증 질환 외래 재진, 추나요법, 임플란트 등은 포함되지 않는다.

〈인생 리뉴얼 ABC〉에 수록된 정보 사이트

은행·금융사·연금 정보 관련 공공기관 사이트
NH투자증권 100세시대연구소 www.nhqv.com/the100
미래에셋투자와연금센터 investpension.miraeasset.com
KB골든라이프X www.kbgoldenlifex.com
신한은행 bank.shinhan.com
금융감독원 통합연금포털 100lifeplan.fss.or.kr
소비자금융 정보포털 fine.fss.or.kr
금융투자협회 www.kofia.or.kr
국민연금관리공단 www.nps.or.kr
내연금 국민연금노후준비서비스 csa.nps.or.kr
한국주택금융공사 www.hf.go.kr
내보험찾아줌 cont.insure.or.kr

시니어 대상 재취업 관련 사이트
고용노동부 www.moel.go.kr
직업훈련포털 www.hrd.go.kr
서울시어르신취업지원센터 www.goldenjob.or.kr
100세누리 www.seniorro.or.kr
한국노인인력개발원 www.kordi.or.kr
장년워크넷 www.work.go.kr/senior
서울시 50플러스포털 50plus.or.kr
잡알리오 job.alio.go.kr
나라일터 www.gojobs.go.kr
노사발전재단 www.nosa.or.kr
한국중장년고용협회 www.kapae.or.kr
한국창직협회 jobcreation.or.kr
상상우리 sangsangwoori.com
서울특별시 중부기술교육원 www.jbedu.or.kr

취업자 대상 일자리 매칭 플랫폼
탤런트뱅크 www.talentbank.co.kr
굿잡5060 www.goodjob5060.com
건설워커 www.worker.co.kr
크라우드웍스 www.crowdworks.kr
일자리매칭플랫폼 job.kosmes.or.kr
위프 www.weep.co.kr

프랜차이즈 창업 관련 정보 사이트
소상공인마당 www.sbiz.or.kr
소상공인시장진흥공단 www.semas.or.kr
공정거래위원회 가맹사업누리집 franchise.ftc.go.kr
프랜차이즈창업박람회 www.franchisecoex.co.kr
제일창업박람회 yesexpo.co.kr
IFS프랜차이즈 창업박람회 www.ifskorea.co.kr
네이버 카페 '아프니까 사장이다' cafe.naver.com/jihosoccer123
가맹거래사협회 www.ftaa.or.kr

정부 창업 지원 정보 사이트
소상공인시장진흥공단 www.sbiz.or.kr
여성기업종합지원센터 www.wesc.or.kr
창업진흥원 www.kised.or.kr
농식품벤처창업센터 www.a-startups.or.kr
한국사회적기업진흥원 www.socialenterprise.or.kr
중소벤처기업부 재도전성공패키지 www.k-startup.go.kr
점프업5060 jumpup5060.or.kr

재능 기부 플랫폼
1365 자원봉사포털 www.1365.go.kr
한국시니어클럽협회 www.silverpower.or.kr
한국재능기부협회 www.talentdonation.kr
KDB시니어 브리지 아카데미 www.seniorbridge.or.kr
지역재산지식센터 www.ripc.org
서울시 50+ 보람일자리 50plus.or.kr/appList.do
사단법인 의료지도자협의체 www.medicaleaders.org

귀농·귀촌 관련 정보
귀농귀촌종합센터 www.returnfarm.com
한국임업진흥원 www.kofpi.or.kr
귀어귀촌종합센터 www.sealife.go.kr
팜스테이 www.farmstay.co.kr
웰촌 www.welchon.com
서울시 도시농업과 cityfarmer.seoul.go.kr

치매 관련 정보 사이트
국민건강보험공단 www.nhis.or.kr
중앙치매센터 www.nid.or.kr
장기요양보험제도 www.longtermcare.or.kr

〈인생 리뉴얼 ABC〉를 만든 스페셜리스트

Specialist...

금융기관 및 공공기관

미래에셋증권(미래에셋투자와연금센터)
미래에셋투자와연금센터는 투자와 연금에 대한 폭넓은 정보를 제공하기 위해 '투자와 연금 TV', '투자와 연금 팟캐스트' 채널을 운영하고 투자 관련 잡지 〈세이지 인베스터〉를 발간하고 있다.
미래에셋투자와연금센터(investpension.miraeasset.com)

NH투자증권(연금고객관리센터)
퇴직연금제도 중 확정기여형(DC) 및 개인형퇴직연금제도(IRP)에 가입한 고객을 대상으로 수익률 강화를 위한 맞춤형 서비스와 NH투자증권 100세시대연구소에서 만든 〈100세 시대 연금백서〉 등 자료를 제공하고 있다.
NH투자증권 100세시대연구소(www.nhqv.com/the100)

KB투자증권(골든라이프센터)
은퇴를 준비하는 사람들을 위해 전국 주요 지점에 골든라이프센터를 운영 중이다. 연금 전략 강연이나 리포트를 내는 다른 금융기관의 은퇴 관련 조직과 달리 고객과 일대일 대면 상담으로 연금자산 관리나 포트폴리오 구성 등을 컨설팅하고 있다.
KB골든라이프X(www.kbgoldenlifex.com)

하나금융투자(연금자산관리센터)
디지털-영업점-전문 컨설턴트-손님자산관리센터가 긴밀하게 상호 연계하는 다차원 서비스 체계를 구축하고 비대면을 통한 신속한 자산 현황 진단과 함께 전문 컨설턴트가 손님에게 직접 찾아가는 전문 연금 운용 관리 서비스를 제공하고 있다.
하나은행 퇴직연금(pension.kebhana.com)

신한은행(퇴직연금 고객관리센터)
고객의 투자 성향에 따른 적극적인 포트폴리오 구성으로 DB형, DC형, 개인형 IRP의 중·장기 수익률을 관리하고 있다. 프라이빗뱅커(PB) 출신 은퇴 설계 컨설턴트로 구성된 고객관리센터를 운영하며 고객에게 포트폴리오 중심 자산운용 및 관리에 대한 전문적인 상담서비스를 제공하고 있다.
신한은행 퇴직연금(bank.shinhan.com)

국민연금관리공단(국민연금 노후준비서비스)
「노후준비지원법」에 따라 국민 모두가 체계적으로 노후를 준비할 수 있도록 재무, 건강, 여가, 대인관계 영역에 대한 진단, 상담, 교육, 관계 기관 연계, 사후 관리 서비스 등을 제공하고 있다.
국민연금 노후준비서비스(csa.nps.or.kr)

한국경제신문 증권부

고윤상
한국경제신문 증권부 기자
한국외국어대학교 언론정보학·영어학 졸업.
2015년 한국경제신문 입사해 사회부 법조담당 거쳐 2018년부터 증권부 담당하고 있다.

구은서
한국경제신문 증권부 기자
사회부, 경제부를 거쳐 자본시장을 취재 중
한경닷컴과 포털에 매주 일요일 '연금개미 백과사전'을 연재하고 있다.

박재원
한국경제신문 증권부 기자
한양대 미디어커뮤니케이션학과, KAIST 미래전략대학원 공학 석사. 산업부, 정치부, 증권부 등을 거쳤다.

이슬기
한국경제신문 증권부 기자
일본 와세다대학교 문화구상학부 졸업. 사회부 경찰팀을 거쳐 증권부에서 근무하고 있다.

전문 필자

윤혜영
법률사무소 온(溫) 변호사
이화여대 법학과, 사법연수원 제39기로 법무법인 율전, 법무법인 나우리, 법무법인 해송을 거쳐 현재 법률사무소 온에 소속해 있다. 이혼, 가사분야 전문 변호사로 활동하고 있다.

문성택
유튜브 공빠TV(실버타운 전문) 운영
한국과학기술원 및 원광대 한의대 졸업. 한국한의학연구원 연구원, 역전보화당한의원 원장으로 유튜브 공빠TV(실버타운 전문)를 운영하고 있다.

최종녀
함춘너싱홈 원장
한양대학병원 10년 이상 근무, 국민건강보험공단 서울요양원 간호재활 팀장(총괄케어매니저), ㈜LF시니어신사업팀 본부장을 거쳐 현재 함춘너싱홈 원장으로 20여 년 경력의 요양 시설 운영전문가다.

한경 MOOK

직장인이라면 반드시 알아야 할
인생 리뉴얼 ABC

펴낸날	초판 1쇄 발행 2022년 3월 14일
발행인	김정호
편집인	유근석
펴낸곳	한국경제신문
기획·편집총괄	이선정
편집	이진이·강은영·윤제나·양현진
디자인	임상현
판매 유통	정갑철·선상헌
인쇄	북스BOOKS
등록	제 2006-000008호
주소	서울시 중구 청파로 463 한국경제신문
구입 문의	02-360-4859
홈페이지	www.hankyung.com

값 20,000원
ISBN | 979-11-85272-86-3(93320)

〈직장인이라면 반드시 알아야 할 인생 리뉴얼 ABC〉는 은퇴 이후 노후자금 마련을 위한 재무 준비, 현직 은퇴자들의 실제 사례와 은퇴자가 알아야 할 정보 등을 담은 실용서입니다.

● 잘못 만들어진 책은 구입하신 곳에서 교환해드립니다.
● 이 책은 저작권법에 따라 보호받는 저작물이므로 무단 전재와 복제를 금합니다.

한경 MOOK

'세상을 보는 눈'
한경무크 베스트셀러 시리즈

부동산 절세법
연령대별로 정리한
부동산 세테크 노하우

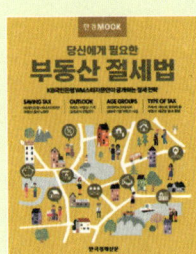

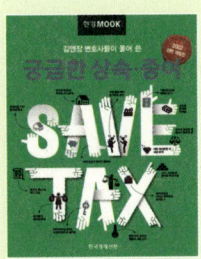

궁금한 상속증여
2022년 개정판
상속·증여 완벽 가이드!

중대재해처벌법
알기 쉽게 정리한
중대재해처벌법 A to Z

CES 2022
한경 X KAIST 특별취재단이
소개하는 IT·가전 메가트렌드

트래블 이노베이션
디지털 관광
비즈니스를 위한 필독서!

ESG의 모든 것
ESG 개념부터
실무까지 챙긴 기업 필독서

월간 한경ESG
지속 가능 성장 돕는
ESG 경영·투자 매거진

한경 MOOK

메타버스 2022
단숨에 읽는
메타버스 트렌드북

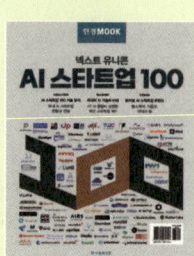

AI 스타트업 100
창업 배경부터 핵심 기술까지
국내 AI 스타트업 집중 분석

궁금한 AI와 법
Q&A로 설명한
AI 시대 법률 안내서

슬기로운 주식생활
기초부터 다지는
내 아이 투자왕 만들기

인더스트리 2022
업종 분석부터 미래 전망까지
No.1 산업 트렌드 전망서

똑똑한 주식투자
한 권으로 투자 기초부터
종목 발굴까지

해외 명품주식 50선
8대 증권사 추천
해외 주식 투자 가이드북

요즘 뜨는 막걸리
MZ세대가 열광하는
막걸리 이야기

요즘 환경 브랜드
빅데이터로 분석한
환경 브랜드 100